Jakob Horvat

WELTNAH

Die im Buch enthaltenen QR-Codes sind per QR-Code-Scanner auf dem Smartphone abrufbar und leiten Sie auf Zusatzmaterial zu »Weltnah«.

JAKOB HORVAT

WELTNAH

RAUS AUS DER KOMFORTZONE, REIN INS LEBEN

K&S

INHALT

PROLOG 8

KAPITEL 1 Die Macht des Augenblicks 16
Per Anhalter von Wien nach Südportugal
WELTNAH ZU HAUSE: Das Eis brechen 31

KAPITEL 2 Hinter der Komfortzone liegt die Unendlichkeit 34
Acht Tage auf dem Segelboot nach Teneriffa
WELTNAH ZU HAUSE: Die Komfortzone erweitern 49

KAPITEL 3 Mit Hippies am Strand, allein im Wald 52
Advent auf Teneriffa
WELTNAH ZU HAUSE: Waldbaden 61

KAPITEL 4 Alles ist möglich 64
Bootssuche auf Gran Canaria
WELTNAH ZU HAUSE: Affirmationen 73

KAPITEL 5 Die Angst spüren und es trotzdem tun 76
In drei Wochen über den Atlantik
WELTNAH ZU HAUSE: Finde deine Werkzeuge 91

KAPITEL 6 Die Suche nach dem Glück 94
Drei Monate durch Kolumbien
WELTNAH ZU HAUSE: Dankbar sein 119

KAPITEL 7 Stromabwärts in eine andere Welt 122
Mit Schamanen im Urwald und Kühen am Boot
WELTNAH ZU HAUSE: Leben und leben lassen 143

KAPITEL 8 California Dreaming 146
Per Anhalter von San Francisco nach San Diego
WELTNAH ZU HAUSE: Anerkennung schenken 155

KAPITEL 9 Achterbahn im Sonnenschein 158
Zu Besuch bei Freunden in San Diego
WELTNAH ZU HAUSE: Alte Gewohnheiten durch neue ersetzen 173

KAPITEL 10 Der Hund schaut vom Vulkan herab 176
Maui, Yoga und der »Run to the Sun«
WELTNAH ZU HAUSE: Mach dein Ding 191

KAPITEL 11 Wie ich lernte, mit mir selbst zu feiern 194
Sechs Tage allein auf Kauai
WELTNAH ZU HAUSE: Werde dein größter Fan 205

KAPITEL 12 Entdecken auf Indisch 208
Reise durch das Goldene Dreieck
WELTNAH ZU HAUSE: Erwartungen loslassen 221

KAPITEL 13 Namasté Olé 224
Yogalehrerausbildung in Goa
WELTNAH ZU HAUSE: Mach dich zu deiner besten Version 235

KAPITEL 14 Stille zum Schluss 238
Rendezvous mit dem Unerklärbaren

EPILOG 256
DANKE 261
LITERATURLISTE 262
WEITERFÜHRENDE LINKS & IMPRESSUM 262

12
1
2
3
4
5
6
7
8
9
10
11
0°
30°
60°
90°
120°
150°
180°
210°
240°
270°
300°
330°
N
NE
E
SE
S
SW
W
NW

PROLOG

»Es liegt eine Weisheit in der Unvernunft, die sich die Vernunft nicht träumen ließe – wenn sie träumen könnte.«

Hans Kruppa

★

25. Oktober 2015, Wien. Ich lese die Nachricht von einem guten Freund aus Norwegen. Martin erzählt mir von einer verrückten Idee, die er hat. Für ein Jahr alles zurücklassen und einmal um die Welt reisen, per Anhalter und ohne zu fliegen. Das kommt mir in der Tat ziemlich absurd vor.

In den vergangenen dreißig Jahren habe ich einige Dinge ganz gut hinbekommen. Ich habe Publizistik studiert und einen Job als Fernsehjournalist gefunden, der mir Spaß macht. Ich stehe auf eigenen Beinen und auf meine Wohnung in Wien. Ich liebe meine Familie und habe einige wirklich gute Freunde. Ich kann feiern und gut mit Menschen, treibe regelmäßig Sport und genieße mein Singleleben. Andere Teile von mir mag ich weniger. Ich bin ein Sturkopf und beharre zuweilen aus Prinzip auf meiner Meinung. Dazu ein chronischer Kopfmensch, der Probleme zerdenkt, bevor sie entstehen. Außerdem grüble ich zu oft nach, wie andere über mich denken und mein Ego ist kaum zufriedenzustellen. Hat es das Eine, will es das Nächste. In Summe aber führe ich ein gutes und durchaus glückliches Leben.

Nach einer Woche schreibe ich Martin zurück und bekunde, dass ich zwar noch nicht viel mit seiner Idee anfangen kann, er aber etwas ins Rollen gebracht hat. Wir beschließen, dem Ganzen Zeit zu geben und zu beobachten, wie es sich entwickelt.

Nach einem Monat erzähle ich zum ersten Mal jemandem davon, meiner Familie bei der Geburtstagsfeier meines Vaters. Die verrückte Idee ist mittlerweile zu einer Vision geworden und der Gedanke, möglicherweise schon bald eine Reise zu unternehmen, von der ich bis vor Kurzem nicht zu träumen gewagt hätte, entflammt meine Seele.

Doch halt: Mein Job, meine Familie, meine Freunde, meine Wohnung. Alles zurücklassen? Gar die Zelte abbrechen? Die Realität sorgt für Abkühlung. Aus Angst, mein Chef könnte negativ reagieren, schiebe ich das Gespräch mit ihm zwei Monate lang vor mir her. Was, wenn er Nein sagt? Was, wenn das meiner Karriere schadet? Würde ich bis zum Äußersten gehen und kündigen? Vermutlich nicht.

Im Februar 2016 dann, das erlösende Gespräch. Mein Chef ist nicht sauer, nicht enttäuscht. Im Gegenteil, er erzählt mir von seinen eigenen Reisen, die er früher unternommen hat und bekräftigt, wie wichtig es sei, sich die Welt anzusehen. Er legt bei der Chefredakteurin ein gutes Wort für mich ein. Auch dort grünes Licht, meine Sorgen waren umsonst.

Martin kann sich einige Monate freischaufeln und wird mich auf den ersten Etappen begleiten. Ich beginne mit Recherchen, besuche eine Bootsmesse und unterhalte mich mit erfahrenen Seglern, um herauszufinden, wie realistisch es ist, in einem Jahr ohne Flugzeug um die Welt zu reisen. Möglich durchaus, aber nicht ratsam, wenn ich genießen möchte, was dazwischen liegt. Stress habe ich zuhause auch, dort darf er bleiben. Martin und ich kommen überein, dass es das Beste wäre, ohne Plan aufzubrechen und das Leben zu nehmen, wie es kommt. Um dem Unternehmen dennoch eine Stoßrichtung zu geben, formulieren wir eine Mission: Per Anhalter von Wien nach Amerika. Ohne Flugzeug den Kontinent wechseln, nur mit Hilfe von Fremden. Dann schauen wir weiter.

Kann so etwas auch nur irgendjemand wollen, der halbwegs bei Vernunft ist? Die Welt: ein gefährlicher, ein schrecklicher Ort, so kommt mir das oft vor, wenn ich mir die Nachrichten ansehe. Ich bin Politikjournalist und habe das vergangene Jahr beruflich größtenteils damit verbracht, über die sogenannte »Flüchtlingswelle« zu berichten. Und über deren Folgen. Die Angst vor Fremden ist zur Grundstimmung im Land geworden. Rechte Parteien schlagen Kapital daraus, schüren Ängste, jeder vertritt einen Standpunkt und wir Journalisten beobachten neutral und vermitteln sachlich, ohne Partei zu ergreifen, emotionslos. Das ist wichtig, wie sonst soll man sich eine fundierte Meinung bilden können über den Gang der Welt?

Doch die Welt geht auf 7,7 Milliarden Fußpaaren und wird betrachtet aus ebenso vielen Perspektiven. Eine Chance für den, der offen ist. Eine Bedrohung für den, der meint, im alleinigen Besitz der Wahrheit zu sein. Wer will bei so viel Buntem über die Farbe Bescheid wissen? Wer sieht sich imstande zu entscheiden über richtig oder falsch?

Wie war das bis jetzt? Ich wurde geboren, lernte von klein auf, wer ich sein und was ich können soll, wie ich mich zu verhalten habe, welche Gewohnheiten ich pflegen soll und welche besser nicht. Woran ich glauben und welchen Werten und Dogmen ich mich beugen soll. Was mir bis jetzt niemand beigebracht hat, ist, wie ich herausfinde, wer ich wirklich bin. Hinter meiner Konditionierung, hinter dem Gelernten. Warum bin ich hier? Was macht mich glücklich? Ich meine nachhaltig, nicht kurzfristig? Konsum, Partys und ein geregeltes Leben alleine sind es nicht. Das herauszufinden war schwierig genug, war es doch auch unheimlich bequem, die Vorstellungen und Sichtweisen jener zu übernehmen, die schon vor mir da waren. Die es besser wissen. Doch was, wenn mich das Gefühl beschleicht, dass es das noch nicht gewesen sein kann? Soll ich weitermachen wie bisher? Wie soll ich herausfinden, ob etwas anderes besser zu mir passt, wenn ich immer das Gleiche tue?

Meine Neugierde auf das Leben zieht mich in die Welt hinaus, damit ich mit ihr auf Tuchfühlung gehen und die Realitäten von so vielen Menschen wie möglich kennenlernen kann. Will jene suchen und finden, die Gutes tun. Mit Höhen zum Feiern und Tiefen zum Weinen und allem, was dazwischen liegt. Damit ich mir selbst auf die Schliche und meiner eigenen Wahrheit ein Stück näherkommen kann. Nur durch stetes Ausprobieren kann ich sie erfahren, durch Dazulernen und Überprüfen des bisher Gelernten und – ohne geht es nicht – durch das Verlassen meiner Komfortzone. Sprich: über die Grenzen des mir Vertrauten hinaus zu schreiten. Mit meinem Körper, meinem Verstand und meinem Herzen. Das ist das Ziel meiner Reise. Niemanden will ich überzeugen. Niemandem das, was ich als meine Realität erfahre, aufs Auge drücken. Nur anregen zum Forschen. Zum Wachsamsein gegenüber Möglichkeiten, zur Neugierde. Indem ich die Geschichten von Menschen erzähle und meine eigene teile.

Am 10. November 2016 verlassen Martin und ich meine Wohnung in Wien. Wir schlagen mit beiden Händen ein und bitten einen Passanten, ein Foto zu machen. Nächster Halt: Matzleinsdorfer Platz.

10. NOVEMBER BIS 4. DEZEMBER 2016

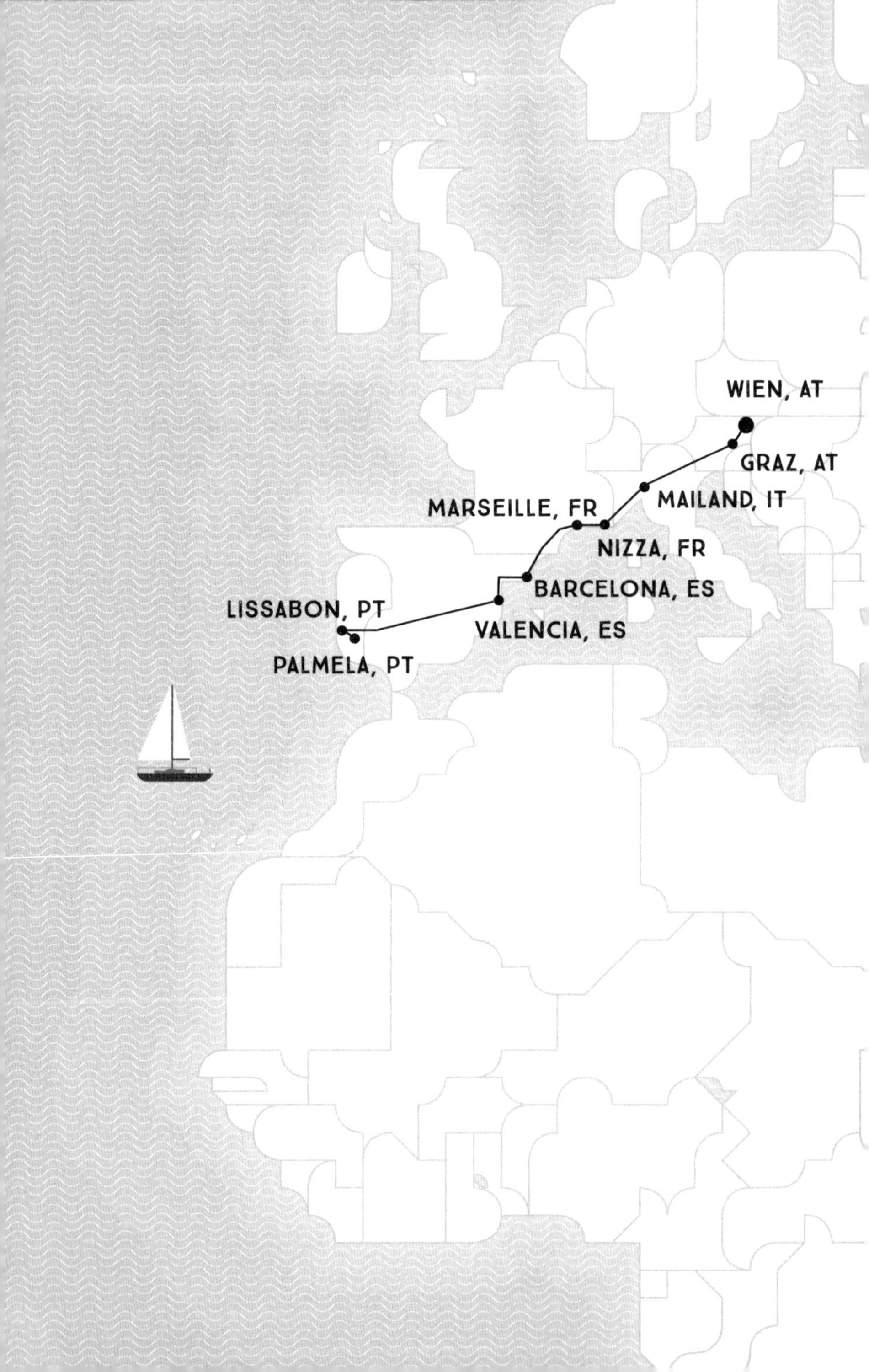

KAPITEL 1

DIE MACHT DES AUGENBLICKS

PER ANHALTER VON WIEN NACH SÜDPORTUGAL

*»So many of our dreams at first seem impossible.
Then they seem improbable. And then, when we summon the will,
they soon become inevitable.«*

Nelson Mandela

★

Viele Gründe fallen mir ein, warum das hier eine Nummer zu groß für mich ist. Jetzt schreien sie lauter denn je, doch der Nachmittagsverkehr übertönt sie. Ich stehe am Wiener Matzleinsdorfer Platz, irgendwo zwischen Würstelstand, Bushaltestelle und Stadtausfahrt. »Arbeiterstrich« heißt dieser Ort im feinen Jargon, weil hier die Tagelöhner frühmorgens auf Jobs warten und darauf hoffen, dass sie einer zur nächsten Baustelle mitnimmt. Der graue November prasselt auf den Regenschutz, den ich vor wenigen Minuten über meinen frisch gepackten Rucksack gespannt habe. Darin hat alles Platz, was ich in den kommenden 14 Monaten brauche. Beinahe alles. Die notwendige Körperkraft, um die 22 Kilo Marschgepäck um die Welt zu schleppen, darf ich mir noch antrainieren. Derzeit fühlen sich meine Schritte noch schwerfällig und steif an – und sehen vermutlich auch so aus. Ich halte ein Kartonschild in die Höhe, das einige Passanten nervös zu machen scheint, als wüssten sie nicht, ob sie den Arzt oder die Polizei rufen sollen. Darauf steht in dicken schwarzen Lettern: Südamerika.

»Cheers!«, sagt Martin mit regennassen Haaren und lässt den Verschluss der Ottakringer-Dose zischen, die er uns zur Feier des Tages von der Tankstelle geholt hat, vor der wir uns positioniert haben. Ich habe den charmanten Norweger vor fünf Jahren in einer Bar in Bangkok kennengelernt. Wir kippten ein paar Drinks, feierten eine wirklich gute Party auf der Khao San Road und besuchten am nächsten Tag den Königspalast. Mehr nicht. Als meine vierjährige Beziehung ein halbes Jahr später zu Ende ging, ich frische Luft brauchte und einen zum Reden, war er da. Er lud mich ein auf einen Roadtrip durch Norwegen, auf Whisky am Lagerfeuer und Campen im Wald. Als ich ihn bat, mir etwas auf Norwegisch beizubringen, kam er daher mit: »Jeg har mange poteter i ryggsekken«. Ich habe viele Kartoffeln in meinem Rucksack. Das wurde zum Running Gag. Denn wann zum Kuckuck soll ich das jemals verwenden?

Mit Martin ist mir noch nie fad geworden, wir haben einander immer etwas zu erzählen. Ich bin außerdem fasziniert von seinem wachen Geist und seiner weltoffenen Art. Martin kann auf der Straße eine wildfremde Person ansprechen und mit ihr zwei Minuten später das Paarungsverhalten kongolesischer Berggorillas erörtern. Der Gute hat einmal an einem Seminar teilgenommen, das ihm die Verbesserung seiner Social Skills versprochen hat. Eine der Aufgaben war es, einen Monat lang jeden Tag 50 fremde Menschen anzusprechen. Übung macht den Meister. Er stellt kluge Fragen, findet originelle Lösungen für noch originellere Probleme und glaubt an das Gute in der Menschheit. Neben einem begnadeten Frauenversteher ist Martin auch Lokalpolitiker für die grüne Partei in Norwegen. Der Tausendsassa ist schon mehrmals durch Europa getrampt, ich hingegen stoppte gerade einmal vom Dorffest nach Hause. Es tut gut, diese Reise mit jemandem zu beginnen, der sich auskennt. Von ihm darf ich lernen, nicht nur übers Trampen, auch über Sanftmut und Lebensfreude.

Passanten bummeln vorbei. Einige lachen über unser Kartonschild, einer klopft mir auf die Schulter und sagt: »Viel Glück.« Die grauen Blicke der vorbeifahrenden Autofahrer sprechen zu uns. Mit Mund und Augen weit geöffnet und mitfühlendem Wiener Charme: »Hams denen einbrochen?« Niemand bleibt stehen.

Hermann Hesse hat einst meisterhaft formuliert:

»Jedem Anfang wohnt ein Zauber inne.«

Diese Euphorie trägt uns seit vier Stunden stadtauswärts, immer noch zu Fuß. Mittlerweile ist es dunkel und wir sind geschätzte drei Kilometer entlang der Triester Straße in Richtung Autobahn gewandert. Ich glaube nicht, dass uns bis jetzt irgendjemand ernst genommen hat.

Dann, endlich, erbarmt sich einer. Peter kommt gerade von der Arbeit, fährt heim nach Guntramsdorf und nimmt uns bis zur nächsten Raststation mit. Bis dorthin sind es zwar nur siebzehn Kilometer, aber immerhin, wir sind auf der Autobahn. Mit jeder Stunde, die ins Land zieht, ziehen wir ein Stück weiter hinaus.

Raststationen sind die perfekten Hitchhiking-Spots. Sie liegen direkt an der Autobahn und wer hier tankt, hat in der Regel noch eine weitere Strecke vor sich. Nicht per Kartonschild am Straßenrand, sondern im Rahmen eines persönlichen Gespräches an der Zapfsäule um eine Mitfahrgelegenheit zu bitten, bietet zudem größere Erfolgschancen. Dafür sind aber auch die Zurückweisungen unmittelbarer. Ein Mann im SUV überhört meine Frage absichtlich, dreht sich weg, möchte in Ruhe gelassen werden. Natürlich, es ist nicht jedermanns Sache, zwei fremde Männer in ihrem Auto mitzunehmen. Die Angst sitzt tief bei vielen, auch das bekommen wir zu spüren. Im nächsten Augenblick geht ein junger Mann an mir vorbei, zurück zu seinem Auto mit Grazer Kennzeichen.

»Wo wollt ihr zwei denn hin?«

»Graz wäre fein«, antworte ich.

»Steigt ein, ich nehm euch mit«, sagt der Student und egalisiert damit auf einen Schlag die dutzenden Körbe, die wir uns heute geholt haben. Martin unterhält sich mit ihm, während ich uns eine Schlafgelegenheit in Graz organisiere.

Wir dürfen bei Leandro übernachten, dem ich vom Rücksitz aus auf *couchsurfing.org* geschrieben habe. Wir kennen einander nicht, doch der Slogan der Online-Plattform, die Gratis-Schlafplätze vermittelt, ist auch in den Köpfen ihrer Nutzer Programm: *You have friends everywhere. You just don't know them yet.*

Ein Grazer Einkaufszentrum, Tag zwei von vierhundertzwei. Ich habe nicht die geringste Ahnung, wo er enden wird.

Die Menschen begegnen uns mit Neugierde, Schaulust und Wohlwollen. Die Tankstellenfrau gibt uns Tipps, wie wir zu einem geeigneten Spot kommen, die Dame am Postschalter schenkt uns einen Karton, auf den wir das nächste Ziel schreiben können: Mailand.

Wir wandern zu einer Tankstelle in der Nähe der Autobahnauffahrt und stellen uns an den Kreisverkehr. Wir dachten, das sei eine gute Idee. Die Anfangseuphorie ist zurück, Martin macht einen Kopfstand am Straßenrand. Ich tanze zur Musik in meinem Headset und halte den lachenden Autofahrern mit breitem Grinsen das Schild entgegen. Manche hupen als Zeichen ihrer Anteilnahme, andere winken. Die Interaktionen mit den Passanten machen Spaß, eine Party am Kreisverkehr. Für ein paar Augenblicke vergesse ich, dass wir den ganzen Zirkus veranstalten, um irgendwohin zu kommen. Als ginge es allein darum, hier zu sein. In diesem Moment. An der Tankstelle in Graz.

Vier Stunden später kann ich die Tankstelle nicht mehr sehen, das Gehupe nicht mehr hören, die Füße tun mir weh und das Tanzen ist mir vergangen. Zwar sind ein paar Autos stehengeblieben, doch sie fuhren entweder in die falsche Richtung oder nicht weit genug, als dass es sich ausgezahlt hätte, den Ort zu wechseln. Wir nehmen ein Taxi zur nächsten Autobahnraststätte. Von dort geht es dann endlich weiter in Richtung Süden, bis zu einer kleinen Raststation kurz vor Klagenfurt. Hier ist wenig los, nur alle paar Minuten lenkt einer sein Auto herein. Ein Wiener bleibt stehen und steigt aus seinem kleinen, roten Auto.

»Willkommen in Kärnten«, begrüße ich ihn.

»Danke, wohin wollt ihr denn?«

»Südamerika«, antworte ich, »aber fürs Erste reicht Italien. Wohin fährst du?«

»Mailand«, sagt der junge, bärtige Mann.

»Jackpot«, denke ich.

»Angst«, denkt er. Zumindest schließe ich das aus dem, was er als Nächstes sagt.

»Ich würde euch ja gerne mitnehmen, aber ich kenne euch nicht.«

»Das können wir ändern«, sage ich und reiche ihm die Hand. »Jakob, freut mich.«

Er scheint nicht sonderlich beeindruckt. »Ich gehe zahlen und überlege es mir derweil.« Ein letzter Funke Hoffnung. Dann kommt er wieder.

»Es geht nicht. Ich kenne euch nicht. Ihr könntet Kriminelle sein auf der Flucht.«

Ich lache.

Er fährt. Zu seiner Freundin nach Mailand, eine Fernbeziehung. Woher ich, der Fremde, das weiß? Er hat es mir erzählt.

Am späten Nachmittag rollt ein schwarzer Sattelschlepper mit rumänischem Kennzeichen an die Zapfsäule. Der Fahrer spricht kein Englisch. Mit Händen, Füßen und Kartonschild mache ich mich verständlich. Er zeigt auf seinen Beifahrersitz, dort ist Platz, aber nur für einen von uns. Wie weit er fährt, könne er noch nicht sagen. Drei Stunden, dann sei Schluss für heute. Er müsse die Ruhezeit einhalten, sonst drohen horrende Strafen. Ich verabschiede mich von Martin, in Mailand wollen wir einander wieder treffen. Ein komisches Gefühl und doch eine unerwartet reizvolle, weil abenteuerliche Wendung. Für Martin wird es heute noch länger dauern, bis er hier wegkommt. Ich hingegen rolle mit Trucker Dany und vierzig Tonnen im Rücken durch die Abenddämmerung. Bald passieren wir die italienische Grenze. Ich spüre, dass es an der Zeit ist, mein Heimatland zu verlassen. Ich werde es in den nächsten dreizehn Monaten nicht wiedersehen.

Dany hat in seinem nagelneuen Truck einen Wasserkocher, ein Bett und einen Laptop für Filme. Sogar eine kleine Herdplatte gehört zum Inventar. Der kleine Rumäne mit freundlichem Lächeln fährt 17.000 Kilometer pro Monat quer durch Europa, verbringt oft auch die Wochenenden im Führerhaus. Da darf er nicht fahren, muss dennoch auf der Raststätte bleiben, weil sonst das Risiko zu groß wäre, dass ihm einer den Diesel aus dem parkenden LKW klaut. Die Verständigung ist kompliziert, doch Dany bemüht sich, tippt immer wieder in seine Übersetzungs-App, um mir dann den Satz auf Englisch zu zeigen. Bald kann ich *mulțumesc* und *noroc,* Danke und Prost. Die beiden wichtigsten Wörter in jeder Sprache.

»Was gefällt dir am Truckfahren?«, frage ich Dany.

»Schau her«, sagt der 28-Jährige, ein paar Wörter gehen dann doch. Er lenkt seinen LKW leicht nach links und rechts. »Ich muss nichts machen außer fahren, schlafen und essen. Ein sehr gemütlicher Job.«

»Fühlst du dich einsam?«

»Ja, sehr. Meinen achtjährigen Sohn und meine Frau sehe ich das nächste Mal zu Weihnachten.«

Das ist in eineinhalb Monaten.

Dany fragt mich, warum ich nicht nach Amerika fliege, ob das nicht einfacher wäre. Er ist nicht der Erste, der das wissen möchte.

»Ich mag Abenteuer«, antworte ich. Dany kennt das englische Wort nicht.

»Was ist ein Abenteuer?«

»Wenn du nicht weißt, was als Nächstes passiert«, versuche ich mich an einer Erklärung und merke schnell, dass ihn diese Antwort nicht zufriedenstellt.

Ich muss pinkeln. Dany hält bei nächster Gelegenheit an einem einsamen Rastplatz. Im T-Shirt springe ich raus in die neblige Herbstnacht und stelle mich zum nächsten Baum. Hinter mir brummt der Motor des Trucks. Plötzlich schießt ein Gedanke durch meine Synapsen und mir wird schlagartig anders. Alles, außer das Gewand, das ich trage, ist im Lastwagen. Mein Rucksack, meine Geldbörse, mein

Reisepass. Nicht einmal mein Handy habe ich eingesteckt. Wenn Dany Gas gibt, ist meine Reise zu Ende, bevor sie richtig begonnen hat.

Im Eiltempo steige ich zurück in den Truck. Dany wartet geduldig und lächelt mich an. Wir fahren weiter, mit blauem Neonlicht unter der Windschutzscheibe und rumänischer Volksmusik im Ohr. Ich starte nun einen zweiten Versuch, auf Danys Frage von vorhin zu antworten.

»Ein Abenteuer ist es, wenn ich einem völlig fremden Mann mein gesamtes Reiseleben anvertraue. Oder wenn du einem völlig fremden Mann vertraust, dass er dich nicht rausschmeißt und mit deinem Truck abhaut.«

Dany lacht. Ich glaube, das hat ihn überzeugt.

Ende der gemeinsamen Fahrt bei einer betriebsamen Tankstelle irgendwo in Norditalien. Dany muss rasten. Ich habe Glück und darf mit einer Partie Jungspunde mit nach Mailand. Martin wird irgendwo in der Pampa in einem überteuerten Hotel mit miserablem Frühstücksbuffet nächtigen. Davon erzählt er mir, als wir uns am nächsten Tag im Zentrum von Mailand wiedersehen.

Es ist ein großer Tag für den Nachwuchspolitiker. In Kürze entscheidet sich, ob er nächsten Herbst für die Grünen bei den norwegischen Parlamentswahlen antreten oder mit mir um die Welt reisen wird. Abends klingen die Biergläser, die Mehrheit seiner Parteikollegen steht hinter ihm. Das verkürzt seine Reisezeit auf wenige Monate. Ich lasse ihn zwar ungern ziehen. Doch einer wie er soll als Politiker erfolgreich werden. Die Welt braucht weltwache Menschenfreunde an den Schalthebeln. Dringend.

Auf dem Weg von Mailand nach Frankreich. Auf einer Raststation lernen wir Renaud und Ornella kennen. Ein hübsches, frisch verliebtes Paar aus Nizza, das gerade am Heimweg von seinem ersten gemeinsamen Urlaub am Comer See ist. Wir dürfen mit. Im Alfa

Romeo streicheln die Turteltauben einander die Hände, werfen sich immer wieder verknallte Blicke zu. Wenn Liebe in der Luft liegt, ist das Atmen eine Freude.

Mir fällt Renauds Tätowierung am Unterarm auf, *Definitely maybe,* sein Lieblingsalbum von Oasis. Renaud spielt einen Song der britischen Band vor, *Little by Little.* Was für ein Titel, passt nicht nur für Rocksongs, sondern auch für Weltreisen.

»Mein bester Freund ist bei einem Motorradunfall ums Leben gekommen und meine Beziehung ist unschön zu Ende gegangen«, erzählt Renaud. »Und jetzt sitze ich hier, bin überglücklich, mit meiner umwerfenden neuen Freundin neben mir und zwei Fremden auf dem Rücksitz. Im Leben kann alles passieren, nichts ist sicher. Keine Liebe, kein Job, kein Besitz. Alles eben *definitely maybe.* Besser ist es, wenn man das akzeptiert und lieber den Moment lebt, genießt, was ist.« Ornella küsst Renaud auf die Wange.

Genießen, was ist. Welch edler Vorsatz. In der vierten Nacht meiner Weltreise landen wir in einem Hostel in Nizza. Die Rezeptionistin ist eine Augenweide, ihr hinreißendes Lächeln und ihr freundlicher Blick fallen sowohl Martin auf als auch mir. Ein Amerikaner initiiert ein Trinkspiel mit Karten, Angela sitzt zwischen Martin und mir. Je mehr Karten am Boden liegen, desto eindeutiger werden ihre Zuneigungen. Als das Spiel vorbei ist, lädt sie uns in ihr Zimmer ein. Ihr erster Dreier, wie sie später erzählt. Meine Hemmungen sind auf Reisen tendenziell niedriger und liegen nach einem unerhört fröhlichen Trinkspiel deutlich unter Hüfthöhe.

Irgendwann wache ich auf, muss aufs Klo, stehe auf und torkle nackt aus dem Schlafzimmer. Es ist finster und mein Orientierungssinn vom Trinkspiel beeinträchtigt. Ich habe keine Ahnung, wo das Klo ist. Ich finde eine Türe, öffne sie, gehe drei Schritte hinaus und stehe im Stiegenhaus zwischen Staff-Area und Gästebereich. Hinter mir fällt die Tür ins Schloss – ohne Staff-Schlüssel nicht mehr zu öffnen. Da stehe ich nun in der Morgendämmerung, ausgesperrt, splitternackt, restfett und ohne Ideen. Da geht bei der Rezeption die Türe auf und ich mache einen Satz hinter die viel zu kleine Pflanze, die neben mir steht. Rezeptionist Francesco biegt um die Ecke, sieht mich sofort, prustet los und kann sich vor Lachen nicht mehr halten. Ich spare mir jeglichen Kommentar. Den Moment genießen? Himmel, ich habe gerade andere Sorgen. Lieber schnurstracks in mein Zimmer, vorbei an der Rezeption und zwei Gästen, die soeben einchecken.

Marseille, zwei Tage später. Die Luft riecht nach Meer, das saukalte Morgenrot bricht sich im Smog der Großstadt. Ein Arzt im Sportwagen und ein Ingenieur im kleinen Peugeot, beide auf dem Weg zur Arbeit, bringen uns an einen Kreisverkehr außerhalb der Stadt. Die ersten Sonnenstrahlen des Tages wärmen mein Gesicht. *Porcelain* von Moby im Ohr, manchmal darf es kitschig sein. Ich tanze mit dem Karton in der Hand. Tagesziel: Barcelona.

Was diesen Moment so besonders macht? Er ist so zufällig, so ungeplant, so echt. Es ist einer dieser lebensnahen Augenblicke, die mich schweben lassen, die ich in voller Präsenz wahrnehme, in denen ich nicht nur sein will, sondern bin.

Das registrieren auch die Passanten. Lachende Gesichter sind im Morgenverkehr kein allzu häufiger Anblick, wie der gelernte Österreicher weiß. Aber auch die Pendler in Südfrankreich erwecken in mir auf den ersten Blick nicht den Eindruck, als würden sie es vor Glück nicht mehr aushalten hinterm Steuer. Trotzdem – oder gerade deshalb – wärmt es jedes Mal mein Herz, wenn sich die vorbeifahrende Granitmimik verändert, weil zwei Clowns am Straßenrand in der aufgehenden Sonne tanzen und grinsend den Daumen in die Höhe halten. Nicht, dass viele stehen bleiben. Aber manchmal reicht es als Belohnung, wenn man einen daran erinnern darf, dass ein dämmernder Tag ein Geschenk ist und keine Strafe.

Spannend am Hitchhiken: Man weiß selten, was als Nächstes kommt. Nicht einmal zehn Minuten stehen wir neben dem

Mautschranken, da hält ein glatzköpfiger Franzose an und drückt das Fenster seines Golfs herunter. Regis bietet uns eine Fahrt bis nach Perpignan an, das sind knapp dreihundert Kilometer bis knapp vor die spanische Grenze. Jackpot.

Regis leitet ein Luxushotel im französischen Katalonien.

»Du musst deinen Job lieben, wenn du Hotelmanager bist, sonst gehst du zugrunde. Die Gäste bezahlen für tolle Emotionen und mein Job ist es, sie glücklich zu machen. Trotzdem, es ist eine Show und natürlich bin ich nicht immer glücklich. Aber schlechte Stimmung ist etwas für zu Hause.«

Wir unterhalten uns über verständnisvolle Ehefrauen, meine bevorstehende Atlantiküberquerung und die sagenhafte Landschaft, durch die wir fahren. Das Meer links, ein See rechts, die Herbstsonne knallt durch die Windschutzscheibe und in der Ferne die Silhouette der Pyrenäen.

»Ich möchte euch gerne meine Familie vorstellen«, sagt Regis. »Wenn ihr wollt, fahren wir zu mir nach Hause.« Regis würde dafür einen Umweg von dreißig Minuten pro Richtung in Kauf nehmen und verspricht, uns später wieder zurück zur Autobahn zu führen. Seine Einladung berührt mich. Wir nehmen an, lernen bald Regis' Frau kennen sowie seine Töchter Lea und Julie, vier Monate und fünf Jahre alt. Regis kredenzt frisches Baguette und französische Salami, und als er den Ricard in die Gläser gießt, knacken die Eiswürfel.

»Der beste Sound der Welt«, sagt Regis. Die Welt braucht mehr von seiner Sorte.

Mein Wecker läutet mich um 5:30 Uhr wach, ich liege auf der Couch von Mareia. Die Freundin einer Freundin hat uns drei Nächte lang in ihrer WG in Barcelona schlafen lassen.

Frühstück in der U-Bahn, Joghurt und Nüsse. Auf den Pappdeckel aus dem Supermarkt schreibe ich Valencia. Mein Sitznachbar sieht mir dabei zu und lässt mich dann wissen, dass er auch auf dem Weg dorthin sei. Er treffe in Kürze sein BlaBlaCar, eine per App ausgemachte Mitfahrgelegenheit gegen Bezahlung. Zwei Plätze wären noch frei. Ich sehe Martin fragend an.

»Es wäre sehr komfortabel, aber ich denke, wir schaffen das auch so«, sagt mein Kompagnon. Er hat Recht, es wäre zu einfach und wir wollen ja nicht schummeln. Ein Gefühl verrät mir, dass wir diesen Optimismus heute noch bereuen werden.

Im Internet gibt es eine Website namens *hitchwiki.org*. Eine unerlässliche Ressource, denn sie beschreibt akkurat, wo sich der Hitchhiker am besten positioniert, um eine Fahrt in die gewünschte Richtung zu ergattern – mit Informationen über tausende Städte der Welt. In unserem Fall soll das ein Kreisverkehr bei einer Autobahnauffahrt nach Tarragona sein. Als wir dort ankommen, scheint der Platz aber ungeeignet. Wenig Verkehr in unsere Richtung und für die Fahrer ein ungünstiger Ort zum Halten. Wir probieren es fünfzehn Minuten lang bei einer Tankstelle, dann zehn Minuten bei einer Kreuzung. Wir wechseln zu oft die Strategie. Haben wir überhaupt eine? Nächster Fehler: Wir nehmen den Bus zum Flughafen.

»Du bekommst nicht viele Möglichkeiten im Leben, um deine Zeit so zu verschwenden, wie wir das gerade tun«, so Martin.

Ich lache. Diese positive Einstellung zum Leben fasziniert mich an ihm, seit ich ihn kenne. Er erinnert mich mit Sätzen wie diesen immer wieder daran, wie einfach das Leben sein kann, wenn man es lässt.

Nun sitzen wir in einer Wiese vor Terminal 3, neben uns die sechsspurige Flughafenausfahrt mit jeder Menge Platz zum Stehenbleiben. Es ist mittlerweile zehn Uhr. Bis wir draufkommen, dass diese Ausfahrt niemand nimmt, der in Richtung Süden möchte, ist es zwölf.

Ein Lokalbus bringt uns in die nahegelegene Ortschaft Sitges. Wieder ein Kreisverkehr, die Sonne brät mein Gesicht. Wir sind mittlerweile seit acht Stunden auf den Beinen und haben es nur vierzig Kilometer weit geschafft. Martin sitzt an ein Straßenschild gelehnt, die Augen geschlossen. Ich bin mir nicht sicher, ob er schläft oder meditiert. Doch eines weiß ich: mein Geduldsfaden ist dem Reißen nahe.

»Wir hätten wirklich dieses blöde BlaBlaCar nehmen sollen«, rufe ich Martin zu.

Er nickt. Mehr nicht.

Ich ärgere mich über Martin, der faulenzt, anstatt sich zu bemühen. Über die Spanier und ihr Misstrauen gegenüber Fremden, über die Situation im Allgemeinen. Vor allem aber ärgere ich mich über mich selbst, weil ich mich ärgere. Wieder einmal driften Erwartungen und Realität kilometerweit auseinander.

Eckhart Tolle, Großmeister der angewandten Spiritualität, hat einmal notiert: »Das Leben ist der Tänzer und du bist der Tanz.« Immer wieder erliege ich der Illusion, dass es umgekehrt ist und deshalb fällt es mir so schwer, dem gegenwärtigen Moment das Sein zu erlauben. Mein Verstand will ihn kontrollieren, ihn festhalten oder wegdrängen, ihn mit nackter Gewalt verändern. Ein Patentrezept für innere Unzufriedenheit und Seelenleid. Der streitbarste Teil meines Verstandes ist mein Ego. Es benennt und beurteilt, was ist, unterteilt in Gut und Böse, will der Tänzer sein und ganz sicher nicht der Tanz.

»Wenn deine Handlungen aus einer Akzeptanz heraus entstehen und nicht aus Widerstand, fließt eine andere Energie in das, was du tust«, so Tolle. Eine Energie, schwanger mit Leben, schwanger mit Möglichkeiten.

Wahre Unabhängigkeit von äußeren Bedingungen also, welch ritterliches Ziel, welch sagenhafter Zinnober.

Zeit für eine Pause. Wir verlassen den Kreisverkehr und schleppen unsere Rucksäcke die Straße entlang. Da, rechts, denke ich, ein Bistro. Ich spreche es nicht aus und eine Sekunde später biegt Martin ein. Als hätten wir es ausgemacht, als ziehe uns etwas hinein ins *El Tros Restaurante.*

An den Wänden hängen das Ölgemälde eines Baumes, eine E-Gitarre und Bilder von Motorrädern. Fliesen aus Terracotta, einfache Holzgarnituren und eine Fensterfront, die viel Licht hereinlässt. Sieht aus wie eine Musikbar aus den Fünfzigern. Aus ungefähr diesen Jahrgängen müssen auch die drei Damen ein, die hinter dem Tresen stehen. Sie wirken herzlich und begrüßen uns, die verlorenen Seelen, mit einem mitfühlenden Lächeln. Wir nehmen auf zwei Barhockern Platz, einen Moment später liegt mein Kopf auf den ausgestreckten Armen. Meine Energie reicht kaum, um einen Blick in die Speisekarte zu werfen. Wir bestellen Bocadillos mit Brie, bald kann ich die gefüllten Weißbrote nicht mehr sehen.

Die drei Damen lachen viel, scherzen miteinander und mit zwei Gästen, die an einem der Tische Bier süffeln. Ich verstehe nur Fetzen davon, mein Spanisch steckt noch in den Kinderschuhen und überhaupt bin ich gerade zu erschöpft, um mich auf eine Fremdsprache zu konzentrieren. Doch hier liegt eine herzhafte Wärme in der Luft, das spüre ich auch so. Ein Mann setzt sich zu uns, Holzfällerhemd, dunkler Bart, gutaussehend. Er ist der Ehemann einer der drei Frauen, fragt, wohin wir wollen und hilft uns bei der Orientierung. Vilafranca sollen wir auf den Karton schreiben, von da aus kämen wir gut weiter.

Wir bestellen Whisky. Manchmal braucht man Whisky. Er inspiriert Martin zu einem ergreifenden Gedanken.

»Ich musste gerade an Dany denken, den Truckfahrer aus Rumänien, von dem du mir erzählt hast. Er arbeitet so hart, dass er seine Familie erst zu Weihnachten wiedersieht. So viele Menschen quälen sich durchs Leben. Schau uns an, Alter, schau mal, wie verdammt gut es uns geht.« Wir stoßen an, umarmen uns. Ein intensives Glücksgefühl durchfährt meinen Körper. Ich möchte die Welt umarmen.

Tag 20, Lissabon. Ich habe mich Hals über Kopf in eine Frau verliebt, nennen wir sie Naomi. Ein Wochenende lang tanzten, turtelten und torkelten wir liebestrunken durch die bunten Straßen von Lissabon. Naomi ist aus Wien angereist, um mich zu besuchen, mich noch einmal zu sehen, bevor ich über den Atlantik segle. Wir lernten uns erst kurz vor meiner Abreise auf einer Party kennen, eine folgenlose Affäre im Rausch der Nacht hätte es sein sollen. Ich wusste nicht, worauf ich mich einließ. Naomi hätte den weiteren Verlauf der Reise durchaus beeinflussen können, wenn sie keinen Freund gehabt hätte. Dann hätte ich alle Hebel in Bewegung gesetzt, um sie so bald als möglich wiederzusehen. Doch wir waren unerreichbar füreinander, sie in einer Beziehung, ich auf Weltreise. Nur mein Herz wollte das nicht akzeptieren. Ihres auch nicht.

Naomi wird in den kommenden Monaten einen empfindlichen Teil meiner Gedanken und Gefühle einnehmen.

Naomi ist gestern heimgeflogen, zurück nach Wien. Nach meiner kurzen Liebesauszeit vom Reisen jetzt also zurück ins Abenteuer. Katerfrühstück mit Martin auf der Sonnenterrasse eines Lissabonner Hostels. Ich bin emotional angeschlagen und habe versucht, meinen Liebeskummer in Bier und Vodka zu ertränken. Schnapsidee. Auch beim Frühstück schweben meine Gedanken noch durch die Romantik der vergangenen Tage, haften an Naomis Küssen. Martins Gedanken drehen sich darum, wie wir am besten nach Südportugal kommen.

»Wir könnten versuchen, in drei Tagen und drei Nächten nach Südportugal zu kommen«, schlägt Martin vor. »Ohne einen Cent auszugeben.«

Schon wieder eine verrückte Idee. Hält sich das Risiko, Gesetz oder Knochen zu brechen, in Grenzen, dann stehen die Chancen schlecht, dass ich zu so etwas Nein sage.

Wir stehen an einer Autobahnauffahrt am Stadtrand von Lissabon. Ein junger, bärtiger Student namens Henrique nimmt uns mit in seinen Heimatort Palmela, nur 30 Minuten von Lissabon entfernt.

Henrique ist äußerst zuvorkommend, betont mehrmals, dass wir uns bei ihm melden sollen, falls wir noch was brauchen. Als wir uns von ihm verabschieden, wirkt er, als hätte er gerne noch mehr Zeit mit uns verbracht.

Es ist bereits dunkel, als wir auf altem Kopfsteinpflaster durch die engen Gassen wandern. Wo wir hingehen, wissen wir nicht. Es ist auch niemand da, den wir fragen könnten. Palmela wirkt wie ausgestorben. Dann eine Sportbar, davor lehnt einer lässig an der Hausmauer. Martin und ich sehen einander fragend an. Wie fragt man einen Fremden auf der Straße, ob man bei ihm übernachten dürfe?

»Hi. Wir haben hier so ein verrücktes Projekt am Laufen«, lautet unser Versuch.

»Schön, das ist ein guter Anfang«, sagt der junge Mann mit kurzen Haaren und überraschend neugierigem Unterton. Er stellt sich als Gabriel vor und wir erzählen ihm mehr. Dann die Überraschung.

»Ich habe einen Schlafplatz für euch.«

Zehn Minuten später sperrt er uns seine Wohnung auf, gibt uns den Schlüssel und sagt, bevor er zurück in die Bar geht:

»Ihr könnt in meinem Bett schlafen, da ist mehr Platz für euch beide. Ich werde mich auf die Couch legen.«

Ich traue meinen Ohren nicht, kann nicht fassen, was passiert. Gabriel versichert sich, dass wir alles haben, was wir brauchen. Ich nicke perplex, grinse breit, sage gefühlte zwanzigmal:

»Obrigado, Gabriel!«

Wer ohne Geld reist, sollte eines nicht haben – Berührungsängste mit Fremden. Denn jeder Mensch könnte einer sein, der weiterhilft. Nicht mit Geld, das hätten wir nicht angenommen. Sondern mit Tipps, Mitfahrgelegenheiten oder, wie Gabriel, mit einem Schlafplatz. Ohne Geld zu reisen ist eine hervorragende Übung für das Loslassen von zweierlei: Erwartungen, wie irgendetwas zu sein hat, und Stereotype, wie irgendjemand zu sein hat. Beides sagt sich leichter, als es sich tut.

Zeit, die Perspektive zu wechseln. Ich glaube an Karma, an die Verantwortung jedes Einzelnen für seine Worte und Taten und daran, dass alles im Leben zurückkommt. Wenn nicht gleich, dann später. Ich bin ein großer Fan von Couchsurfing, als Gast wie auch als Gastgeber. In meiner Wiener Wohnung nächtigten bereits dutzende Menschen kostenlos. Fremde, zunächst, die nicht selten zu Freunden wurden. Ich konnte die eine oder andere Gutschrift auf meinem Karmakonto verbuchen. Stelle ich mir die Frage, ob ich das, was uns heute gegeben wurde, auch selbst geben würde, kann ich sie ehrlich mit Ja beantworten. Das macht das Nehmen leichter.

Ein Freund von Gabriel hätte uns vor einer Stunde mitnehmen sollen in den Süden, doch wir haben die Mitfahrgelegenheit vor unseren Computern vertrödelt. Wenn wir es bis übermorgen nach Südportugal schaffen wollen, sollten wir in die Gänge kommen. Mit Haube, Handschuhen und allen Schichten Kleidung, die unsere Rucksäcke hergeben, haben wir uns auf die härteste Variante eingestellt, die das Reisen per Anhalter bereithält: einen *night tramp* ohne Geld mit der durchaus wahrscheinlichen Option, die kommende Nacht im Freien zu verbringen. Denn wer, der halbwegs bei Trost ist, sammelt in der Dunkelheit zwei fremde Männer vom Rand der Landstraße auf?

Ich schreibe Henrique, ob er uns noch einmal helfen und uns zur Autobahn bringen könne. Zehn Minuten später biegt er in seinem Renault um die Ecke.

»Wollt ihr das wirklich tun?«, fragt der Besorgte, als sehe er, dass meine Zehen seit Stunden kalt sind. »Nachts durch die Kälte trampen, vielleicht bei fünf Grad im Freien schlafen? Oder wollt ihr erst morgen loslegen, ausgeruht bei Tagesanbruch? Ihr könnt bei mir übernachten, mein Vater kocht und der Kamin ist auch schon angeheizt.« Henrique freut sich sichtlich, als wir sein Angebot annehmen.

Jeder Bissen des traditionellen Reisgerichts mit Fisch und Oliven ist ein Ausdruck der Dankbarkeit. Jeder Schluck vom Rotwein, den

Henriques Vater Daniel aufgemacht hat, eine demütige Geste vor der herzlichen Güte dieser Familie.

Henrique legt Holz in den Kamin und Daniel schenkt eine Runde Whisky ein. Dann zeigt Daniel uns Fotos von den Schlössern in der Region. Portugiesische Geschichte und Fotografie sind seine großen Leidenschaften.

Bald erzählen wir von unseren. Vom Reisen, vom Menschen kennenlernen, von Augenblicken wie diesen, mit denen man nicht rechnen konnte. Genau hier liegt der Zauber versteckt. In einer Welt, die vor Angst erfriert, bricht Vertrauen das Eis. Es muss nur einer anfangen. Wie freundlich die Welt sein kann, wenn man ihr Freund sein möchte. Durch echtes Interesse an der Geschichte des Anderen und teilhaben lassen an der eigenen. Durch Kennenlernen. Immer wieder bringen Martin und ich unsere Dankbarkeit zum Ausdruck.

»Es ist nichts Besonderes, was wir hier tun«, sagt Henrique bescheiden.

Als *er* sich bei *uns* bedankt, glaube ich, mich verhört zu haben. Habe ich nicht.

»Ich möchte auch einmal so reisen wie ihr, ohne große Pläne das Abenteuer suchen und die Welt kennenlernen. Dann weiß ich, dass es da draußen Menschen gibt, die mir helfen werden. Das ist ein schönes Gefühl.«

Ich gewinne in diesen Tagen so viel Glauben an die Menschheit, dass es noch für lange Zeit reichen soll.

WELTNAH ZU HAUSE

DAS EIS BRECHEN

Trete mit deinen Mitmenschen in Kontakt. Grüße eine Woche lang jeden Morgen die ersten beiden Personen, die dir unterkommen. Egal, ob sie neun Jahre alt sind oder neunzig. Ein freundliches »Guten Morgen« reicht fürs Erste. Beobachte die Reaktion und dann das Gefühl, das in dir entsteht.

Als ich dieses Experiment einen Monat lang in Wien gemacht habe, war ich überrascht über die vielen positiven Reaktionen. Die meisten grüßen freundlich zurück, vielen ist ihre positive Überraschung anzumerken. Gerade in Städten leben wir so nahe beisammen und doch beachten wir einander kaum. Starren lieber in unsere Telefone, als den anderen eines Blickes zu würdigen, geschweige denn einer freundlichen Geste.

Zu Beginn kommt einem das willkürliche Ansprechen fremder Menschen komisch vor. Es ist wie ein Muskel, den man trainiert. Anfangs ist er schwach, nach einer Woche schon stärker. Es ist eine simple Geste, die viel bewirken kann. In uns selbst und in der anderen Person. Niemand weiß, wie es ihr gerade geht, was sie durchmacht. Ein einfaches, lieb gemeintes »Guten Morgen« kann einen aus dem grauen Kopfkino holen und den Tag positiv beeinflussen. Halte Türen auf. Wirkt einer verloren, frag ihn, ob du helfen kannst. Mach Fremden Komplimente.

Wenn du am Land lebst, wo man einander ohnehin grüßt, gehe einen Schritt weiter und frage nach dem Befinden. Für die Städter das nächste Level ab Woche zwei. Vertrauen in Fremde schaffen wir, indem wir damit anfangen. Ist dir ein »Guten Morgen« zu viel des Guten, starte mit einem Lächeln.

5. BIS 13. DEZEMBER 2016

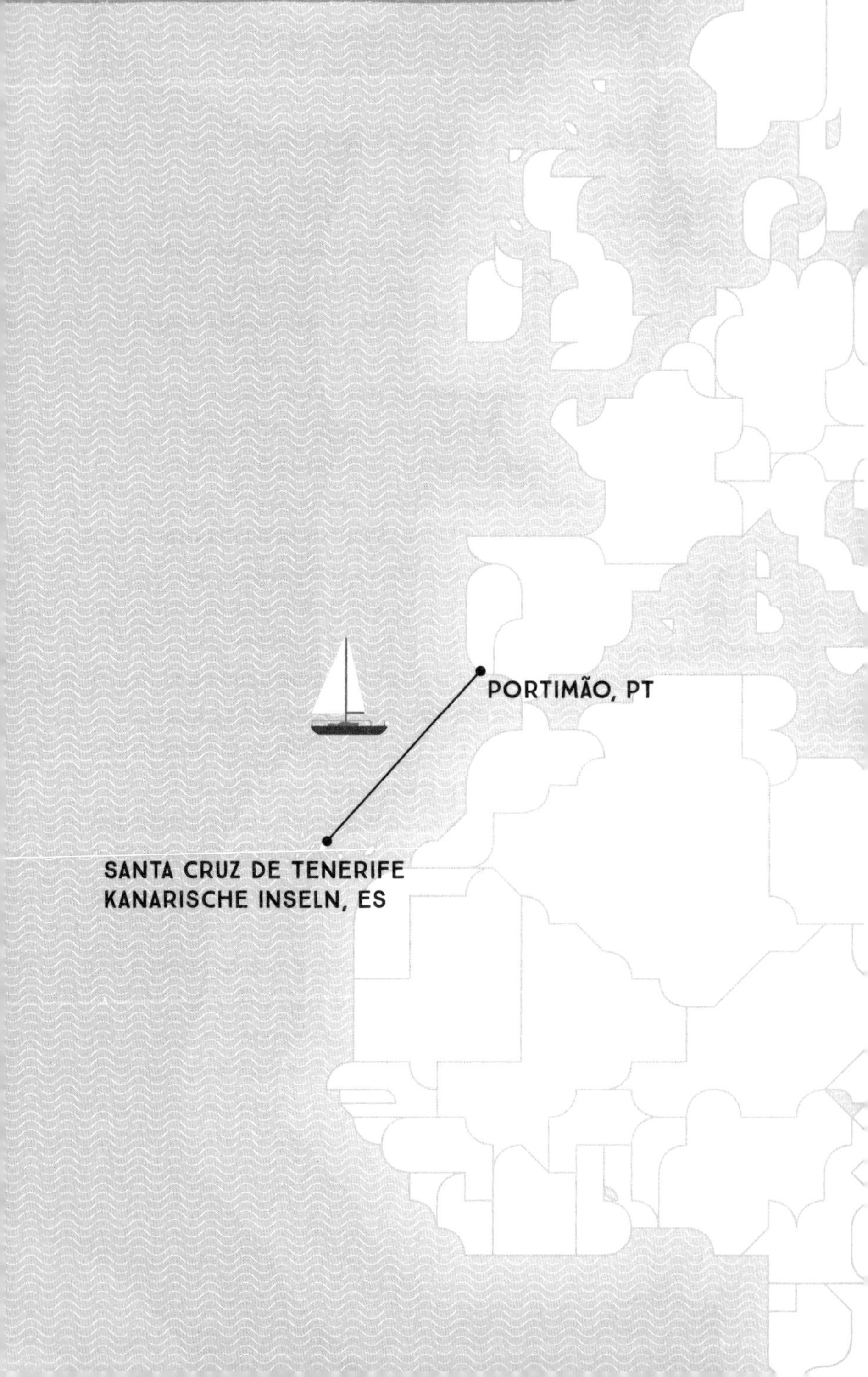

KAPITEL 2

HINTER DER KOMFORTZONE LIEGT DIE UNENDLICHKEIT

ACHT TAGE AUF DEM SEGELBOOT NACH TENERIFFA

»The cave you fear to enter holds the treasure that you seek.«

Joseph Campbell

★

Seit drei Wochen heben Martin und ich unsere Rucksäcke von einem Kofferraum in den nächsten. In den vergangenen drei Tagen haben wir es tatsächlich geschafft, von Lissabon nach Südportugal zu reisen, ohne einen Cent auszugeben. Das hat mein Vertrauen in die Welt gestärkt.

Im Sommer steppen hier der Bär, der Surfer und der Segler. Im Herbstregen wirkt Portimão matt und leer. Es gibt einen triftigen Grund, warum wir hier sind: Wir suchen ein Boot nach Amerika. Die Saison, in der die Zyklone Pause machen und die Großwetterlagen eine halbwegs sichere Atlantiküberquerung auf dem Segelboot ermöglichen, beginnt im November und endet im Mai. Mit einem ersten Schwall an tollkühnen Enthusiasten, die gleich zu Saisonbeginn ihre Leinen losmachen. Es ist Anfang Dezember, wir sind spät dran. Und wissen nicht, wie lange es dauern wird, bis wir einen Kapitän finden, der uns mitnimmt.

Doch wir haben Hoffnung in Form einer Facebook-Nachricht. Sie stammt von Jonny, einem Kapitän, der unter norwegischer Flagge segelt. Vor zwei Wochen, da waren wir gerade in Barcelona, fanden wir durch Zufall sein dreizehn Meter langes Segelboot auf Facebook. Die Beschreibung war vielversprechend. Jonny will um die Welt segeln und hat sein Boot gerade in einem südportugiesischen Hafen festgemacht. Er sucht noch zwei Crewmitglieder für die Etappe zu den Kanaren. Wir fragten sofort an und er antwortete wenige Tage später: »Wir sind jetzt in Portimão und müssen noch ein paar Arbeiten am Boot erledigen. In den nächsten Wochen machen wir los und segeln auf die Kanarischen Inseln. Meldet euch, wenn ihr da seid, dann sehen wir weiter.«

Die Kanaren sind zwar nicht die Karibik, aber es wäre ein Anfang – der Hafen von Las Palmas auf Gran Canaria soll ein Hotspot für Transatlantiksegler sein. Jonnys Nachricht ist zwar noch lange keine Zusage, beflügelt aber unsere Hoffnungen.

Einige Boote wippen am Pier, Möwen kreischen, sonst tut sich im Hafen wenig. Die meisten Skipper, die über den Atlantik wollen, sind bereits weg. Es regnet immer noch. Mein Blick schweift über die Marina von Portimão. Ich sehe keine Menschen, Jonnys Kahn dafür umso besser. Es ist das einzige selbst gebaute Aluminiumboot im Hafen.

»Hello?«, ruft Martin, als wir das Boot erreichen. Drei blutjunge Frauen in schmutzigen Overalls klettern aus der Kabine und begrüßen uns. Martin und ich sehen einander an, als hätten wir gerade das Christkind auf frischer Tat ertappt. Wir werden erwartet: »Kommt herauf!«

Die drei Mädels stellen sich vor. Da ist Elena, die Italienerin mit dem süßen Lächeln. Astrid, die Französin mit Oberarmen zum Fürchten und die sympathische Spanierin Andrea. »Ist Jonny da?«, frage ich in die Runde. Da schiebt sich einer auf Knien rückwärts aus einem geöffneten Wandverbau heraus. »Willkommen an Bord«, sagt Jonny mit einer Dose WD40 in der Hand. Ein großer Norweger in seinen frühen Fünfzigern mit zerzausten blonden Haaren und grauem Arbeiteroverall. Ein Abenteurer. Er wirkt freundlich, aber reserviert. Sein Lächeln ist verhalten und er redet wenig.

Ein Winkelschleifer, Pinsel voller Farbe und angesägte Holzbretter liegen an Deck herum. Das Boot erweckt den Eindruck, als müsste es erst fertig gebaut werden. Zwei Leitern aus Stahlseilen verbinden die Mastspitze mit beiden Bordseiten, dazwischen hängen zwei ziegelrote Segel – halb eingerollt, halb herabhängend. Die

Reling besteht aus Holzplanken und Drahtleinen. Entlang beider Seiten stehen schwere Kisten, gefüllt mit Werkzeug, Rettungswesten, Farbe, Taucherausrüstung, Seilen und anderem Zubehör, das ich nicht benennen kann. Wo bei anderen Segelbooten das Steuerrad ist, hat dieses nur einen mit dem Ruder verbundenen Holzpfahl am hinteren Teil des Bootes. Später lerne ich, dass der Steuermann den Pfeiler zwischen den Beinen einklemmen soll, während er sich an zwei Handgriffen am Mast festhält.

Das Unterdeck zeugt gleichermaßen vom Abenteuergeist seiner Bewohner. Kochgeschirr hängt an der Decke, als Schränke dienen mit weißen Netzen verhangene Löcher in der Wand und für die Klospülung benötigt man eine Bedienungsanleitung.

Wir erfahren, dass ein Team aus zweihundert Freiwilligen das Unikat in mehrjähriger Arbeit auf einer Farm in Norwegen zusammengeschweißt hat – daher der Name: *Sailing The Farm*. Das Boot macht einen rustikalen Eindruck, schwer und robust. Gefertigt, um dem Polarmeer der Antarktis standzuhalten, gebaut für eine Weltumsegelung – aber nicht für den Komfort der Passagiere.

Martin nickt, als wäre er ein Fachmann, der gerade die Seetüchtigkeit des Bootes feststellt. Aber er schmunzelt und seine Augen sind weiter geöffnet als sonst. Ich weiß, dass wir gerade dasselbe denken: »Ich verliere meine seemännische Jungfräulichkeit auf einer schwimmenden Baustelle.«

Dann stolpert noch ein Gedanke hinterher, den ich rasch wieder verdränge: »Hoffentlich das Einzige, das wir hier verlieren.«

So ungefähr muss sich ein Bergsteiger fühlen, der zum ersten Mal einen Achttausender besteigt. Euphorisiert von Mut und Tatendrang. Hungrig nach Abenteuer. Die Hosen voll bis zum Kreuz.

Jonny mustert uns vom Kopf bis zu den regennassen Sneakers. »Seid ihr schon mal gesegelt?«

Ich versuche, meine Verlegenheit zu überspielen: »Ich war einmal drei Tage auf einem Katamaran in der kroatischen Adria.«

Dass dort ein Skipper die ganze Arbeit machte, wir das Segel kein einziges Mal ausrollten und den Großteil der Zeit vor Anker lagen und Bier tranken, verschweige ich ihm.

Martin bemüht sich, die Kurve zu kratzen: »Wir haben zwei gesunde Hände und sind lernwillig.«

Das Steuer eines Bootes auf offener See muss rund um die Uhr besetzt sein und je größer die Crew, umso weniger Schichten muss der Einzelne schieben. Unser Glück, ihre Ansprüche an uns sind bescheiden. Der Deal steht, in drei Tagen soll es losgehen. Jonny und seine Gang nehmen uns mit, wir teilen uns die Kosten – pro Person ungefähr 130 Euro für Sprit, Hafengebühren und Proviant – und wir helfen mit den Steuerwachen. Eine Zweckgemeinschaft.

»Cool! Let's do this!«, sagen wir zu Jonny. Wir wollen den Eindruck erwecken, als wüssten wir, was wir tun. Aber ich glaube, wir sind längst aufgeflogen.

Im Hostel sind wir die einzigen Gäste, haben einen Schlafsaal mit zehn Betten für uns alleine. Ich wache um 4:30 Uhr auf und kann nicht mehr einschlafen. Da leuchtet in Martins Bett das Handydisplay auf und kurz darauf höre ich im Originalton:

»Anker los, Anker los, alle Mann an die Riemen ran.«

Würde ich nicht waagrecht liegen, wäre ich jetzt umgefallen vor Lachen. Solche Momente machen die Nervosität erträglich. Bettgespräche im finsteren Zimmer auch.

»Ich habe Angst vor dem, was uns bevorsteht«, sage ich.

»Ich auch«, antwortet Martin. »So großartige Geschichten sind entstanden, weil sich Menschen etwas getraut haben. Das ist so verdammt cool, dass meine Neugierde größer ist als die Angst, die mich zurückhält.« Mit jedem Schritt hinaus ins Ungewisse gebe ich dem Lauf der Dinge neue Möglichkeiten, mir etwas beizubringen, mich zu überraschen mit Erfahrungen, die meine Komfortzone für mich nicht bereithält. Wer sich weiterentwickeln will, kann nicht immer das Gleiche tun.

So klug mir diese Gedanken erscheinen, meine Ängste dröhnen in unsere für lange Zeit letzte Morgendämmerung auf europäischem Festland.

Kurz vor dem Aufbruch sind Martin und ich zum Einkaufen abgestellt. Jonny drückt uns eine Proviantliste in die Hand, Vorräte für sechs Menschen und acht Tage. Gemüse, Vollkornkekse, Reis, Pasta, Kartoffeln. Dann murmelt er etwas in seinen nicht vorhandenen Bart und zeigt auf einen alten Militärrucksack im Frachtraum. Einer von der unbequemen Sorte mit Eisengestell am Rücken. Als wir drei Stunden später zurück zum norwegischen Boot kommen, darf endlich eintreten, was ich längst abgeschrieben habe. Ich rufe Jonny den einzigen Satz zu, den ich auf Norwegisch beherrsche:

»Jeg har mange poteter i ryggsekken!«

Ich habe viele Kartoffeln in meinem Rucksack. Martin und ich brechen ab vor Lachen. Jonny nicht.

Der Motor läuft seit zwei Stunden warm. Dieselgestank überdeckt den salzigen Hafengeruch. Das laute Knattern des Zweitakters schallt in die Nacht hinaus. Dort, wo die Sonne vor dreißig Minuten hinter den Horizont sank, ist der Himmel noch dunkelblau, oben bereits tiefschwarz. Die Sterne zu sehen gibt mir Hoffnung, dass die See zumindest in den ersten Stunden unserer Reise ruhig sein wird. Martin streicht im Scheinwerferlicht die Reling mit einer Holzlasur – letzte Arbeiten, bevor wir die Leinen los machen. Jonny verstaut ein paar Kisten, prüft die Segel und zurrt Taue fest. Ich bin zu aufgeregt, um meine Ungeduld zu verbergen: »Wann geht's los?«, frage ich.

Jonny, alter Seemann: »Wenn wir fertig sind.«

Ich stelle keine weiteren Fragen an diesem Abend, dabei hätte ich einige. Denn ich habe zwar in gut gemeinter Vorbereitung meiner Reise das kroatische Küstenpatent erworben, weil das aber ein reiner Theoriekurs war, bin ich praktisch ahnungslos und daher nervös. Anleitung des Erfahrenen würde helfen, mir die Angst zu nehmen. Aber mit diesem Bedürfnis blitze ich beim Kapitän eiskalt ab.

Doch ich will bescheiden sein, bin ihm dankbar, dass er uns überhaupt mitnimmt. Ich reise per Anhalter nach Amerika – meine Ansprüche liegen auf Meereshöhe.

Der Atlantische Ozean liegt vor uns. 800 Kilometer wildes Wasser – fürs Erste, später noch knapp 5.000 weitere. Alles, was ich bisher vom zweitgrößten Meer der Welt kennengelernt habe, befindet sich auf dem schmalen Streifen zwischen Strand und Horizont. Der Gedanke beunruhigt mich. Ich denke an Columbus, denke an Piratenfilme, an haushohe Wellen. Denke an Riesenkraken. Martin und ich haben in den vergangenen Tagen Ablenkung gefunden und das Titellied von *Wickie und die starken Männer* auswendig gelernt: *»Schiff ahoi! Schiff ahoi! Auf dem Meer kennen wir uns aus.«* Ja, wenn es nur so wäre.

Die Nacht ist bereits stockdunkel, als Jonny die letzten Schrauben festgezogen hat und wir die Vorräte in den Wandlöchern verstaut haben.

»Jetzt sind wir fertig«, sagt Jonny und für eine Sekunde scheint es, als würde er dabei lächeln.

Es ist kurz vor Mitternacht, als die Lichter von Portimão hinter uns langsam kleiner werden und der laute Dieselmotor den Zwanzigtonner hinaus in den schwarzen Ozean schiebt. Die Stürme und Regenschauer der vergangenen Tage haben aufgehört und der Wind ist beinahe still. Nicht gerade das, was sich der gestandene Segler wünscht, aber für die Dilettanten unter uns allemal ein behaglicher Einstand.

Ich habe gehört, dass Seekrankheit in 97 Prozent der Fälle keine wirkliche Krankheit ist, sondern Kopfsache. Soll heißen: Wer den Wellen zu viel Beachtung schenkt, torkelt eisenharten Zeiten entgegen.

»Nur nicht zu viel denken«, sage ich zu Martin.

Und zu mir selbst.

Ich übernehme die erste Nachtwache von Mitternacht bis vier Uhr früh. Elena bereitet in der Küche Eintopf zu und der Geruch von gebratenem Gemüse und Gewürzen steigt die steile Treppe herauf zu meinem Steuerstand.

Bald schon bin ich alleine an Deck, die anderen haben sich schlafen gelegt und Jonny dreht im Innenraum an ein paar Knöpfen des Navigationsgerätes. Gelegentlich rauschen Stimmen durchs Funkgerät. In der Ferne leuchten die Positionslichter anderer Schiffe, reger Nachtverkehr vor der Südküste Portugals. Meine Finger umklammern die Handgriffe am Masten, als würden sie dadurch wärmer. Die dünnen Neoprenhandschuhe helfen nur wenig. Der Mast schwankt von einer Seite zur anderen und wenn ich an meinen zwei Kapuzen vorbei gerade nach oben sehe, wirkt es, als würde der Sternenhimmel hin und her schaukeln und nicht das Boot.

Jede Minute und jede Seemeile bringen mich weiter weg von all dem, was mir bekannt ist. Ich bin gespannt auf das, was kommt. Auf gut Österreichisch und ganz ehrlich: Mir geht der Reis.

Nach der Wachablöse liege ich in der Schlafkoje und habe den Schlafsack bis zur Nase zugezogen. Der Motor macht einen Höllenlärm, selbst mit Ohropax in den Lauschern ist das laut. Die Wellen klatschen neben meinem Kopf gegen die Bordwand. Hier unten fühlt sich der Seegang deutlich bewegter an als an Deck – mein letzter Gedanke, bevor ich einschlafe.

Als ich am nächsten Morgen aufwache, krängt das Boot im Takt der Wellen. Ich klettere an Deck, lasse meinen verschlafenen Blick den Horizont entlang einmal im Kreis schweifen und registriere dreierlei. Erstens: Ich sehe kein Land mehr, wir sind am offenen Meer. Zweitens: Astrid hängt mit ihrem ganzen Gewicht in den Seilen, um die Segel zu hissen. Drittens: Mir ist schlecht.

»Kreuzsee«, sagt Jonny. »Wir nähern uns den Strömungen des Passatwindes.« Wellen knallen aus allen Richtungen ihre Schaumkronen gegen das Boot, der Wind hat an Kraft gewonnen und ich muss mich festhalten, um nicht das Gleichgewicht zu verlieren.

Shit. Ich habe gehofft, zumindest die ersten beiden Tage zu überstehen, ohne meinen Magen durchs Gesicht zu entleeren. Am späten Vormittag weicht diese Hoffnung der erbarmungslosen Realität mit dem sauren Geschmack eines halbverdauten Gemüseeintopfes. Am frühen Nachmittag frage ich mich zum ersten Mal, was ich mir hierbei eigentlich gedacht habe. Ich habe von der Hoffnungslosigkeit bei Seekrankheit gehört, aber ich war nicht darauf gefasst, dass sie mich so schnell überkommen würde.

Die nächste Nachtwache ist eine Tortur. Schwindlig wie ein Besoffener versuche ich, am schwarzen Horizont nach Schiffen Ausschau zu halten. Meine Augen bewachen den Kompass und den südwestlichen Kurs von 220 Grad, meine eiskalten Finger umklammern die Handgriffe am Mast. Es fällt mir immer schwerer, das Gleichgewicht zu halten. Ein Seil verbindet meine Schwimmweste mit dem Schiff. Nachts über Bord zu gehen würde meinen Schutzengel vor eine unlösbare Aufgabe stellen.

»Die Strömung wirkt auf einen menschlichen Körper anders als auf ein Boot«, hat Jonny mir erklärt. »Bis wir das Schiff gewendet haben, hat sie dich längst davongetragen. Die Chancen, dich dann noch zu finden, sind gleich Null.«

Das dicke Holzruder, das ich zwischen meinen Oberschenkeln eingeklemmt habe, brennt mittlerweile bei jedem Austarieren. Als der Morgen dämmert, bin ich so erschöpft, dass mir im Stehen immer wieder der Kopf nach vorne nickt. Das Morgenrot spiegelt sich in den langen Wellen, die gnadenlos unter dem Aluminiumrumpf durchrollen und das Boot in alle Richtungen schaukeln. Ich fühle mich elendig.

Martin und ich sind ein eingespieltes Team, einer ist meistens in der Lage, den anderen aus dem Schlamm zu ziehen. Dieses Mal haben wir einander nur noch wenig zu sagen. Überhaupt sind wir Außenseiter hier, die drei Mädels und Jonny dagegen eine eingeschworene Seemannschaft. Sie lachen über Witze, die wir nicht verstehen. Vor allem Astrid scheint an Jonny einen Narren gefressen zu haben, sie schneidet ihm die Haare und pinselt ihm den Bauch. Die Stämmige schreckt mich etwas ab und ihr französischer Akzent geht mir auf den Geist. Ihre Sympathien für mich halten sich ebenfalls in Grenzen, das lässt sie mich auch spüren. Wie man auf den Ozean hinaus ruft, … ach, egal.

Ein Flugzeug zieht einen Kondensstreifen in den Himmel.

»Alle Welt fliegt und ich Trottel muss segeln«, denke ich, »mit vier Knoten in Richtung der Kanaren. Wenn ich jogge, bin ich schneller.« Kopfarbeit, die weh tut.

Achte auf deine Gedanken, denn sie werden Worte, besagt ein Sprichwort.

»Scheiß Boot.« Habe ich das laut gesagt? Selbst wenn ich es nur gedacht habe, beliebt machen bei der Crew geht anders. Aber das ist mir egal.

Immer wieder muss Seebär Jonny den Motor anwerfen, weil die zuverlässigen Passatwinde doch nicht so zuverlässig wehen. Dann knattert es wieder und der ganze Kahn stinkt nach Diesel. Ich will hier weg. Weg von den Wellen, weg von dem Boot und unbedingt weg von diesem Kapitän, der kaum mit uns spricht und am zweiten Tag eine segeltechnische Frage im feinsten norwegischen Akzent folgendermaßen beantwortet hat: »Unter Deck haben wir fast dreihundert Bücher. Wenn ihr was über das Segeln lernen wollt, solltet ihr sie lesen.«

Ein seltsames Aroma bringt mein fragiles Befinden weiter in die Bredouille. Eine Mischung aus verbranntem Treibstoff, Küchenvorräten, fischiger Meeresluft, lackiertem Holz und geschweißtem Aluminium.

Auch mein Schlafsack hat diesen Geruch angenommen. Diese zwei Quadratmeter stinkenden Stoffs sind meine Privatsphäre an Bord. Ich liege darin, wann immer ich kann und schlafe viel. Das hilft ein bisschen, aber mein Unterbewusstsein lässt mich mit abartigen Träumen wissen, was es von diesem Experiment hält.

Immer wieder stelle ich mir vor, ich läge daheim in der Badewanne, die im Übrigen nicht viel kleiner ist als die Schlafkoje in der Bordwand. Rechts schlägt der Atlantik gegen die Luke, links knattert der Dieselmotor. Den brauchen wir, da die Winde zwar wehen, nur leider von vorne.

Im Ohr ein Klavierkonzert von Mozart, im Kopf ein Bild von meinem Vater. Er sitzt auf der Couch und hat die Augen geschlossen. Er inhaliert die Musik.

»Lass sie wirken, die Klänge«, sagt er zu mir, »dann erzeugen sie ihre eigenen Bilder.«

Klassische Musik, der Soundtrack meiner Kindheit. Was meine Eltern liebten, war mir, dem pubertierenden Halbstarken, peinlich. Ich ließ die Beats aus meinem Zimmer aus Protest dröhnen. Nur Hip-Hop war cool, nichts sonst wollte ich hören.

Heute wärmt Wolfgang Amadeus meine Seele. Was würde ich dafür geben, jetzt mit Papa auf der Couch zu sitzen und an einem Glas Single Malt zu nippen? Stundenlang ließe ich ihn erzählen, würde alles über Klassik wissen wollen, was er weiß.

Nie fühlte ich mich weiter von zu Hause entfernt. Erst vier Wochen sind vergangen, seit ich diese Reise begonnen habe und jetzt bin ich kurz davor, sie abzubrechen.

Gedanken an Naomi helfen auch nicht weiter. Wie sie durch die Gassen Lissabons stolzierte, wie sie meine Hand nahm, als wäre es eine Selbstverständlichkeit. Ihre klugen Witze, ihr warmer Körper, Sex von einem anderen Stern. Was sie wohl gerade macht?

Da, wieder ein Kondensstreifen: Weihnachten verbringe ich zu Hause auf der Couch, denke ich und schaue dem weißen Strich am Himmel hinterher wie ein unglücklich Verliebter seinem Schwarm. Mit warmem Tee, Mamas Keksen und ihrer buschigen Maine Coon, die zu mir kuscheln kommt.

Wieder blitzt die Kindheit ins Bewusstsein. Schon als achtjähriger Pfadfinder-Wölfling hat mich die Sehnsucht nach der Heimat geplagt. Einmal musste Mama durchs halbe Bundesland gondeln, um den Dreikäsehoch im Sommerlager zu besuchen, weil er vor lauter Heimweh nicht mehr aufgehört hat zu weinen. Ein anderes Mal hat auch das nicht geholfen, da hat sie mich ins Auto gesetzt und ist mit mir nach Hause gefahren.

Der Wölfling in mir erteilt Ratschläge: »Sobald du wieder festen Boden unter den Füßen hast, fliegst du heim. Den Atlantik auf einem Segelboot überqueren? Was für eine vertrottelte Idee.«

Reden wir über Komfortzonen. Meine ist mir lieb und vertraut, es ist meine behagliche kleine Welt, die mir Sicherheit verspricht, in der ich die Kontrolle habe – zumindest glaube ich das. Aber immer, wenn ich mich ihren Grenzen nähere, wächst mein Unbehagen. Im Bauch beginnen die Stresshormone zu prickeln. Der Verstand durchwühlt die Wirklichkeit nach bekannten Mustern, an die er sich klammern kann. Je weniger davon er findet, desto greller blinkt das Warnschild im Kopf: »Vorsicht! Jenseits dieser Grenze kann ich für deine Sicherheit nicht mehr garantieren!« Bin ich schneidig genug, diese Warnung zu ignorieren, bekomme ich es mit der Angst zu tun. Angst vor dem Unbekannten und davor, keine passenden Werkzeuge zur Hand zu haben, um den Unsicherheiten zu begegnen, die da auf mich warten. Je weiter draußen aus meinem Gehege ich bin, umso größer das Grauen. Da ist der natürliche Reflex, die Frontlinie – Gott behüte! – nur ja nicht zu überqueren. Oder, falls ich das gar nicht vermeiden kann, so schnell als möglich wieder in vertrautes Territorium zurückzukehren.

So weit, so komfortabel. Doch daran gewöhne ich mich mit der Zeit und irgendwann erscheint mir meine kleine, lauschige Welt so selbstverständlich, dass ich nicht mehr sehen kann, was sie in Wirklichkeit geworden ist: ein Käfig. Ich bezahle die Illusion der Sicherheit mit dem Preis der Freiheit, mein Leben in seiner ganzen Fülle auszukosten.

Das erinnert mich an eine Geschichte, die ich in *The Untethered Soul* von Michael A. Singer gelesen habe.

In einem schicken Vorgarten lebt ein kleiner Hund, nennen wir ihn Fridolin. Sein Herrchen, dem Fortschritt nicht abgeneigt, hat den weißen Holzzaun durch einen Draht ersetzt, den er im Boden vergraben hat. Fridolin trägt jetzt ein elektrisches Halsband und freut sich: »Hey, der Zaun ist weg, ich bin frei. Hurra!« Schon läuft er geradewegs dorthin, wohin er nicht soll und macht … zapp … einen großen Satz zurück, bleibt stehen und kläfft. Was ist passiert? Das Halsband hat ihm einen elektrischen Schock gegeben, eine unsichtbare Grenze hat ihm Schmerzen verursacht. Wen wundert es, dass Fridolin ab jetzt artig auf seinen 30 Quadratmetern Vorgarten bleibt? Dabei könnte er die unsichtbare Grenze locker überwinden. Er müsste sich seiner Angst vor dem Elektroschock stellen und die Strapazen nur eine kurze Zeit aushalten. Dann könnte er die Nachbarschaft erkunden und wer weiß, was noch alles.

Zurück auf dem Atlantik. Ich stehe mit meinem elektrischen Halsband mitten auf dem Draht und habe keine Ahnung, wann ich dort wieder wegkomme. Anders als Fridolin kann ich nicht einfach zurück in meinen Vorgarten. Was würde ich alles dafür geben? Aber nach Hause schwimmen wird schwierig, abholen lassen von Mama auch. »Das musst du jetzt aussitzen«, sagt der eine Jakob zum anderen. Selbstgespräche helfen.

Am vierten Tag erholt sich mein Magen und mein Körper gewöhnt sich an die Wellenbewegungen. Die Übelkeit lässt nach. Zumindest, solange ich keine Dummheiten mache, wie zu lange unter Deck zu bleiben oder ein Buch zu lesen. Aber einem Hörbuch lauschen, das geht wieder. In meiner Playlist finde ich *Change your Thoughts, Change your Life* von Wayne Dyer. Es gibt wenig, das ich in meiner Situation nicht versucht hätte. Warum also nicht auch uralte asiatische Weltanschauungen auf mich wirken lassen?

Vor rund 2.500 Jahren verfasste der chinesische Philosoph Lao Tzu in China sein *Tao Te Ching* und begründete damit den Taoismus. Sein Werk hatte bedeutenden Einfluss auf die Entstehung des

Buddhismus und ist eine der meistübersetzten Schriften der Welt. Der amerikanische Autor Wayne Dyer hat Lao Tzus Weisheiten neu interpretiert und dem westlichen Verständnis zugänglich gemacht. Ich bin Laie auf dem Gebiet, kann mit Religion im Sinne menschlicher Dogmatik nichts anfangen. Ich bin zwar interessiert an philosophischen Versuchen, unsere Existenz im Universum zu erklären, habe mich mit Spiritualität bisher aber kaum beschäftigt. Daher sind einige Verse für mich schwer zu fassen, sie wirken zu weit weg, als dass ich sie in einen lebensnahen Kontext setzen könnte. Aber hie und da begreife ich die Essenz der Botschaften, nach zweieinhalbtausend Jahren wirken sie aktueller denn je.

Der Ozean atmet in langen Wellen und mein Blick schweift über die Dünung, in der sich die untergehende Sonne spiegelt, als ein Vers mein zermartertes Hirn wachrüttelt:

»Alles hat seine Zeit. Es gibt Zeiten der Gemütlichkeit und Zeiten der Beschwerden. Zeiten für Glück und Zeiten für Traurigkeit. Zeiten voller Energie und Zeiten der Erschöpfung. Zeiten der Sicherheit und Zeiten der Gefahr. All diese Emotionen, die das Leben zu bieten hat, sind eine konstante Vorwärtsbewegung in Richtung Vollkommenheit. Sei dankbar, beide Seiten des Spektrums zu erleben und bald wird wieder Zeit sein für Friede und Behaglichkeit.«

Die richtigen Worte treffen im richtigen Moment den richtigen Nerv. Endorphine schießen durch meinen Körper, ich fühle mich plötzlich federleicht, bin überwältigt von den orangeroten Wellen und dem Mond, der über dem Masten schwebt und kann nicht aufhören zu grinsen.

Ich übernehme die Nachtwache um 22 Uhr. »Danke«, sage ich zu Jonny, als er die Leiter in die Kabine hinunterklettert, um sich schlafen zu legen. »Danke fürs Mitnehmen.«

Jonny sieht mich kurz an, dann lächelt er. »Gern geschehen.«

Ich bin wieder alleine an Deck. Die See ist ruhig und Seilhaken klingeln im schwachen Wind gegen den Masten. Glückshormone fetzen durch meine Blutbahn – ein *natural high,* so intensiv, als wäre es chemisch. Ich bin hellwach und voller Energie. Über mir der wolkenlose Nachthimmel, das Sternbild Orion weit aufgespannt über dem Atlantik – hell erleuchtet und klar wie meine Gedanken. Alle zehn Minuten zücke ich mein Telefon, um Geistesblitze zu notieren, die aus dem scheinbaren Nichts daherkommen – als hätte ich eine Highspeed-Datenverbindung zu »oben«. Ich schreibe auf:

Hinter der Komfortzone liegt die Unendlichkeit. Wenn ich es zulasse, gehe ich aus den knochenharten Zeiten gestärkt hervor und nehme mit, was ich für das nächste Level brauche – Kraft, Selbstbewusstsein, vielleicht ein, zwei neue Fähigkeiten. Es ist wie beim Bergsteigen: Körper und Mentalität passen sich auf dem steinigen Weg zum Gipfel langsam an die Höhe an. So kann ich – Schritt für Schritt – die höchsten Bergspitzen erklimmen, ohne im Tal schon zu wissen, wie ich da jemals hinaufkommen soll. Trust the process, baby!

Hätte ich die Chance gehabt, die Reise abzubrechen, ich hätte es getan. Doch ich möchte mehr. Mehr erleben, mehr lernen, mehr spüren. Mit Welthunger und Lebensdurst sitze ich am reich gedeckten Tisch. Die Angst vor dem Unbekannten sitzt neben mir, aber sie kann mir den Appetit nicht verderben.

Martin und ich reden wieder miteinander, ihm geht es ähnlich wie mir. »Kannst du dir vorstellen, wieviel Potenzial in uns schlummert?«, fragt er mich.

»Kann ich nicht. Aber ich würde es gern herausfinden.«

»Dafür gibt es nur eine Möglichkeit«, sagt Martin. »Du musst deine Grenzen überschreiten. Immer und immer wieder.«

»Ja,« falle ich ihm beschwingt ins Wort, »und die Angst gehört dazu. Der Trick ist, sie zu spüren und es trotzdem zu tun.«

Wir wissen beide, was das bedeutet. In Gedanken sehe ich uns zu, wie wir in drei Tagen auf den Kanaren anlegen, ein Boot über den Atlantik finden und nach Amerika segeln. Mit meinem ängstlichen

Verstand kann ich das nicht erklären, zu viele unbekannte Variablen stehen in der Gleichung. Aber es ist ein mit frischem Selbstvertrauen beherztes Gefühl, das mir sagt: »Tu es. Du wirst es nicht bereuen.«

Martin sieht mich an wie ein verrückter Wikinger, der siegessicher in eine aussichtslose Schlacht zieht und hebt die Hand zum High Five. Ich schlage ein.

DIE KOMFORTZONE ERWEITERN

Du hast jetzt schon mehr Kraft in dir, als du dir jemals vorstellen kannst. Wir alle haben das, können alles sein, was wir uns wünschen. Der springende Punkt ist: Wenn du haben möchtest, was du noch nie hattest, musst du tun, was du noch nie getan hast. Fange klein an und ändere deine täglichen Abläufe. Nimm einen anderen Weg zur Arbeit oder bestelle ein anderes Gericht im Lieblingsrestaurant. Schreibe auf, was du gewissen Menschen sagen würdest, hättest du nur den Mut dazu. Tu es, sobald die Gelegenheit da ist. Finde Meetup-Gruppen, die dich interessieren (www.meetup.com), lerne neue Menschen kennen, eine neue Sportart oder eine Fremdsprache. Gehe auf Reisen. Wenn das für dich keine Herausforderung mehr ist, verreise alleine. Stell dir die mutige Frage: Was möchte ich wirklich vom Leben und was hindert mich daran, es zu erreichen? Schreibe die Antworten in dein Tagebuch, kreiere deine Vision. Identifiziere deine Ängste und stelle dich ihnen bewusst.

Die Suche nach neuen Erfahrungen und das Lernen neuer Fähigkeiten öffnet die Türen zu neuen Ideen und lässt alte Probleme in einem neuen Licht erscheinen. Je öfter du dein vertrautes Territorium verlässt, umso größer wird es. Die Ungewissheit macht dir immer weniger aus, Angst und Unsicherheit verlieren ihren Schrecken, entwickeln gar freundschaftliche Züge. Deine Muskeln werden stärker, dein Selbstvertrauen größer und immer seltener wird dich das Unbequeme aus der Bahn werfen. Das stärkt auch im Umgang mit unerwarteten Veränderungen, mit Herausforderungen, die dir das Leben ungefragt zuspielt. Diese Reise nimmt kein Ende, sie kennt weder Erfolg noch Misserfolg, nur Wachstum. Ein Schritt nach dem anderen.

13. BIS 27. DEZEMBER 2016

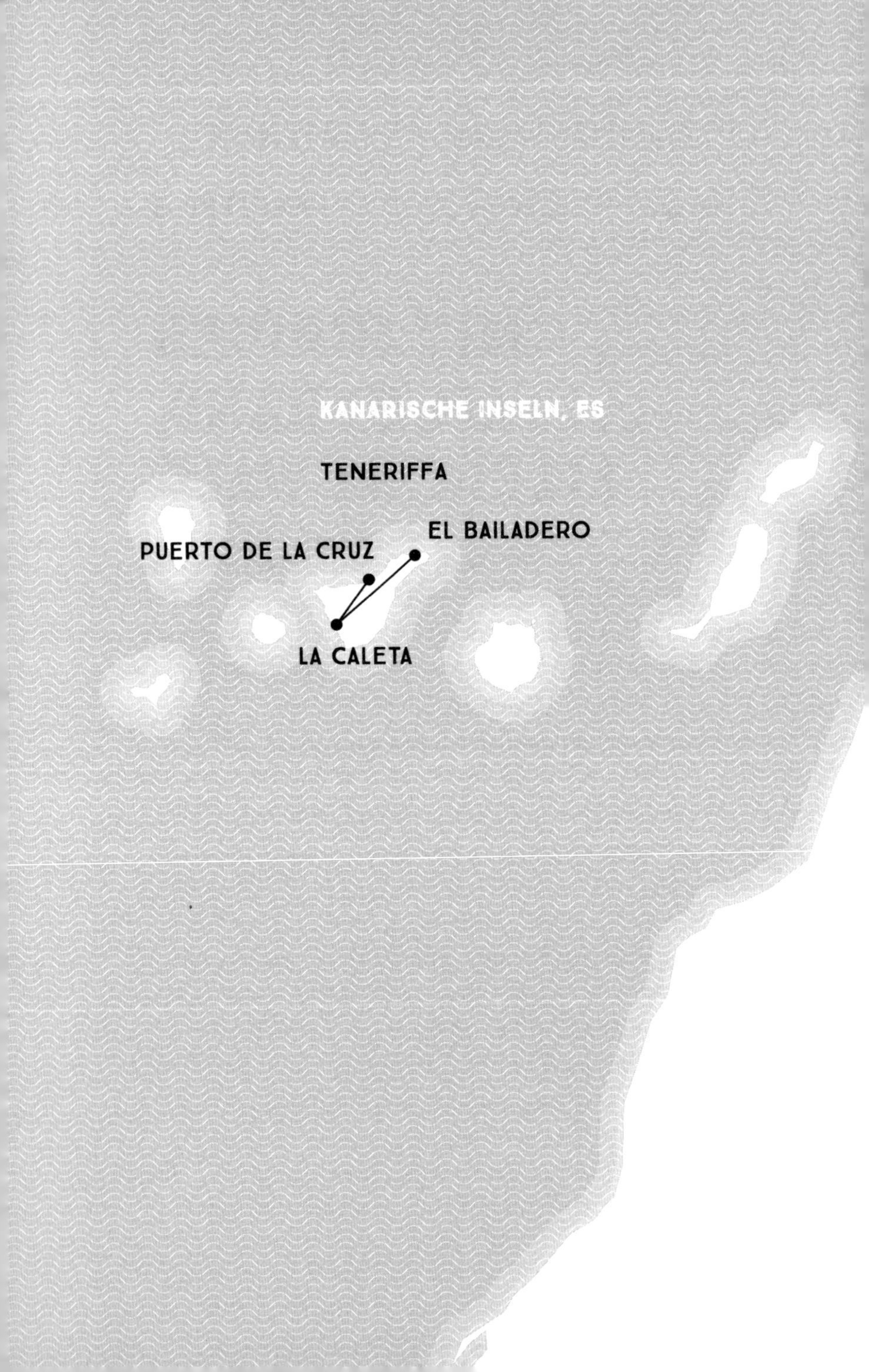

KAPITEL 3

MIT HIPPIES AM STRAND, ALLEIN IM WALD

ADVENT AUF TENERIFFA

*»You have power over your mind, not outside events.
Realize this, and you will find strength.«*

Marcus Aurelius

★

Dieser erste Schritt vom Boot aufs Pier, ich habe auf ihn hingefiebert, von ihm geträumt, acht Tage lang war er meine größte Sehnsucht. Die Möwen kreischen im Hafen von Santa Cruz, als wir mittags von Bord der *Sailing the Farm* torkeln. Nach acht Tagen auf hoher See ist mein Landgang auf Teneriffa ähnlich schwindelig wie der Ausstieg aus einem Ringelspiel. Es macht mir nichts aus, Hauptsache fester Boden.

Wir frühstücken in einem Café am belebten Hauptplatz, als hätten wir tagelang nichts gegessen. Bocadillos, Salate, Ham & Eggs, Kaffee. Bald wollen wir weiter nach Gran Canaria, um dort ein Boot zu suchen, das uns mitnimmt über den Atlantik. Aber das hat Zeit, zuerst einmal wollen wir weit weg vom Meer. Wir haben vorerst genug davon und quartieren uns in einem Hostel am Teide ein, dem höchsten Berg Spaniens.

Das Panorama ist sagenhaft. Demütig lasse ich meinen Blick über den Horizont schweifen, hinaus auf den Atlantik in jene Richtung, aus der wir gerade gekommen sind. Einen Ort auf dem Seeweg zu erreichen fühlt sich anders an als per Flugzeug. Weiter weg von der Heimat. Alles wirkt verdienter. Drei Nächte bleiben wir hier. Genießen die Ruhe, joggen morgens auf dem Teide, lassen die vergangenen Tage Revue passieren, kommen an.

Martin und ich wollen in den kommenden Tagen auf Vision Quest gehen und suchen dafür noch nach einem geeigneten Ort. Einst war die Suche nach Visionen und Schutzgeistern bei vielen indigenen

Völkern ein Ritual, das aus Jugendlichen Männer machte. Sie mussten drei Tage und drei Nächte lang alleine an einen entlegenen Ort gehen, ohne Essen und ohne Ablenkungen. Das Traumfasten als spirituelle Praxis wurde von ethnischen Stämmen aus aller Welt praktiziert. Von den Guanches Teneriffas ebenso wie von den Ureinwohnern Nordamerikas oder den Eskimos am Nordpol. Die Stärkung von Tapferkeit und Selbstvertrauen stand im Vordergrund. So erlebte das auch ein guter Freund, der vergangenes Jahr auf den Kanaren auf Vision Quest ging und von einer tiefgründigen, lohnenswerten Auseinandersetzung mit sich selbst erzählte.

Wir dachten, das könnte der mentalen Vorbereitung auf die Überquerung des Atlantiks dienen. Und überhaupt passt ein solches Experiment gerade gut ins Reiseprogramm. Denn der siebentägige Achterbahntörn von Portugal hierher hat mir Gusto gemacht und meiner Reise eine Devise gegeben: Neues probieren, so oft ich kann. Mich meinen Ängsten stellen. Leiden, lernen, leben.

Zunächst aber ein paar Tage ans Meer, im Bus Richtung Playa de San Juan. Plan haben wir keinen. Unterwegs erfahre ich von einem Strand, an dem Hippies in Höhlen wohnen. Doch wir wissen nicht genau, wo der Strand liegt und mittlerweile ist es finster. Wir entscheiden, die Nacht am Felsstrand des Fischerdorfes La Caleta zu verbringen und morgen nach den Hippies zu suchen.

Hinter einem Supermarkt steht ein Container mit großen Pappkartons. Wir nehmen jeder zwei Stück mit, sie sollen als Unterlagen dienen. Hinter der Mauer eines alten Schlosses finden wir zwischen rauen Felsen eine halbwegs ebene Fläche und richten unser Nachtquartier ein. Doch zum Schlafen ist es noch zu früh, wir verstecken die Rucksäcke hinter einem Busch und besuchen die nahegelegene Strandpromenade, um etwas zu essen. La Caleta ist ein Hotspot für deutsche Senioren, die mit Tennissocken und selbsttönenden Sonnenbrillen dem Winter entfliehen. Inmitten der Pauschalurlauber steht einer neben der Strandpromenade und wäscht seine Wäsche an einem Wasserhahn, neben ihm ein großer Rucksack. Wir reden.

Arek ist Pole und lebt seit einem Monat auf dem Hippiestrand, den wir suchen.

»Ich habe dort einen Unterschlupf«, sagt Arek. »Kommt mit, wenn ihr wollt, ich habe noch Platz für euch.«

Wir holen die Rucksäcke aus dem Gebüsch, ziehen uns die Stirnlampen über und stapfen mit Arek in die staubtrockene Nacht. Manche Geschichten kannst du nicht erfinden.

Die schwarzen Felshügel bilden einen stockdunklen Kontrast zum Nachthimmel. Aus der Ferne sehe ich kleine und größere Lichter. Lagerfeuer. Öllampen. Kerzen. Jedes Licht markiert eine Behausung. Ein surrealer Anblick. Wenige Minuten später spaziere ich am ersten Lager vorbei, ein Tipi-Zelt aus Holzpfeilern und Palmwedeln. Davor sitzen ein paar, kochen und musizieren. Man kennt einander hier und wir, die Gäste, werden freundlich begrüßt.

Menschen aller Altersklassen leben in den Wüstenhügeln, einige seit Jahren. Andere schauen nur für ein paar Tage vorbei, wie Martin und ich. Wir bleiben übers Wochenende, wollen am Montag weiter in die Berge, um unsere Vision Quest zu starten. Drei Männer stehen zwischen einem blauen Zelt und einem bunten Schriftzug, gemalt in die Beständigkeit des dunkelgrauen Strandfelsens:

»Just Happy Love«

Areks Behausung ist eine kreisförmige, einen halben Meter hohe Steinmauer, über die eine blaue Plane gespannt ist. Stehen kann ich darin nicht, nur hocken, aber dafür höre ich das Meer rauschen. Ich richte mein Nachtlager ein, lege meinen Schlafsack auf zwei Isomatten, die Arek mir leiht. Die letzten zwanzig Minuten des Tages verbringe ich alleine auf einem Felsen. Umspült von der unendlichen Kraft des Ozeans blicke ich in den Himmel, sehe Orion und sage Danke.

Als ich am nächsten Morgen aus dem Verschlag krabble, sehe ich die Wüstenlandschaft erstmals bei Tageslicht. Steine, Sand und Kakteen, unterhalb der felsigen Anhöhe krachen Wellen auf große, schwarze Felsen. Da kommt ein älteres Ehepaar mit Rucksäcken vorbei:

»Ist das der Weg zum Gipfel?«

Ich wusste bis jetzt nicht, dass der Hippiestrand an einer beliebten Wanderroute liegt.

»Ich weiß es nicht, ich bin nur zu Besuch«, antworte ich schlaftrunken in Boxershorts. »Aber wenn Sie nach oben wollen, gehen Sie weiter bergauf.«

Etwas Geistreicheres fällt mir nicht ein, zu perplex bin ich ob der unerwarteten Begegnung.

Ich entdecke Arek unten am Badeplateau, er macht Yoga. Seltsame Bewegungen und doch wirken sie ästhetisch. Eine Sportart, mit der ich nicht viel anfangen kann. Zu weiblich kommt sie mir vor, zu soft. Nichts für mich.

Ein Morgen am Hippiestrand, an dem es nicht viel zu tun gibt, außer hier zu sein. Baden im Atlantik, die Haut in der Sonne trocknen, einen Joint rauchen. Am späten Nachmittag führt uns Arek über einen schmalen, steinigen Weg auf die andere Seite des Hügels, zum Nachbarstrand, den ebenfalls Aussteiger bewohnen. Schon von Weitem sehe ich lange Haare, buschige Bärte und bunte Kleider an jenen, die noch welche anhaben. Ein breit grinsender Mittvierziger zählt nicht zu ihnen, dafür spielt er auf einer Trommel im Sand. Dazu zupft einer auf der Gitarre und singt mit Hingabe. Um sie herum chillen rund drei Dutzend Männer, Frauen und Kinder, sie lauschen der Musik, lachen, jonglieren Bälle, wirken glücklich. Die Sonne sinkt langsam hinter ein schmales Wolkenband am Horizont. Alles passt zusammen, nichts stört das Bild. Ich ziehe mich aus und laufe nackt ins Meer, auf dem sich das Abendrot spiegelt. Hunderte Orange- und Gelbtöne am Himmel, die in ein helles Blau übergehen und sich hoch oben in ein nachtblaues Dach verwandeln. Ich bin überwältigt von der Schönheit dieses Ortes.

Zurück am Hausstrand. Wir sind zum Abendessen eingeladen. Vor einem Indianerzelt brennt ein Lagerfeuer, darüber hängt ein Topf mit Curry und das Fladenbrot wird in der Kohle gebacken. Ich sitze im Schneidersitz auf der Erde. Eine junge Frau mit Schmuck im Haar richtet an und dann wandern die Portionen im Kreis, von einer Hand zur nächsten, bis auch der Letzte des Dutzends etwas zu essen hat. Einer greift sich die Gitarre. Hier bleiben wir noch eine Weile sitzen, teilen Essen, Witze und Geschichten. Die Nonchalance der Hippies inspiriert mich. Wenn schon nicht zum eigenen Tipi am Strand, dann zum beschwingteren Umgang mit dem Leben. Nicht alles so ernst nehmen und Mut haben zur Lässigkeit. Nietzsche hat einmal gesagt: »Man muss das Leben tanzen.« Genau so.

Mit dem Bus um die halbe Insel. Martin und ich bilden uns ein, die bewaldeten Berge Nordteneriffas seien ein guter Ort für die Vision Quest. Zwei Stunden später raschelt das feuchte Laub mit jedem Schritt, den ich vorsichtig auf den Waldpfad setze. Der Regen von heute Morgen hat den Boden aufgeweicht und ich muss aufpassen, dass ich nicht mitsamt meines Rucksacks und den zwei Sechsliter-Wasserkanistern in meinen Händen hinfalle. Martin und ich haben alles Überflüssige in einem nahegelegenen Hostel deponiert und uns vor zwanzig Minuten voneinander verabschiedet. In drei Tagen sehen wir uns wieder. So der Plan.

Ich bin auf der Suche nach einem geeigneten Platz, wo ich die kommenden zweiundsiebzig Stunden verbringen kann – ohne Nahrung und ohne Dach über dem Kopf. Ich stöbere nicht nach spirituellen Erfahrungen, auch nicht nach großen Visionen. Meine Motivation ist erdig. Ich möchte wissen, ob ich die Ängste der Einsamkeit aushalten kann. Bin neugierig, ob ich mich selbst ertrage und das Gerümpel in meinem Kopf. Ohne Handy, ohne Buch, ohne Ablenkungen.

Eine knappe Stunde später finde ich eine Stelle neben einem Bachbett, auf die ich einigermaßen waagrecht meine Isomatte legen kann. Mehr Zeit zu suchen habe ich nicht mehr, es wird dunkel.

Ich sammle alles an Ästen zusammen, was ich finden kann und schlichte sie nebeneinander zu einem Unterschlupf auf. Rambo muss sich so gefühlt haben, vielleicht. Ich sammle Brennholz für ein Lagerfeuer, ein naiver Gedanke, hier ist es viel zu feucht. Es beginnt zu nieseln, ich spanne meine Regenjacke über die Holzkonstruktion und lege mich in meinen Schlafsack. Der Regen ist noch nicht stark genug, als dass er die Geräuschkulisse des Waldes übertönen könnte. Es kreucht und fleucht um mich herum und die einzigen Tiere, die ich auch sehen kann, sind Schnecken. Irgendwann schlafe ich ein.

Ich bin betrunken auf einer Party. Laute Musik. Meine jüngere Schwester Laura ist auch da, schenkt mir ein Fotoalbum aus meiner Kindheit. All die Fotos von mir, als ich noch klein war. Mit Mama, Papa, Laura, Oma und Opa. Alle sind da, ich sehe sie klar. Ich will etwas sagen, doch aus meinem Mund lallen nur Wortfetzen. Heiterkeit überkommt mich, ich mache Rauschfotos mit einer Polaroidkamera und überklebe meine Kindheitserinnerungen damit. Irgendwann realisiere ich, was ich da tue und beginne zu heulen. Laura sieht mich mitleidig an und sagt nur: »Oh, der arme Jakob ist schon wieder so betrunken, dass er nicht weiß, in welches Album er klebt.«

Ein lautes Knacken reißt mich aus dem Schlaf. Ich brauche ein paar Sekunden, bis ich weiß, wo ich bin. Es ist mitten in der Nacht, der Regen hat aufgehört, aber mein Schlafsack ist feucht. Es scheint, als verarbeite mein Unterbewusstsein die neuartigen, unbekannten Eindrücke und fragt mich, was um Himmels willen ich mir bei solchen Unternehmungen denke. Die Geräusche um mich sind nicht weniger geworden, teilweise höre ich solche von Tieren, die deutlich größer sein müssen als Schnecken, doch identifizieren kann ich sie nicht. Wo dieser Traum herkommt und was ich mit ihm anfangen soll, ich weiß es nicht.

Die Nacht dauert lange. Ich wache immer wieder auf, drehe mich um, halte es kaum länger als eine gefühlte Stunde aus in einer Position.

Mein Rücken schmerzt. Dann beginnt es wieder zu regnen und mein notdürftiges Dach hält ihm nicht stand. Wassertropfen dringen an mehreren Stellen durch, triefen mir auf den Schlafsack und ins Gesicht.

»Du Idiot, wie soll das Wasser abrinnen, wenn du das Dach waagrecht baust?«, höre ich Rambo sagen.

Ich checke meine Optionen, viele habe ich nicht. Klar, ich könnte die Sache abbrechen. Martin und ich haben uns diese Hintertüre für den Notfall offengelassen. Ist das schon ein Notfall? Wie es ihm wohl gerade geht? Wie ich Martin kenne, hat er eine Höhle gefunden und schläft wie ein König. Doch aufgeben ist keine Option, zumindest jetzt nicht. Denn mitten in der Nacht im Regen durch den rutschigen Wald stapfen – keine gute Idee. Ich werde den Regen aussitzen und morgen früh sieht die Welt wieder anders aus, ist doch immer so. Ich ziehe den Schlafsack bis zur Nasenspitze zu und beobachte die Kerze neben mir, die souverän flackert. Mir fällt ein Zitat ein:

»Life is not about waiting for the storm to pass, it's about dancing in the rain.«

Wenn ich den erwische, der dieses Blech geschrieben hat.

Als ich wieder aufwache, graut der Morgen. Es ist friedlich geworden im Wald. Das penetrante Rascheln der Waldbewohner hat aufgehört, der Regen auch, ein paar Vögel zwitschern. Meine Regenjacke hängt verdreckt von zwei querliegenden Ästen herunter.

»Noch so eine Nacht im Regen halte ich nicht aus«, höre ich mich selbst sagen.

»Hör auf zu maulen!« Rambo schon wieder. »Niemand kommt, um dir zu helfen. Du bist der Einzige, der etwas an deiner Situation verändern kann.« Lebensweisheiten eines Kindheitshelden.

Ich krieche aus meinen dreißig Ästen und mache mich auf die Suche nach Plan B. Zwanzig Meter bachabwärts finde ich einen Felsvorsprung, der eine Erdfläche von der Größe einer halben Isomatte abdeckt. Wenn ich meine Äste dagegen lehne, würde die ganze Matte trocken bleiben. Ich zögere nicht, trage herbei und schlichte um, diesmal schräg und nicht waagrecht. Ich spanne meine Regenjacke über und kurz, bevor ich mein Gepäck übersiedelt habe, beginnt es zu schütten. Ich fluche. Reiße mich wieder zusammen. Immerhin, der neue Unterschlupf ist trocken, die Vision Quest kann weitergehen.

Naomi schleicht sich ständig in meine Gedanken, bewegt sich wie ein schönes Tier an meiner Hand, während wir die verzauberten Gassen Lissabons entlang schlendern. Gleichgültig, ob wir links oder rechts abbiegen. Verliebt und hüllenlos im Bett, ihr Lächeln auf meiner pochenden Brust. Frank Sinatra aus den Boxen – welch ein Kitsch. Bald ist es einen Monat her, dass wir uns am Lissabonner Flughafen voneinander verabschiedet haben.

Ich singe lauthals, hier hört mich niemand.

Wie lange so ein Tag dauert, wenn einer nichts zu tun hat. Eine Fliege und eine Hummel sind meine Gefährten, freundschaftliche Gefühle entwickeln sich. Mit der großen Spinne von nebenan habe ich gestern schon die Vereinbarung getroffen, dass wir die Privatsphäre des jeweils anderen respektieren wollen. Mein Magen knurrt zum ersten Mal, doch ich hätte mir den Hunger nach über 24 Stunden ohne Essen schlimmer vorgestellt.

Mein Traum von letzter Nacht fällt mir wieder ein. Das Fotoalbum, mein Alkoholrausch, der Kindheitserinnerungen zudeckt. Meine Schwester, die mit mir redet wie mit einem Alkoholiker. Ich versuche, eine Botschaft abzuleiten. Warum sonst sollte einer zum Traumfasten in den Wald gehen? Alkohol spielt eine Rolle in meinem Leben, gewiss. Ich habe zwar kein Problem mit Alkohol, manchmal aber sicherlich ohne. Ich hebe regelmäßig ein Glas, öfters zwei, liebe es zu feiern, mit Freunden einen draufzumachen. Bin der, der um 6 Uhr morgens fragt: »Wo ist die Afterhour?«

Mein Körper hat es mir meistens verziehen. Ich bin jung, zumindest fühle ich mich so. Doch was für ein Trottel bin ich, wenn ich glaube, dass das für immer so bleibt?

Die neue Komponente dieses Traums von vergangener Nacht – die Verbindung zu meiner Kindheit – lässt mich schlucken. Was, um Himmels willen, versuche ich mit all den Partys, dem Alkohol und den Liebschaften zu kompensieren? Welche Kindheitserinnerungen wollen damit zugedeckt werden? Was in mir schreit hier um Hilfe?

Ich stehe auf der Spitze eines Hügels ganz in der Nähe meines Felsvorsprungs. Ich bin auf allen Vieren hinaufgeklettert, sehnte mich nach Abwechslung, nach Bewegung, nach Licht. Ein wenig Nachmittagssonne schafft es durchs Dickicht und der Wind pfeift durch die Bäume. Meine Zehen sind kalt, aber ich fühle mich stark. Übermorgen ist Weihnachten.

Meine Familie werde ich bis zum übernächsten Heiligen Abend nicht sehen. Heimweh überkommt mich und warme Gedanken ans Teilen mit meinen Liebsten. Gutes Essen, Zeit, Herzenswärme, darum geht es doch an Weihnachten. Heuer nicht. Heuer geht es darum, mein Bewusstsein zu schärfen für das Himmelsglück, das ich auf Erden habe. Die Distanz weckt auf, zieht den grauen Schleier der Selbstverständlichkeit von den prachtvollen Geschenken des Lebens.

Ich, das hungrige Waldmännlein, darf mir tausendmal die Finger abschlecken, ohne Essen und Dach über dem Kopf im Regen zu sitzen. Denn ich bin in der seligen Lage, das freiwillig tun zu dürfen. Wie viele Millionen, ja, hunderte Millionen Menschen da draußen dürfen das nicht?

Die letzte Nacht im Wald bricht an. Noch einmal Zeit totschlagen mit Gedanken, mit Hirnwichserei. Und, wenn dann endlich der Morgen graut, mit der beruhigenden Erkenntnis, dass mein Ego und ich es 72 Stunden im Wald aushalten, ohne einander an die Gurgel zu gehen.

WALDBADEN

Der Evolutionsbiologe Edward O. Wilson nannte es Biophilia, die Liebe zu allem Lebendigen. Die Naturverbundenheit liege in unseren Genen, wir sind Teil des *web of life,* so Wilson. Wie jede Pflanze und jedes Tier brauchen wir Wasser, Sauerstoff und Sonnenlicht, um zu überleben. Wir sind nicht nur Teil der Natur, wir sind die Natur. An kaum einem anderen Ort ist diese Verbindung so spürbar wie in der friedvollen Harmonie des Waldes. Dort können wir den Kopf frei bekommen, Stress abbauen, Kraft tanken und – sogar das geht – unser Immunsystem stärken. Japanische Wissenschaftler haben das herausgefunden, dort gilt Waldbaden als Medizin.

Nimm dir ein paar Stunden Zeit und gehe in den Wald. Alleine, idealerweise, so bist du nicht mit Gesprächen abgelenkt und kannst dich ganz auf die Atmosphäre einlassen. Gehe langsam, barfuß, wenn du magst, fühle deine Schritte im Laub. Raste, wenn dir danach ist. Beobachte, wie das Sonnenlicht die Flügel der Insekten leuchten lässt. Lass dich ein auf die Farben und Gerüche des Waldes. Kühle deine Füße in einem Bach, hüpfe über Äste, staune wertfrei über das perfekte Chaos, das fein getunte Zusammenspiel des Waldes. Halte inne, leg dich in die Wiese oder setz dich auf einen Baumstumpf, streiche über das Gras oder die Rinde, höre die Vögel, atme die Luft. Beobachte deine Atmung, fühle die Luftströmung an deiner Nasenspitze. Sei achtsam, nimm vorbehaltlos wahr, welche Gefühle und Gedanken das Waldbad in dir auslöst. Finde deine Stille, lass dich vom Wald inspirieren und genieße das Alleinsein.

27. DEZEMBER 2016 BIS 12. JÄNNER 2017

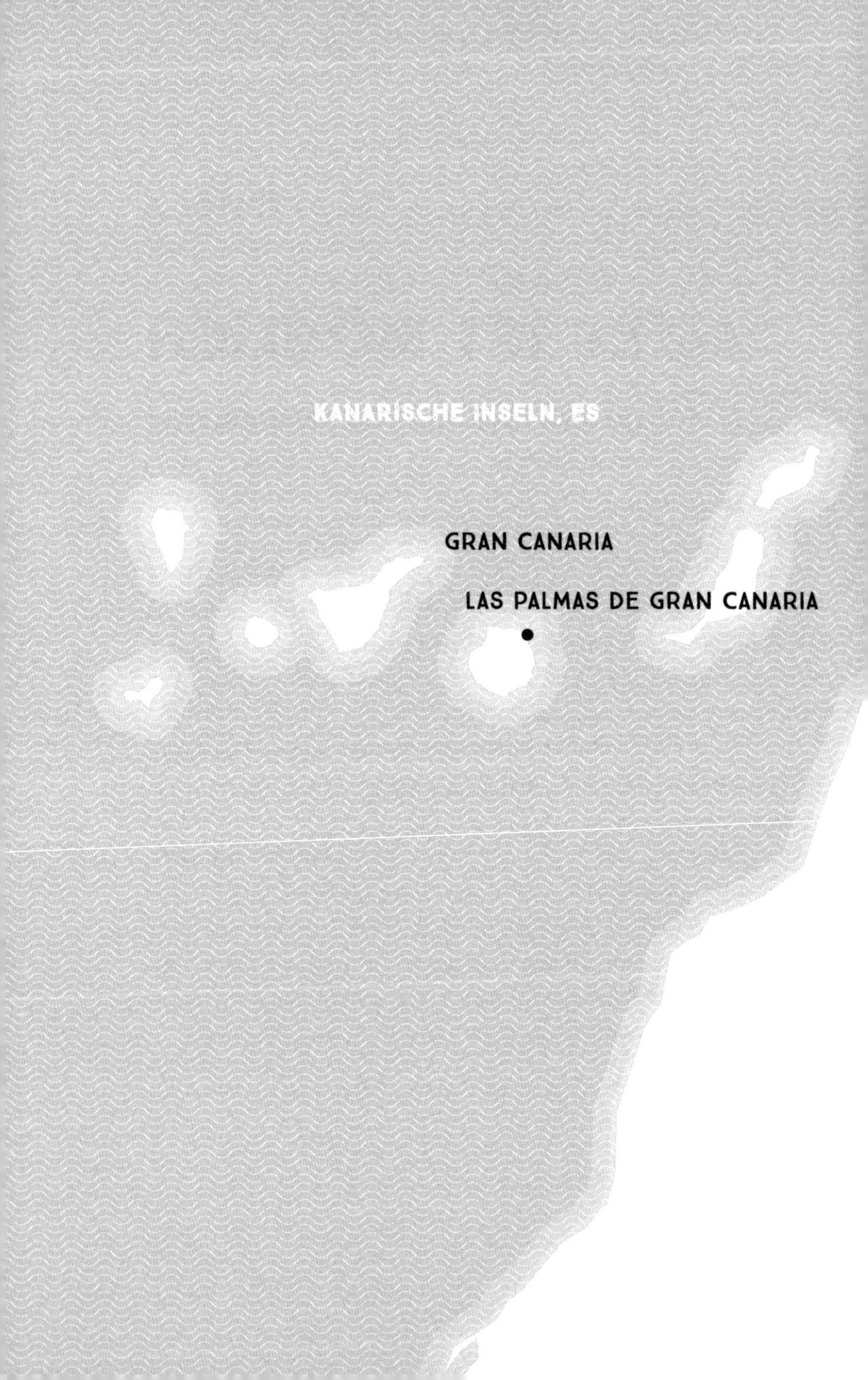

KAPITEL 4

ALLES IST MÖGLICH

BOOTSSUCHE AUF GRAN CANARIA

»If you hear a voice within you say ›you cannot paint‹, then by all means paint and that voice will be silenced.«

Vincent Van Gogh

★

Zwischen November und Mai, wenn die Zyklone am Atlantik Pause machen, treffen sich in Las Palmas die Abenteurer. Weil die Hauptstadt Gran Canarias den größten Hafen der Kanarischen Inseln hat, ist sie ein Hotspot für alle, die demnächst ihre Segel in Richtung Westen setzen wollen. Nach Amerika schippern, so richtig gewöhnen mag ich mich nicht an die Idee. Wir sind zwar schon weit gekommen, weiter, als ich mir das vor wenigen Wochen noch vorstellen konnte. Doch ein entscheidender Schritt fehlt noch – wir brauchen ein Boot. Deshalb sind Martin und ich hier.

Zuerst aber brauchen wir einen Platz zum Schlafen, denn in Las Palmas ist zwischen Weihnachten und Silvester beinahe jedes Hostel, jede Couch und jede Luftmatratze ausgebucht. In dem einen oder anderen Fünfsternehotel wäre noch was frei, aber das kommt aus Budgetgründen nicht in Frage. AirBnB verspricht uns ein Doppelbett in der Wohnung von Zita, einer Ungarin. Zwar nur für die kommenden zwei Nächte – dann ist auch ihre Bude voll –, aber immerhin. Wir hätten uns früher um eine Unterkunft kümmern sollen.

Der erste Besuch im Hafen bringt die zweite unangenehme Überraschung. Die schwarzen Bretter sind voll mit Annoncen von Menschen, die Boote suchen. Aber kaum ein Kapitän sucht Segler. Wir haben beide keine Ahnung, wie das mit dem Hitchhiken über den Atlantik läuft. Vor allem hatten wir keinen Tau, wie stark der Wettbewerb sein würde. »Yachtmaster sucht Koje in die Karibik«, steht da zu lesen. »Erfahrener Skipper bereit, die Segel zu setzen«, lese ich daneben. Darunter zum Abreißen für Interessierte: Telefonnummer und Mailadresse. Es hängen noch alle dran.

Die Suche nach Boot und Crew dürfte in Arbeit ausarten, das ist uns spätestens jetzt klar. Wir bestellen Frühstück in der *Sailor's Bar* und führen erste Gespräche mit Seebären. Die Atmosphäre ist entspannt und die Menschen sind freundlich. Wir haben uns in den vergangenen Wochen an große Augen und fassungslose Reaktionen gewöhnt, wenn wir von unserem Vorhaben erzählt haben. Per Anhalter über den Atlantik? Hier ist das so normal wie Möwenschiss am Oberdeck.

Wir erfahren, dass der Nord-Ost-Passat schon seit einigen Tagen schwach, teilweise sogar aus der Gegenrichtung weht. Ein seltsames Phänomen – der Klimawandel sei schuld, höre ich einige sagen. Bevor der Wind dreht, segelt hier kaum einer los. Das spielt uns in die Hände.

Martin und ich entscheiden, die Sache professionell anzugehen, unsere einzige Chance. Am Nachmittag sitzen wir am Computer und formulieren eine Annonce für die schwarzen Bretter von Bars und Segelshops. Wir versuchen es mit der Überschrift:

»SEX. It's not what this is about, but it grabbed your attention.«

Warum wir tun, was wir tun, steht danach zu lesen. Um die Welt und ihre Menschen kennenzulernen, darüber zu schreiben und positive Vibes zu teilen. Dass wir vom Segeln zwar nicht viel verstehen, aber lernwillig und bereit sind, an Bord zu helfen, wo wir können. Außerdem schreibt jeder von uns eine A4-Seite Lebenslauf. Wir liegen in der optimistischen Annahme, dass man einem Grün-Politiker aus Norwegen und einem Fernsehjournalisten aus Österreich vielleicht eher vertraut, wenn man weiß, was sie beruflich machen. Ein Schuss, der bei unseren Jobs durchaus nach hinten losgehen kann.

In einem Copyshop um die Ecke drucken wir alles zwanzigmal aus, fürs Erste soll das reichen. Feierabend für heute.

Beim Abendessen erzählt Zita von einem Freund, der in einem Squat lebt, einem besetzten Haus. Mit etwas Glück hätten wir dort für die kommenden Nächte eine Bleibe.

Ich bewohne jetzt einen Verschlag, der kaum größer ist als das Bett, auf dem ich sitze. Die Wand, an der ich lehne, ist eine aufgestellte Holzpalette. Links eine Steinmauer, die einmal rot war, bevor der Stein herausgebröckelt ist und die übrigen Flächen mit Malereien verziert wurden. Der Eingang besteht aus einer weiteren Palette und zwei Decken, die den Spalt zum Wellblechdach abdecken. Morgenwind pfeift herein. Schiebe ich das wackelige Tor zur Seite, stehe ich auf dem flachen Dach eines Hauses, das von einem Dutzend Punks bewohnt wird und ansonsten leer stehen würde. *La Tomatera* heißt der Squat. Martin haust ein Stockwerk tiefer in einer kleinen, in die Wand gebauten Höhle, die er sich mit drei anderen teilt. Zu niedrig, um aufzustehen, die Holztür erinnert an ein Hobbithaus. Ich klopfe an, Zeit, um in den Hafen zu gehen. Vorbei am Eingangsflur, wo geschrieben steht:

»For there are no reliable utopias in the world, we have to construct our own utopias.«

Die Piers sind durch Stahlzäune von der Promenade getrennt, damit niemand zu den Yachten geht, der dort nichts verloren hat. Drüberzuklettern ist nur die ersten Male ein komisches Gefühl, bald wird es zur Routine.

Ist einer an Deck, begrüßen wir ihn und wenn er freundlich wirkt, beginnen wir ein Gespräch. Boote würden sich als Thema eignen, würde man etwas von Booten verstehen.

»Nice boat you have here« zeugt zwar nicht davon, aber es reicht für Smalltalk. Umso mehr, als wir auch etwas anzubieten haben: Gin & Tonic aus dem Rucksack. Kaum einer, der sich darüber nicht freut. Die alles entscheidende Frage stellen wir meist nach dem Anstoßen.

»Wohin segelst du?«

»Karibik. Sobald der Wind mitspielt, geht's los.«

Eine Antwort, die uns jeder Zweite gibt.

An Booten, die in unsere Richtung wollen, mangelt es nicht. Doch bald wissen wir: Man hat hier nicht auf uns gewartet. Wer sich einen Fremden an Bord antut, der will sichergehen, dass er segeln kann. Wer das nicht kann, sollte weiblich sein und idealerweise alleine. Männliche Grünschnäbel, noch dazu im Doppelpack, suchen mitunter länger. Wir bleiben optimistisch, ist ja erst Tag zwei.

Zurück im Squat, Abendessen mit Pepe, unserem Gastgeber. Er ist der Freund von Zita und hat uns zwei kostenlose Schlafplätze in der *casa occupada* organisiert. Pepe ist 39 und lebt seit vielen Jahren in Squats. In *La Tomatera* ist er schon zum vierten Mal. Öfters lebte er im Ausland, Amsterdam, Berlin, aber sein Weg führt ihn immer wieder hierher zurück.

»Ich habe früher Gras verkauft, viel Gras. Damit habe ich gutes Geld verdient. Ich hatte sechs E-Gitarren, ein Auto, einen Fernseher, eine Spielkonsole mit verdammt vielen Spielen. Irgendwann bin ich aufgewacht und habe gewusst, dass ich das alles nicht mehr möchte, nicht mehr brauche.«

Pepe hat daraufhin sein Auto verschenkt, sein Zeug verkauft und ist in den Squat gezogen.

»Hier zu wohnen ist ein Lebensstil, eine bewusste Entscheidung. Es ist irre, wie viele Häuser leer stehen, während so viele Menschen auf der Straße leben. Dagegen protestieren wir, indem wir hier leben.«

Immer wieder sieht die Polizei hier nach dem Rechten.

»Die Polizei kann uns nicht rauswerfen. Das kann nur ein Richter, wenn der Eigentümer klagt. Der Eigentümer ist aber eine Firma, die bankrott gegangen ist. Deshalb zeigt an dem Haus hier niemand Interesse. Niemand außer uns.« Andere Häuser stünden im Eigentum von Banken. Dann könne man circa neun Monate darin wohnen, erzählt Pepe, bis alle rechtlichen Hebel greifen und das Haus geräumt werden kann. »Dann ziehst du eben wieder um.«

Bald kennt man uns im Hafen als die beiden mit der originellen Annonce und den Gin Tonics im Rucksack. Unsere Strategie ist es nun, bei so vielen Seglern wie möglich einen passablen Eindruck zu hinterlassen und – wenn die Vibes stimmen – unseren Aushang dazulassen. Damit sie uns empfehlen, wenn sie von einem hören, der Crewmitglieder sucht.

Es ist der letzte Tag des Jahres. Ein paar Sympathiepunkte konnten wir schon sammeln. Ein österreichisches Paar – Christian und Karin – lädt uns zum Silvester-Barbecue in den Yachthafen des Puerto Deportivo ein. Martin und ich gehen zum Frisör, höchste Eisenbahn. Martin trägt ab jetzt Undercut und ich einen Schnauzbart. Wer auf ein Abenteuer geht, sollte abenteuerlich aussehen. Oder so.

Bunte Salate, Hühnerspieße mit Curry, Fingerfood und eine große Auswahl an Beilagen – das Grillbuffet ist der Mittelpunkt der Party. Jeder hat etwas mitgebracht, wir setzen auf Bewährtes und haben Gin Tonics dabei. Zwanzig Welthungrige erzählen einander Geschichten, ein halbes Dutzend Kinder tollt durchs Dock. Jeder der hier Anwesenden will über den Atlantik. Martin und ich sind die Einzigen, die noch kein Boot dafür haben. Daran soll auch diese Nacht nichts ändern.

Ich unterhalte mich mit Kylie aus Australien. Sie umsegelt mit ihrer Familie die Welt und weiß noch nicht, wie lange sie unterwegs sein werden. Ihre beiden Kinder unterrichten sie am Boot.

»Wir lernen gerade über Christoph Columbus«, erzählt Kylie.

»Nice«, antworte ich, »learning by doing.«

Zwei Stunden pro Tag drücken die Kids die Bordbank. Es gibt Lehrpläne, an denen man sich orientieren muss, aber der Unterricht ist individuell. In Mathematik darf Kylies Tochter Alice die Lebensmittel berechnen, die ihre vierköpfige Familie für drei Wochen auf hoher See braucht. Hier geht es um mehr als gute Noten. Wir sprechen über Fähigkeiten, die Kinder in normalen Schulen kaum lernen.

»Wir lernen in der Schule so viel über andere Menschen, aber so wenig über uns selbst«, sagt Kylie. »Wir wollen unseren Kindern mehr von dem beibringen, was sie wirklich brauchen im Leben.«

Alice kommt vorbei, hält sich an Mamas Oberschenkel fest.

»Wie geht's in der Schule?«, frage ich.

»Naja, Mama gibt ihr Bestes«, lacht die Kleine.

»Was kannst du mir über Christoph Columbus erzählen?«, möchte ich noch wissen. »War er ein guter oder ein schlechter Kerl?«

»Beides«, sagt die Neunjährige.

Die Silvesternacht ist rauschend. Der Jahreswechsel liegt drei Stunden zurück. Eine Band spielt spanischen Reggaeton im Parque Santa Catalina, Martin tanzt mit einem Weihnachtsmann Salsa und ich unterhalte mich mit Leila aus Israel. Ein Hippiemädchen mit zerzausten Haaren und einer besonders warmen Ausstrahlung. Die Glückliche hat gestern ein Boot gefunden. Morgen setzen sie die Segel, obwohl die Winde noch ungünstig wehen. Sie verstehe zwar nichts davon, aber es werde schon gut gehen, meint sie. Wir umarmen uns. »See you on the other side«, sagt Leila zum Abschied.

Fünf Tage sind vergangen, an denen wir jeweils sechs bis sieben Stunden durch den Hafen gingen, von einem Boot zum nächsten. Bis jetzt haben wir nur freundliche Absagen bekommen und nichts, was unsere Hoffnung auf eine Mitsegelgelegenheit nähren würde. Die italienischen Brüder Alvaro und Bruno sind meinem Optimismus auch nicht zuträglich. Sie suchen seit zwei Monaten.

Außerdem riecht mein Laptop nach Urin und lässt sich nicht mehr einschalten. Ich glaube, eine Katze hat sich nachts in meinen Verschlag geschlichen und drauf gepinkelt. Katerstimmung im neuen Jahr.

Dazu kommt Naomi. Wir haben vereinbart, nicht mehr zu telefonieren. Zu viele Gedanken aneinander schwirren herum und jedes Telefonat täuscht eine Perspektive vor, wo keine ist. Ich will frei sein beim Reisen und Naomi ihr Leben weiterführen, ihre Beziehung. Aber ganz ohne einander geht auch nicht. Wir wollen Mails schreiben.

Geduld. Wie kläglich ich oft scheitere, wenn das Leben sie auf die Probe stellt. Und ich möchte wochenlang über den Atlantik segeln? Immer wieder holt mich die Frage ein, ob das alles nicht doch zwei Nummern zu groß für mich ist. Ich sehe mich blass über der Reling baumeln, zweifle an meinen Zielen. »Alles ist möglich«, was für eine schmierige Seifenblase.

Bei unserem mittlerweile sechsten Streifzug durch den Hafen lernen wir Andres kennen, der gerade ein paar Schrauben am Heck seiner Lagoon 500 festzieht. Ein majestätischer Katamaran, fünfzehn Meter lang. Andres sieht nach Abenteuer aus. Kurze, dunkle Haare, sportliche Statur, fesches Gesicht mit Dreitagebart, ein Surfertyp. Er lädt uns auf sein Boot ein und macht jedem eine Dose Bier auf.

Er spricht über Sicherheit an Bord und worauf wir bei einem Boot achten sollen, damit wir uns nicht umbringen. Genug Rettungswesten seien extrem wichtig, am besten mit Leuchtfunktion. Ein Satellitentelefon ebenso und ein Notfallsender, der automatisch Ortungssignale ausschickt. »Viele unterschätzen den Atlantik. Passt auf, wem ihr euer Leben anvertraut.« Auch so etwas muss man gesagt bekommen.

Andres wäre unser Mann, aber sein Boot ist voll. Eine Runde britischer Senioren bezahlt ihm viel Geld dafür, dass er sie sicher nach Amerika bringt. Für Andres ist das praktisch, denn single-handed über den Atlantik zu segeln ist hart. Andres hat die Lagoon gerade gekauft, das alte Boot wollte er Frau und Kindern nicht zumuten. In wenigen Wochen holt er seine Familie in der Karibik ab.

Der 42-Jährige hat seinen Geburtsort Madrid mit 18 Jahren verlassen und ist nach Zürich gezogen, um zu studieren. Er bereist Kalifornien und lernt beim Surfen seine Traumfrau kennen. Sieben Jahre lang führen die beiden eine Fernbeziehung.

»Ich habe Sophie nur viermal im Jahr gesehen, aber wir haben uns in all den Jahren über tausend Briefe geschrieben. Wenn du so etwas zusammen schaffst, schaffst du alles.«

Irgendwann zieht sie zu ihm nach Europa. Als Umweltingenieur verdient Andres viel Geld. Autos und Motorräder habe er besessen und ein Penthouse im Herzen von Madrid.

»Meine Freunde haben mich gefragt, ob ich verrückt sei, als ich meinen Job geschmissen hab«, erzählt Andres. »Der ganze Besitz und die krassen Partys haben mich einfach nicht glücklich gemacht.«

Er überzeugt Sophie davon, die Zelte abzubrechen und ihren Traum zu verwirklichen – eine jahrelange Weltumsegelung mit ihrem zwölfjährigen Sohn und ihrer neunjährigen Tochter.

»Anais ist schwer behindert, sie benötigt die Pflege einer Einjährigen«, sagt Andres. »Manchmal haben wir Schwierigkeiten, sie in ihrem Rollstuhl aus dem Boot zu heben. Aber wenn du wirklich willst, ist alles möglich.«

Frischer Verve fließt durch meine Adern. Wie schnell sich Gefühle ändern, wenn die Gedanken konstruktiv sind.

Ich versuche dieser Tage, meinen Computer reparieren zu lassen. Ein Ersatzteil muss aus Holland bestellt werden. Ansonsten jogge ich die Promenade entlang, esse Bocadillos im Strandcafé und teile mir neuerdings ein Bett mit einer polnischen Sängerin, die ich in der Salsabar kennengelernt habe. Nach acht Nächten im Squat mit windigen Wänden und pinkelnden Katzen war mir ihre Einladung mehr als willkommen. Martin ist in ein Hostel übersiedelt.

Tag sieben, ein Hoffnungsschimmer bei zwei jungen Frauen, die bald ein Boot nach Barbados überstellen und noch zwei Plätze hätten. Sie überlegen noch. Tags darauf fällt ihre Wahl auf zwei erfahrenere Mitbewerber.

Am zehnten Tag bucht Martin den Heimflug nach Oslo. Seine Entscheidung hat sich in den vergangenen Tagen abgezeichnet. Martin hat nur noch zwei Monate Zeit, bevor er für die Grüne Partei in Norwegen in die Parlamentswahlen zieht und seine Freundin wartet bereits auf ihn. Die beiden wollen gemeinsam nach Südamerika und wer weiß, wie lange es noch dauern würde, bis wir endlich losmachen. Falls wir jemals losmachen.

Vor genau zwei Monaten standen wir im kalten Regen Wiens und hofften auf eine Mitfahrgelegenheit in Richtung Süden. Jetzt sitzen wir in der Abendsonne von Las Palmas und stoßen ein letztes Mal auf das an, was seither geschehen ist. Wir lachen, wir weinen, können kaum fassen, wie gut die Welt bis jetzt zu uns war. Ein Abschied in Dankbarkeit und echter Freundschaft.

Die Flasche Gin ist fast leer, da vibriert mein Handy. Christian und Karin sind dran.

»Jakob, wir haben ein Boot für euch.«

Lange Pause.

»Karin, was hast du gesagt?«

»Wir haben einen Salzburger getroffen, sein Name ist Lothar. Er segelt bald in die Karibik und stellt gerade seine Crew zusammen. Er will euch kennenlernen. Ruf ihn gleich an.«

Eine Lektion, die mich das Trampen gelehrt hat: Die besten Dinge passieren immer dann, wenn ich sie am wenigsten erwarte. Doch welch ungeheure Ironie, dass wir diese Nachricht ausgerechnet bei unserem Abschiedsdrink erhalten.

Noch am selben Abend treffe ich Lothar zum Essen. Der Skipper aus Salzburg ist mir auf Anhieb sympathisch und wirkt, als wüsste er, was er da vorhat. Das hilft, denn ich werde ihm bald mein Leben anvertrauen. Das besagte Boot liegt auf Teneriffa, in drei Wochen werden wir von dort aus in See stechen. Ich habe noch immer keine Ahnung, worauf ich mich genau einlasse. Zwei Grundemotionen dominieren mein Befinden. Erstens, ein unbändiges Glücksgefühl, ausgelöst vom größten Etappensieg meiner bisherigen Reise. Zweitens, Angst. Gnadenlose, grauenvolle Angst.

AFFIRMATIONEN

Rund 60.000 Gedanken beschäftigen täglich unsere Gehirne. Eine Menge davon ist Müll. Gedankliche Blockaden und beschränkende Leitsätze, die uns daran hindern, jenes Leben zu führen, das wir uns wünschen. Diese Sätze formen unser Erleben, weil sie unsere inneren Überzeugungen widerspiegeln. Der römische Kaiser und Philosoph Marcus Aurelius hat schon vor über 1800 Jahren gewusst: »Unser Leben ist das, wozu unser Denken es macht.« Affirmationen bringen den Müll raus, indem sie neue Botschaften ins Unterbewusstsein schicken und die richtigen Leitsätze installieren. Welche sind die richtigen? Die, die dir helfen, dein Potenzial zu leben und deine Ziele zu erreichen. Darin steckt gewaltig viel Power.

Schreibe diese Sätze positiv als Bejahung und im Präsens auf, als wäre das Gewünschte schon eingetreten. Verleihe deinen wildesten Träumen Ausdruck. Ein paar Beispiele:

»Ich bin ein Weltreisender und segle über den Atlantik.«

»Ich bin ein erfolgreicher Buchautor.«

»Ich bin es wert, all das zu erfahren, was ich mir wünsche.«

Richte ein tägliches Ritual ein. Sprich deine Affirmationen aus, entwickle kraftvolle Bilder zu deinen Wünschen und lass sie auf deinen Körper wirken. Stell dir ihre Verwirklichung deutlich vor und spüre die positive Energie, die das in dir auslöst. Atme in dieses Gefühl hinein, wissend, dass du alles, was du brauchst, bereits in dir trägst. Vertraue darauf, dass du im richtigen Moment die richtigen Impulse wahrnehmen wirst und deine Kreativität sie umzusetzen weiß. Schließe dein Ritual in Dankbarkeit.

13. JÄNNER BIS 1. MÄRZ 2017

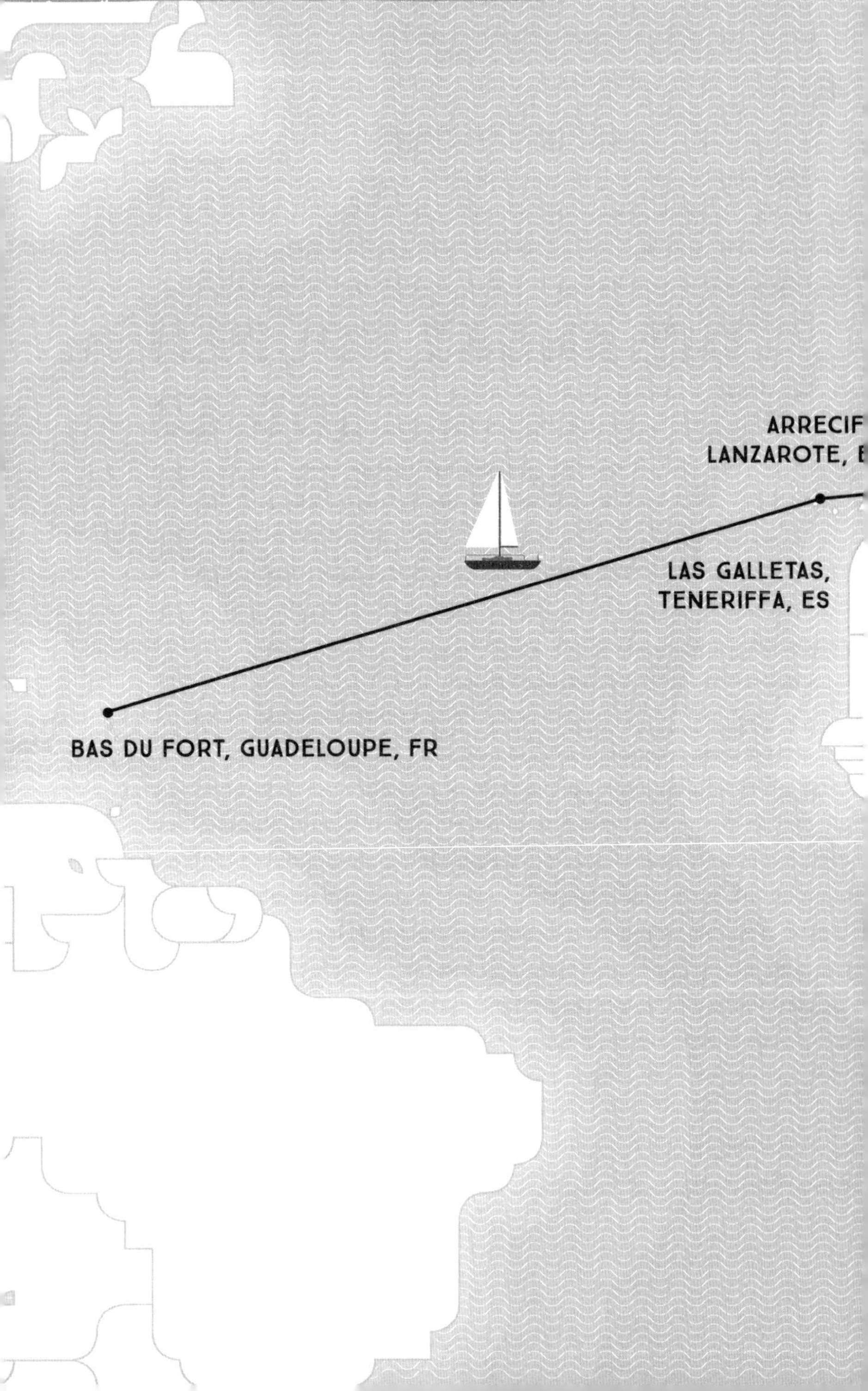

KAPITEL 5

DIE ANGST SPÜREN UND ES TROTZDEM TUN

IN DREI WOCHEN ÜBER DEN ATLANTIK

»It's up to you how far you go.
If you don't try you'll never know.«

Merlin, Sword in the Stone

★

Der Sandstrahler dröhnt im Trockendock von Arrecife und schleift den Unterwasserschutz vom Rumpf der Lagoon 500. Ich liege backbord im Maschinenraum und drehe ein paar Schrauben aus dem Motor des 50-Fuß-Katamarans, der aufgebockt auf dem Asphaltplatz steht. Er gehört Timon, dem Schweizer, den ich vor wenigen Tagen im Puerto Deportivo von Las Palmas kennengelernt habe. Nachdem ich die Zusage von Kapitän Lothar für den Transatlantiktörn hatte, habe ich Timons Angebot angenommen, mit ihm nach Lanzarote zu segeln. Weil wir uns bei der Überfahrt so gut verstanden haben, einigten wir uns auf folgenden Deal: Ich helfe ihm bei der Wartung seiner *Parana II* und darf dafür darauf wohnen, bis mein Boot in die Karibik von Teneriffa aus ablegt.

Timon war einmal technischer Einkäufer in einer Schlosserei. Jetzt verwirklicht er seinen Traum, verchartert sein Boot samt ihm als Skipper.

In den kommenden zweieinhalb Wochen erklärt mir Timon, wie sich Wind und Segel zueinander verhalten, bringt mir die Bootstechnik näher, übersetzt mir den Jargon und unterweist mich in die Bordsicherheit.

Ich lackiere Holzteile von Timons Boot, kitte die Badeplattform mit Epoxidharz und gehe abends in den Salsaclub. Drei Tage trampe ich um die Insel, tauche im Unterwassermuseum des Playa Blanca, besuche den Hippiemarkt von Teguise und reite ein paar Wellen.

Versuche es zumindest. Ich bin nicht nur aus der Übung, sondern auch derbe aus der Form. Mir geht rasch die Energie aus – zu viel Junkfood, zu regelmäßig Alkohol. Wie oft schreibe ich das jetzt schon in mein Tagebuch?

Nur zwei Tage, bevor ich mich nach Teneriffa aufmache, hole ich meinen neuen Computer vom Paketschalter ab. Ein Freund aus Österreich hat mir seinen verkauft, beinahe wäre er im Zoll hängen geblieben. Die Zeit wurde knapp und ich nervös. Reisen ohne schreiben ist wie fliegen ohne landen. Wenn ich meine Erfahrungen in die Tasten klopfe, bringe ich sie auf den Boden.

Meine letzte Nacht auf Lanzarote. Timon ist für ein paar Tage in die Schweiz geflogen, um seine Freundin zu sehen. Ich bin allein im Trockendock, die Hafenarbeiter sind nach Hause gegangen. Heute Nacht gehört die *Parana II* mir. Meine Bordboxen beschallen den Platz mit House und Dire Straits, während die Dunkelheit das letzte Blau vom Himmel wischt. Ich tanze am Oberdeck, proste dem Mond zu mit Cola Rum und spiele Luftgitarre. Himmel, bitte mehr Momente der Freiheit, in denen ich mich fallenlasse, mir selbst vertraue und weiß, dass alles gut ist.

Auf der schaukelnden Fähre nach Teneriffa lese ich Susan Jeffers. *Feel the fear and do it anyway* ist dieser Tage meine Bibel. »Jeder Mensch spürt Angst, wenn er etwas völlig Neues tut«, schreibt sie. Weil es aber so viele gibt, die »es trotzdem tun«, könne Angst an sich nicht das Problem sein. Was dann?

Wie wir mit ihr umgehen. Für die einen ist die Angst ein Hindernis, für die anderen treibende Kraft. Die einen empfinden Hilflosigkeit und Trägheit, die anderen leiten aus ihr bewusste Handlungen ab und gewinnen durch sie wertvolle Energie. Wer nicht der eine, sondern der andere sein möchte, muss vom Opfer zum Gestalter werden und der Angst mit Schneid begegnen. Dann kann er die Zügel in die Hand nehmen und schrittweise das tun, was ihn nachts nicht schlafen lässt.

Meine vergangenen Nächte waren von bescheidener Schlafqualität, zu viele unbekannte Variablen. Ein Boot, von dem ich wenig verstehe. Ein Kapitän, den ich kaum kenne. Ein Ozean, dem alles zuzutrauen ist. Doch gleichzeitig spüre ich, dass da draußen eine größere, stärkere, freiere Version von mir wartet. Ein Jakob, den ich gerne kennenlernen möchte. Ich spüre die Enge meiner alten, bekannten Welt und das Risiko, das meine neue birgt. Die Angst signalisiert mir, dass ich dabei bin, die Grenze von der einen zur anderen zu überschreiten. Wenn Jeffers Recht hat, ist die einzige Möglichkeit, meine Angst vor der Atlantiküberquerung loszuwerden, den Atlantik zu überqueren. Okay.

Kaum eine Wolke verdeckt die Sicht auf die Sterne. Die ruhige See schiebt lange Wellen unter den Rumpf des Katamarans, auf denen sich der Halbmond spiegelt. Der Autopilot gleicht die Kräfte des Weltmeeres surrend aus und hält die *Casa Antonia* auf Westkurs. Das Boot heißt wirklich so. Es ist 5 Uhr morgens, meine erste Steuerwache hat gerade begonnen. Hinter mir leuchtet das Plankton im Wirbel der Schiffsschraube, dahinter schickt die Morgendämmerung einen ersten Lichtschein in die Atmosphäre. Die Lichter von Teneriffa sind nach den ersten 85 Seemeilen hinter den Horizont gewandert und lautlos von der Bildfläche verschwunden. Vor mir liegen knapp 5.000 Kilometer offener Atlantik.

Am Nachmittag des zweiten Tages trommelt Lothar die sechsköpfige Mannschaft zusammen. Er habe eine gute und eine schlechte Nachricht für uns.

»Die Wettervorhersage sieht gut aus«, sagt der Kapitän, der vor ein paar Jahren schon einmal über den Atlantik gesegelt ist. »Morgen frischt der Passat aus Nordosten auf, dann können wir endlich die Segel setzen.«

Und die schlechte?

»Zwei Drittel unserer Süßwassertanks sind leer.«

Was hat er gesagt? Ich verstehe nach wie vor wenig vom Segeln, aber dass lecke Tanks im Boot nach Problemen schreien, begreift auch der Anfänger mühelos. Die alten Hasen führen kurz eine Debatte darüber, ob wir umkehren oder zumindest noch einen Halt auf den Kapverden machen sollen. Die afrikanische Inselgruppe liegt etwa 1.500 Kilometer weiter südwestlich und wäre ein gewaltiger Umweg.

»Wir schaffen das auch so«, entscheidet Lothar lässig.

Wie ich kurz darauf erfahre, haben wir genügend Trinkwasser in Kanistern an Bord. Beruhigend, wir werden nicht verdursten. Einschränkungen wird es aber geben. Ab sofort duschen, kochen und zähneputzen wir mit Salzwasser.

Bleibt die Frage, wie so etwas passieren konnte? Um die Antwort zu verstehen, muss man Wolfgang kennen, sein Spitzname ist Wolli. Ihm gehört die *Casa Antonia*. Wolli hat einen Traum. Er ist gerade 65 Jahre alt geworden und möchte seine Rente nicht »im grauen Deutschland« verbringen, sondern auf einem Segelboot in der Karibik.

»Wenn ich zu Hause aufm Sofa bleib, kannst du mich in zwei Jahren beerdigen. Das mach ich nicht lange mit«, sagt Wolli.

Damit das nicht passiert, hat er fast alles verkauft, was er besessen hat. Nur seine Frau hat er noch, sie wartet in der kleinen Mietwohnung im Ruhrpott und hofft, dass Wolli wieder zur Vernunft kommt. Weil die verkauften Besitztümer nicht allzu wertvoll waren, ist ihm das Geld ausgegangen. Dass Lothar ihm den Kahn in die Karibik überstellt, geht sich nur deshalb aus, weil sich die sechsköpfige Mannschaft die Bordkasse teilt – Lothars Honorar inklusive. Wolli kann sich seinen Katamaran eigentlich nicht leisten und dürfte das irgendwann zwischen Kauf und fachgerechter Wartung festgestellt haben. Außerdem versteht er vom Segeln nur ein klein wenig mehr als ich, was vor allem dann fürchterlich wenig ist, wenn man vorhat, die kommenden Jahre auf einem Boot zu verbringen. Da ziehen einen die Mechaniker beim Service halt auch schnell einmal über den Tisch. Doch Wolli hat etwas an sich, das mich fasziniert – seine ansteckende Naivität und seinen verschwenderischen Optimismus.

»Datt machn wa schon«, grinst er in auffallender Regelmäßigkeit aus seinem grauen Schnauzer. Lothar nimmt seinen Job ernst und ermahnt ihn:

»Wir unternehmen hier eine Reise, die vor hundert Jahren niemand freiwillig gemacht hat und der Großteil der Menschen traut sich das bis heute nicht. Andere bereiten sich darauf monatelang vor. Ich bitte dich im Namen der Crew, leg deinen Schlendrian für diese Überfahrt ab und nimm das ernst. Hier geht es um viel.«

Wolli ist mir auf seine eigene Art sympathisch. Er hatte ein schwieriges Leben, beschissene Jobs und zwei Frauen, die ihm »vor der Nase weggestorben sind«. Jetzt lässt er sich durch nichts mehr davon abhalten, seine Träume zu verwirklichen. Ich zolle ihm meinen Respekt. Und fürchte mich vor den Wartungsmängeln.

Die Steuerwachen sind auf drei Teams zu je zwei Leuten aufgeteilt, die Brücke muss rund um die Uhr besetzt sein. Die beiden Tagschichten dauern jeweils sechs Stunden, die drei Nachtschichten jeweils vier. Mein Teampartner ist Peter, ein 70-jähriger (in Worten: Siebzigjähriger) Ostfriese, der in jungen Jahren vor dem Militärdienst getürmt ist, irgendwann doch einrücken musste und später Rettungsschwimmer auf Sylt wurde.

Tag drei, Schichtwechsel um neun Uhr vormittags. Ich bin wieder dran. Das Wingaker-Segel hat mehr Gesamtfläche als Groß- und Vorsegel zusammen. Es ist Lothars Geheimwaffe, die er extra mitgebracht hat. Der Wind spannt es wie einen Fallschirm vor den Bug und zieht uns damit auf stetem Kurs von 270 Grad. Der Vorteil des Parasails: Auch bei niedrigen Windgeschwindigkeiten von achtern (von hinten) lässt sich damit flott segeln. Immer Richtung Westen, mit einer Durchschnittsgeschwindigkeit von sieben Knoten. Die See ist heute rauer als gestern mit Dreimeterwellen, die wir stellenweise mit bis zu 19 Knoten hinuntersurfen. Der Autopilot ist mit dem

Seegang überfordert, daher muss ich die *Casa Antonia* manuell steuern. Sie auf Kurs zu halten sieht leichter aus, als es ist, denn Windböen und Wellen versetzen das Boot immer wieder um ein paar Grad. Das muss man rechtzeitig spüren und dann wie beim Driften mit dem Auto im rechten Augenblick gegenlenken, mit gefühlvollen Bewegungen des Steuerrads. Überdreht man den Katamaran, fällt das Segel ein und flattert laut und unkontrolliert. Das gefährdet das Material, verdirbt die Laune des Kapitäns und ist daher unbedingt zu vermeiden.

Mich im Boot gerade zu halten ist ein Balanceakt, aber ich fühle mich gut – keine Anzeichen von Übelkeit. Anders als bei meiner Überfahrt von Portugal auf die Kanaren, habe ich die Tabletten gegen Seekrankheit dieses Mal auch geschluckt. Es ist momentan zwar die ruhigere Saison am Atlantik – verrückte Zyklone wüten zwischen Mai und November, nicht Anfang Februar –, doch Garantie gibt es dafür natürlich keine. Vor allem nicht in Zeiten des Klimawandels.

Nach und nach erweitern Lothar und Wolli die Mängelliste der *Casa Antonia.* Die Solarpaneele und die Lichtmaschine funktionieren nicht richtig. Damit laden weder die Sonne noch der Motor die Batterien hinreichend schnell, was zu gelegentlichen Stromausfällen führt. Ohne Strom kein GPS, kein Autopilot. Von zwei Bilgenpumpen funktioniert nur eine, Wolli darf daher jede Nacht zweimal aufstehen und das Wasser von Hand aus dem Rumpf pumpen. Nein, wir haben kein Leck, ein bisschen Wasser darf hinein – dafür gibt es die Pumpen. In der vierten Nacht zerfetzt eine Windböe das Wingaker-Segel. Das kostet uns zwei Knoten Fahrt oder knapp 50 Seemeilen pro Tag. Nichts von all dem sei dramatisch, versichert mir Lothar. Ärgerlich, das schon, aber nicht lebensbedrohlich.

Ich mache mir wenig erbauliche Gedanken über die Reichweite von Rettungshubschraubern. 400 Meilen, vielleicht? Zurück müssen sie auch wieder. Längst schon haben wir den Hilfsradius verlassen und seit fünf Tagen habe ich kein anderes Schiff mehr gesehen.

Ich habe ein merkwürdig hohes Maß an Vertrauen in den Lauf der Dinge gewonnen, eine Art bedingungslose Zuversicht. Die Kontrolle abzugeben und dieses Urvertrauen an ihren Platz zu setzen, ist mir nicht leicht gefallen. Doch spätestens, als wir aus dem sicheren Hafen Teneriffas ausgelaufen sind, waren meine Alternativen überschaubar. Es erschien mir als das geeignetste Mittel, um meinen Ängsten zu begegnen, ohne dabei den Verstand zu verlieren.

Zwischen Großsegel und Genua scheint mir der Vollmond ins Gesicht und verschwindet im Takt der Wellen alle paar Sekunden hinter dem Segel. Mit Handschuhen und Kapuze harre ich am Steuer dem Ende meiner Frühschicht und der Löskaffee rinnt warm den Hals hinunter. Peter liegt hinter mir auf der Bank und schläft. Plötzlich schrecke ich hoch, ein lautes Fauchen neben mir. Auf Backbordseite taucht neben dem Boot ein Wal auf und bläst seine Luft in den Mondschein. Mein Mund steht offen, eine Begegnung in Demut. Die Uhr zeigt 9 Uhr früh, doch es scheint mitten in der Nacht zu sein. Mit jeder Meile westwärts wird es ein wenig später hell. Die Bordzeit stellen wir nicht nach, sonst wird das Logbuch zum Chaos. Als der fünfte Morgen graut, haben wir die ersten tausend Seemeilen hinter uns – ein Drittel der Strecke. Wer so viel langsamer reist, als die Welt sich dreht, für den wird Zeit zur Nebensache.

Ich habe eine ganze Menge davon. Acht Stunden am Tag beobachte ich den Atlantik vom Steuerstand aus und versuche, den Kahn auf Kurs zu halten. Die restlichen 16 Stunden habe ich Zeit für alles, was sich auf einer Dreizehnmeter-Yacht anstellen lässt. Das ist zwar nicht viel, aber die Atmosphäre an Bord ist sonnig und die Crew harmoniert prächtig. Eine Ausnahme ist Wollis vereinnahmende Leidenschaft für deutschen Schlager. Doch wer sich ans Zähneputzen mit Salzwasser gewöhnt hat, übersteht auch Connie Francis.

Immer wieder besuchen uns Delphine. Schwärme von dutzenden Tieren spielen mit der Bugwelle, katapultieren sich aus dem Wasser und platschen seitwärts auf den Bauch. Sie grüßen freundlich, bleiben für 20 Minuten und werden dann wieder eins mit dem endlosen Blau. Einmal taucht ein Pottwal auf. Zunächst nehme ich nur seine dunklen Umrisse wahr, wenn sich die Welle auftürmt, in der er schwimmt. Als er mit uns auf gleicher Höhe ist, sehe ich, dass das Ungetüm länger ist als das Boot, auf dem ich stehe.

Wenn ich von meinem eigenen Abenteuer gerade die Schnauze voll habe, lausche ich im Hörbuch jenen von Robinson Crusoe oder lerne Spanisch. Abends greife ich mir den Sternenatlas aus der Bordbibliothek und verliere mich im Nachthimmel. Oder in Hemingway's *The Old Man and the Sea.* »Zerstört kann einer werden, nur aufgeben darf er nicht«, welch Poesie.

Peter ist mit seinen siebzig Jahren schon jetzt älter, als Hemingway je wurde. Aber welche Rolle spielt das Alter, wenn du gesunden Körpers und klaren Geistes ein Segelboot über den Atlantik steuerst?

»Du kannst auch mit Gewalt alt werden«, sagt Peter. »Du brauchst dich nur den Normen der Gesellschaft zu beugen, das Standardprogramm fahren und bald bist du ein seniler Krüppel, der darauf wartet, dass es zu Ende geht. Damit kann ich nur nicht sonderlich viel anfangen.«

Peter ist erst vor zwei Jahren mit Rucksack und seiner 14 Jahre jüngeren Freundin durch das australische Outback gereist. Von einer Atlantiküberquerung träumt der passionierte Segler seit 20 Jahren. Seine Grenzen möchte er ausloten, sie überschreiten und von ihnen lernen.

»Ich will wissen, wie ich mit der Belastung umgehe, nach vier Stunden Schlaf mitten in der Nacht aufzustehen und durch aufgepeitschte See zu steuern. Ich war schon immer der Meinung, sowas musst du als Segler mal gemacht haben.«

Wenn Peter vom Leben erzählt, wirkt er um Dekaden jünger, als er ist. Keine Spur von Rentnerdasein, seine Lebensgeister tanzen lichterloh. Früher war er Rettungsschwimmer auf Sylt, »die Frauen sind mir hinterhergelaufen«. Es würde mich nicht wundern, täten sie das auch heute noch. Bevor der Große aus seiner Koje steigt, macht er täglich Situps im Bett. Der graubärtige Abenteurer inspiriert mich. Die gemeinsamen Steuerwachen bieten viele Gelegenheiten für persönliche Gespräche. Vor wenigen Jahren ist seine Frau an Leukämie gestorben, nachdem die Demenz zehn Jahre lang ihr Gedächtnis zerfressen hat. Der Marter überdrüssig, habe sie oft damit gedroht, sich umzubringen.

»Es ist eine große Belastung, wenn du abends heimkommst und nicht weißt, ob deine Frau noch lebt. Doch aufgeben, sie im Stich lassen kam für mich nicht in Frage. Ich habe mich bis zum Schluss um sie gekümmert.«

Gespräche über Frauen am Valentinstag. Ich sende Naomi übers Satellitentelefon eine Kurznachricht. Bevor wir Teneriffa verlassen haben, hat sie mir noch ein Mail geschickt mit Fragen übers Leben. Ich weiß nicht mehr, wie oft ich es gelesen habe. Seit wir auf See sind, schreibe ich an einer Antwort. Manchmal im Bugnetz, manchmal am Oberdeck. Meistens mit der Frage, wie es wohl wäre, ein solches Abenteuer mit ihr zu erleben. Mein Herz fragt noch nach ihr, will die Romantik des Vergangenen noch nicht loslassen. Aber mit jedem Längengrad, den ich weiter von zu Hause weg segle, greift meine Vernunft fester nach dem Ruder. Ich spüre, dass ich Naomi eher früher als später loslassen sollte – sonst sabotiere ich meine Reise.

Reichlich Bier fließt die salztrockenen Kehlen hinunter. Der Schmäh rennt entsprechend leichtfüßig. Vor allem mit Anna und Christian verstehe ich mich hervorragend. Anna ist eine 22-jährige Segellehrerin und Christian ein 47-jähriger Unternehmer, beide aus Salzburg. So unterschiedlich unsere Wege an Land auch sind, am Atlantik feiern wir das Leben gemeinsam. Vor allem beim »Bergfest«, als wir nach neun Tagen und 2.400 Kilometern die Hälfte der Strecke hinter uns gebracht haben.

»Von nun an geht's bergab«, sagt Lothar, hebt den Deckel der edelstählernen Servierschale und präsentiert das Festmahl: gebratene Lammschulter mit Rosmarinkartoffeln und Ratatouille. Vor seiner Karriere als Berufssegler war Lothar Restaurantmanager und Koch. Man darf es schmecken.

Bis spät in die Nacht tanzen und singen wir zu EAV, Danzer und Fendrich, trinken Bier und Cola Rum. Als Lothar, Peter und Wolli schlafen, liegen Anna, Christian und ich an Deck, sinnieren über das Leben und blicken in den Kosmos. Ich sehe so viele Sterne am Himmel, dass ich selbst den sonst so deutlich hervorstechenden und mir so lieb gewordenen Orion erst auf den zweiten Blick entdecke. Jupiter, Saturn, knapp über dem Horizont das Kreuz des Südens, das mit jedem Tag ein kleines Stück weiter oben steht.

Zumindest einer sollte Instrumente und Horizont überwachen, aber was soll schon passieren? Wir sind weit und breit die Einzigen hier. Inspiriert von der Natur und Bier und Wein stelle ich mich an die Reling, knöpfe die Hose auf und entledige mich des Bieres ins tiefschwarze Meer. Mit der Rechten halte ich mich an, mit der Linken versuche ich zu treffen. Was für ein himmlischer Moment. Was für eine wacklige Angelegenheit. Was für eine hirnertränkte Dummheit. Doch meine Gedanken sind mit der Frage beschäftigt, welche Zahl wohl größer ist. Die der Fische im Wasser oder die der Sterne am Himmel?

Ein dumpfer Knall reißt mich aus dem Schlaf. Direkt neben dem Kopfpolster meiner Achterkoje spüre ich einen heftigen Schlag, so laut, als hätte jemand mit dem Vorschlaghammer gegen die Backbordseite geprügelt. Doch kein schweres Werkzeug donnert gegen das Boot, sondern eine Welle, die unter dem Rumpf des Katamarans stark komprimiert wurde. Der Seegang hat deutlich zugenommen und an Deck höre ich Lothars aufgebrachte Stimme. Ich torkle aus dem Bett und steige die Stufen hinauf, mein Schädel brummt.

»Wie um Himmels willen konnte das passieren?«, schimpft Lothar, während er aufgeregt Knöpfe am Navigationsgerät dreht. Der Autopilot ist nachts ausgefallen und niemand hat es gemerkt. Wir sind vier Stunden in die falsche Richtung gefahren. Außerdem hat Wolli in seiner Ahnungslosigkeit die bisherige Route vom Plotter gelöscht. Überall stehen Teller, Gläser und Flaschen herum. Kommt ein Sturm, fliegen sie uns um die Ohren.

Das Bergfest ist ausgeartet, wir haben den Respekt verloren. Die grenzenlose Freiheit berauscht den Körper, pures Leben pulsiert durch die Adern, täuscht Unverwundbarkeit vor. Die gefährliche Schönheit der Natur betäubt das Risikobewusstsein, Schlendrian und Alkohol schleichen sich dazu und dann entscheidet nur noch der Zufall über Malheur oder Katastrophe.

Ein dunkelgraues Wolkenband liegt hinter uns am Horizont und rückt langsam näher. In der Ferne dichte Regensäulen vom Himmel bis zum Wasser. Die Wetterfront wirkt bedrohlich, zumal der Seegang meinem verkaterten Magen schon jetzt zusetzt. Wir machen das Boot wetterfest, waschen das Geschirr ab, räumen das Chaos auf. Ich lege mich in meine Koje, versuche zu schlafen, während das Meer die Gischt ans Fenster schleudert.

Am nächsten Morgen weckt mich das Brummen aus dem Maschinenraum hinter meinem Kopfpolster. Der Wind hat gedreht, weht jetzt von vorne. Während ich geschlafen habe, haben die anderen die Segel geborgen und die Motoren angeworfen. Das Gegenteil von dem, was wir für flotte Fahrt benötigen. Wir sind seit zwei Wochen unterwegs und dem Wetterbericht zufolge benötigen wir noch mindestens eine weitere. Der Atlantik ist immer noch aufgebracht, die Dünung schiebt Wasserberge von vier bis fünf Metern unter das Boot. Die größten bisher. Regen weht unter die Plane des Steuerstandes. Ich behalte den Horizont im Blick, das hilft gegen Seekrankheit, wenn auch nicht viel. Natürlich, ich bin selbst schuld an meiner

Misere, erwarte kein Mitleid. Es ist eine weitere Lektion, die mich wachrütteln soll. Doch zunächst drückt sie mich hinunter in den dunklen Keller der Hoffnungslosigkeit. Die fahlen Räume kommen mir bekannt vor – Erinnerungen an *Sailing the Farm.* Auch das geht vorbei, mein Mantra für die kommenden zwei Tage. Ich rede nur, wenn ich muss, flüchte mit Robinson Crusoe im Ohr auf sonnige Inseln und bemitleide mich selbst. Susan Jeffers hat gesagt:

»Sometimes I experience the ecstasy of being in the flow. Sometimes I experience the agony of being way off course. It is all part of the process of living. It is all happening perfectly.«

Ob sie schon einmal über den Atlantik gesegelt ist?

Tag fünfzehn, Sonnenschein. Der Wind ist abgeflaut und der Ozean spiegelglatt. Wir machen nur 110 Seemeilen pro Tag, bis Antigua – unser vorläufiges Ziel – sind es noch 720. Dass mir das Boot auf die Nerven geht und ich den Landgang nicht mehr erwarten kann, ist das eine. Dass die Vorräte zur Neige gehen, das andere. Weil uns der Passatwind über weite Strecken im Stich lässt, wird auch langsam der Diesel knapp. Obst und Gemüse sind längst verzehrt und heute Mittag bricht Lothar die letzte Gaskartusche an, die den Herd befeuert.

»Es könnte schlimmer sein«, sagt Christian, als er mit nacktem Oberkörper am Steuerrad sitzt und eine Bierdose in der Hand hält. »Windflaute und Dauerregen, zum Beispiel. Oder schwere Stürme. Oder stell dir vor, es würde uns das Bier ausgehen.«

Zugegeben, von den 350 Dosen sind auch nicht mehr viele übrig. Hin und wieder beißt eine Golddorade oder ein Blue Marlin in den Angelhaken, den wir seit zwei Wochen hinter uns herziehen. Einmal hängt ein Schwertfisch dran. Ich empfinde tiefe Dankbarkeit für die Tiere, die uns mit Nahrung versorgen.

Am Abend badet der Atlantik in Farben. Der schwarze Himmel fließt in hunderten Blaunuancen nach unten in eine gelbliche Blässe, wird hellgelb und verläuft sich in purpurnem Abendrot. Die

Farben wirken heute kräftiger, die Venus noch heller und die Wolken plastischer als sonst, als würden sie nur wenige hundert Meter entfernt aus dem Ozean emporsteigen. Der Atlantik atmet bedächtig in langgezogener Dünung. Seit zehn Tagen habe ich weder ein anderes Boot noch ein Flugzeug gesehen, niemand sonst kann das Kunstwerk sehen. Es ist, als ginge die Sonne nur für uns unter.

Ich bin ergriffen von der beschwingenden Harmonie. So friedvoll, so makellos. Hätte kein Mensch jemals auf diesem Planeten gelebt, die Natur würde hier draußen genau gleich aussehen.

»Als Christoph Columbus über den Atlantik gesegelt ist«, sagt Peter, »hat er den gleichen Mond, die gleichen Sterne und das gleiche Meer gesehen wie wir. Das gibt einem ein neues Verständnis von sich selbst und der Welt.«

Hier draußen hat man viel Zeit, um sich über solche Dinge Gedanken zu machen. Über Gott und die Welt und seinen eigenen Platz darin. Zu Hause bringe ich das nicht fertig, nicht in diesem Umfang, zu abgelenkt bin ich von der Hysterie des Alltags.

Die Körper zweier Grindwale malen zwei dunkle Flecken ins orange Wasser, vielleicht hundert Meter entfernt.

Dann, plötzlich, wird die selige Ruhe gestört von schwarzen Gedanken. Ihre Vehemenz trifft mich völlig unvorbereitet.

Ich sehe Japaner, die Delphine abschlachten, bis die Buchten rot sind. Sehe Norweger und Dänen, die Wale durch die Weltmeere jagen, bis sie ihnen endlich die Harpunen in die Köpfe rammen können. Sehe Briten, denen die Bohrinseln unter den gierigen Ärschen explodieren. Aber natürlich lässt sich der Schrecken, den wir Menschen über die Erde bringen, nicht einzelnen Nationen in die Schuhe schieben. Unsere Spezies hat seit den 1970er-Jahren über 60 Prozent aller Tierarten ausgerottet. Ja, wir alle waren das. Wir wüten und krallen uns alles, was wir in die nimmersatten Finger bekommen können. Wir sind die Einzigen auf diesem Planeten, die nicht mit, sondern gegen die Natur leben. Für noch mehr Profit, noch mehr

Macht, noch mehr Wahnsinn. Wir töten uns gegenseitig und zerstören unseren Lebensraum. Und wir halten uns für die Klügsten?

»No tree has branches so foolish as to fight among themselves«, ein Sprichwort amerikanischer Ureinwohner. Da fällt mir Columbus ein. Finstere Ironie der Weltgeschichte.

Doch blankes Fingerzeigen riecht nach Scheinheiligkeit. Ich bin um nichts besser. Ich esse Fleisch und schere mich nicht darum, wo es herkommt, konsumiere generell eher achtlos vor mich hin. Wenn ich auch gerade mit kleinem ökologischen Fußabdruck in die Karibik reise, zu Hause freue ich mich alle paar Monate über die billigsten Angebote der wettkämpfenden Airlines. Ich schreibe mir hier zwar meinen Groll von der Seele, doch welchen Beitrag leiste ich wirklich, um etwas zu verändern? Und bin ich auch nur um irgendetwas besser als die, über die ich herziehe, wenn ich ihrem Treiben stillschweigend zustimme?

Ich habe der Natur mein Leben anvertraut, dafür geht sie mir unter die Haut und beschenkt mich reich mit tiefer Verbundenheit. Und bringt mich ein paar Seemeilen näher an die Antwort auf die Frage, aus welchem Holz ich geschnitzt bin.

Ich will an mir arbeiten, eine bessere Version von mir selbst werden. Will einen Beitrag leisten. Wie kann ich achtsamer umgehen mit dem Leben an sich? Wie meinen Konsum überdenken, meine Prioritäten neu ordnen? Wie kann ich meine Erfahrungen teilen, um andere auf ihrem Weg zu inspirieren?

Da draußen in der Welt liegen Antworten und ich möchte sie finden.

Als ich am Morgen des einundzwanzigsten Tages auf See aus meiner Koje steige, reicht mir Lothar das Fernglas. Die Sonne hat sich noch nicht über den Horizont erhoben, aber weit voraus sehe ich eine kleine, schwarze Unebenheit. Ich blicke zweimal durch, um mich zu vergewissern, dass ich richtig sehe. Drei Wochen lang war da vorne nichts als Wasser, jetzt ist Land in Sicht.

Laut Karte ist es eine kleine Insel, die Guadeloupe vorgelagert ist. Wir steuern direkt auf sie zu. Den Plan, nach Antigua zu segeln, haben wir aufgrund der Windverhältnisse verworfen. Weil die seit Tagen nicht mehr zum Segeln zu gebrauchen waren, stottern die Motoren mit den letzten Tropfen Diesel. Bis Guadeloupe würden wir es nicht mehr schaffen, daher noch ein Tankstopp auf der Fischerinsel. Morgen früh dann, endlich, Landgang auf Guadeloupe.

Meine Augen sind weit geöffnet, bestaunen den weißen Sand und die herrlichen Palmen und das Anlegemanöver, das Lothar und Wolli gemeinsam hinlegen. Ich steige von Bord, bin hingerissen von den vielen Menschen, die sich in der Marina von Bas du Fort tummeln, einer Hafenstadt der französischen Karibikinsel. All die Geräusche. Ich bin wach, erregt vom Leben, wackelig auf den Beinen und unfassbar glücklich. Vor knapp vier Monaten stand ich im Regen in Wien mit einem guten Freund, einem bescheuerten Kartonschild und der wahnwitzigen Idee, nach Amerika zu trampen. Jetzt, am 24. Februar 2017 um 10:43 Uhr ist diese Idee Wirklichkeit geworden. Ich habe mich noch nie so lebendig gefühlt.

FINDE DEINE WERKZEUGE

Hundstage, mentale Kater und emotionale Tiefen gehören dazu. Manchmal kommen sie aus dem Nichts als unvermittelte Breitseiten des Alltags. Andere kündigen sich an, sind deshalb aber auch nicht angenehmer. Das ist okay. Anstatt dagegen anzukämpfen, lass es zu. Fühle, was du fühlst und sage dir innerlich: »Auch das geht vorbei!«

Schaffe dir deine Werkzeugkiste und fülle sie mit allem, was dir gut tut, um hineingreifen zu können, wenn dir das Leben bis zum Hals steht. Welche Aktivitäten machen dir Freude? Was beruhigt deinen Geist? Was inspiriert dich? Sport funktioniert hervorragend. Zum Abreagieren, zum Kopf freikriegen, zum Glückshormone aufwirbeln. Die regelmäßige Praxis von Yoga und Meditation ist wärmstens zu empfehlen und alles, was dir hilft, ins Hier und Jetzt zu kommen und Pause zu machen vom hyperaktiven Verstand. Denn er sorgt sich um die Zukunft und klebt am Vergangenen – das trübt die Sinne. Tatsächlich sind viele Probleme im Augenblick irrelevant. Geh in den Wald und atme die Luft. Höre deine Lieblingsmusik bewusst, nimm alle Instrumente wahr, achte auf die Lyrics. Nimm ein Bad, zünde Kerzen an, verwende ätherische Öle. Küsse leidenschaftlich.

Vorsicht beim Scrollen durch die sozialen Medien oder beim unbewussten Zappen durchs Fernsehprogramm. Das lenkt zwar kurzfristig ab, hinterlässt aber einen bitteren Nachgeschmack. Weil es uns die heile Welt der anderen vorgaukelt, die so nirgendwo existiert. Jeder Mensch empfindet Schmerzen. Finde deine eigenen Werkzeuge, mit ihnen umzugehen.

2. MÄRZ BIS 24. MAI 2017

KAPITEL 6

DIE SUCHE NACH DEM GLÜCK

DREI MONATE DURCH KOLUMBIEN

»What you seek is seeking you.«

Rumi

★

Der Kleinbus brettert über die sandigen Straßen und die kolumbianische Sonne knallt durch die dreckigen Scheiben. Soldaten patrouillieren mit Maschinengewehren. Der Busfahrer lässt mir mit seinem Fahrstil zwei Möglichkeiten. Ihm entweder blind zu vertrauen oder bei der nächsten Gelegenheit auszusteigen. Der Flieger nach Barranquilla war voll mit Einheimischen, Englisch spricht hier kaum jemand und am Flughafen wurde ich angewiesen, nur in ein autorisiertes Taxi zu steigen.

Die Bedingungen werden rauer.

Umsteigen ins Colectivo, ich zwänge mich mit Rucksack hinein. Viel Platz zum Umfallen ist jetzt nicht mehr. An der offenen Tür lehnt der Ticketverkäufer. Ich frage ihn, wo ich aussteigen müsse, um ein Motorradtaxi zu bekommen, das mich nach Minca bringt, in die Berge. Nicht er antwortet, sondern eine Dame zwei Reihen weiter vorne.

»La proxima parada«, nächste Station.

Eine zweite, ältere Dame schaltet sich ein und meint, die übernächste wäre besser. Mein Spanisch ist zwar noch so holprig wie die Straße, über die wir schaukeln, aber ich kann folgen. Jetzt auch der Billeteur, er gibt der Betagten Recht. Was jetzt kommt, taugt fürs Kabarett. Ein Herr und zwei weitere Damen fühlen sich imstande, einen Beitrag zu leisten. Insgesamt diskutieren nun zwei Männer und vier Frauen darüber, wie ich wohl nach Minca käme.

Bienvenidos a Colombia.

Minca ist ein verschlafenes Dorf inmitten der dicht bewaldeten Berge der Sierra Nevada de Santa Marta, eine der höchstgelegenen Küstenregionen der Welt. Dort kann der erlebnishungrige Tourist an einer mehrtägigen Wanderung entlang steiler Dschungelpfade teilnehmen, hin zur Ciudad Perdida, der verlorenen Inkastadt. Ich will mir eine der bekanntesten Wanderungen des Kontinents nicht entgehen lassen. An drei von vier Tagen wird es regnen, der Wanderweg wird zur Schlammrutsche und der kleine Bach, den wir auf dem Weg zur verlorenen Stadt überqueren müssen, zum reißenden Fluss. Um ein Haar hätten wir abbrechen müssen. Aber soll einer nicht in den Regenwald gehen und sich beschweren, dass es regnet.

Nach der Tortur schlafe ich zwei Nächte im Nationalpark Tayrona in Hängematten, das karibische Meeresrauschen in Hörweite. Dann drei Tage in einem Hostel am Costeño Beach chillen, bevor ich weiter in Richtung Osten fahre.

Die Busstation in Uribia ist schon fertig. Nur die Busse, die hierher fahren sollen, gibt es noch nicht. Vielleicht in Zukunft, wenn einmal mehr Touristen in die Wüste kommen, auf den nördlichsten Zipfel Südamerikas, nach La Guajira. Ich bin im Geländewagen gekommen und staune unterwegs über die vielen neu errichteten Hospedajes. Gästehäuser, so leer wie die Wüste, auf der sie stehen. Mit Besitzern, die auf bessere Zeiten warten. Hoffnung ist ein Schlüsselwort, will einer den rutschigen Versuch unternehmen, die kontrastreiche Mentalität der Kolumbianer zu beschreiben.

Vallenato dudelt aus den Boxen des Pickups. Die fröhlich schnelle Volksmusik wird von Akkordeons dominiert, erinnert entfernt an den Zillertaler Hochzeitsmarsch und wurde von der UNESCO zum schützenswerten Kulturerbe ernannt. Noch höre ich nicht heraus, warum. Noch klingt das fremd. Aber die Kolumbianer lieben Vallenato.

Mit jedem Kilometer auf der kerzengeraden Straße wird die Landschaft trockener. Kleine Bäume und Büsche wachsen aus dem orangenen Sand. Kühe, Schafe, Pferde und Esel stehen am Straßenrand.

Sie scheinen niemandem zu gehören, laufen aber gerne vor die rasenden Autos, wie ich erfahre. Immer wieder liegt schwarzer Gummi auf der Straße, die spitzen Steine sind der Reifentod. Alle paar Kilometer sehe ich einen Mensch, meistens Kinder. Eines hält einen Affen in Händen, verkauft ihn als Haustier. An wen, frage ich mich, mitten im Nirgendwo? Ein anderes sitzt im Dreck und repariert sein Fahrrad.

Den Kindern der Wüste eilt ihr Ruf voraus. Von ihnen habe ich schon gehört, Tage bevor der Wüstensand aus meinen Ohren staubte. In den vergangenen zwei Jahren haben die indigenen Wüstenbewohner gelernt, dass es bei den großen, schwarzen Pickups, die an ihren Holzverschlägen vorbeirollen, etwas zu holen gibt. Weil in ihnen Menschen sitzen, denen es besser geht. Die aus einer fernen, mysteriös reichen Welt kommen, um sich die ihre anzusehen, *los turistas.* Alle 200 Meter sperrt ein Dreikäsehoch die Straße ab, ein dickes Seil in den zarten Händen. Jeder Fahrradfahrer würde es ihm beim Durchbrausen entreißen, erst Recht ein 4 × 4-Bolide. Jul, mein Fahrer, bleibt geduldig stehen. Andere steigen aufs Gas. Ein zweiter Knirps kommt angelaufen, hält die Hand auf. Ich reiche ihm Wasser, reines, in kleine Plastikbeutel verpacktes Trinkwasser. Das Wertvollste, das sie hier zwischen die Finger bekommen können.

Wo ich auch hinblicke, sehe ich Plastik. Nicht hie und da ein Müllberg, nein, ein Wüstenmeer aus Weggeworfenem. Vom Winde verweht, von Kakteen aufgespießt. Selbst da, wo weit und breit keine Menschen leben. Müll sei hier Privatsache, erzählt mir einer, der hier lebt. Kein Müllsystem, niemand, der den Dreck abholt. Die einen verbrennen das Plastik, die anderen werfen es in den Sand. Ich bin schockiert. Bald begreife ich, welch arroganter Kleingeist in mir sich da die Richterrolle anmaßt. Wer Salzwasser trinkt und die Kinder nicht in die Schule schickt, damit sie am Straßenrand betteln können, der hat andere Sorgen, als die Umwelt zu schützen. Ich, der hier mit prall gefülltem Rucksack auf Visite ist, kann mir noch nicht einmal eine Vorstellung davon machen. Ich nehme mir vor, keine

Sekunde mehr zu urteilen über die, die das Leben nicht so reich beschenkt hat wie mich. Eine schwierige Aufgabe. Schon allein diese Gedanken formulieren zu dürfen ist ein Privileg.

Ein Festival in Riohacha, der Hauptstadt des Wüstenstaats La Guajira. Vallenato wird hier auf der Bühne gespielt, endlich Gesichter zu den Akkordeons. Ausgelassene Stimmung, eine Fressmeile mit Unaussprechlichem, ganze Schweinsköpfe liegen herum. Tausende tummeln sich. Ich esse zu Abend mit einer Deutschen und einer Holländerin. Da kommt eine junge Frau mit dunklem Zopf und Kassenbrille an unseren Tisch und fragt, ob sie sich dazusetzen dürfe.

Sara Velez hat eine Vision: »Ich glaube an Frieden in meinem Land und daran, dass wir ihn bald erleben dürfen. Ich möchte dazu beitragen, was ich kann.«

Sara ist eine, die es gut gehabt hat. Schwer bewaffnete Soldaten haben ihre Schule bewacht, als die Guerillas der FARC immer wieder durch Entführungen von sich reden machten. Der kolumbianische Konflikt reichte bis zu den Schulbänken der Erstklässler. Sara durfte Jus studieren, war auf Auslandssemester in Frankreich und Luxemburg. Ein in ihrem Land seltenes Privileg.

»Alles war so friedlich in Europa und ich habe mich gefragt, wie es wohl wäre, wenn auch die Kolumbianer in Frieden leben könnten.«

Als der Kommunismus in den Sechzigerjahren salonfähig wird, riechen linke Militanten ihre Chance und gründen die FARC, die Revolutionary Armed Forces of Colombia, die berühmteste Rebellengruppe des Landes. Später kommen andere dazu. Bald ertrinkt das Land in Gewalt, die fünf Jahrzehnte lang dauern soll. Linke Guerillas, rechte Paramilitärs, die Regierung und Drogenkartelle unterschiedlicher Gesinnungen schlachten, entführen und terrorisieren, was das Zeug hält. Mehr als 220.000 Menschen sterben, hauptsächlich Zivilisten. Noch dramatischer beschreibt die Zahl der Vertriebenen das Ausmaß des Konflikts: Mehr als sieben Millionen Menschen sind im eigenen Land auf der Flucht. Nach vierjährigen Verhandlungen unterschreibt die Regierung am 24. November 2016 einen Friedensvertrag mit den FARC-Rebellen. Doch für viele ist der Vertrag das Papier nicht wert, auf dem er steht.

Die Bevölkerung ist gespalten. Sie sollte den Friedensvertrag ratifizieren, doch nicht einmal vierzig Prozent stimmten ab. Von ihnen war eine knappe Mehrheit dagegen. Präsident Juan Manuel Santos bringt das Abkommen trotzdem durch und gewinnt dafür im Jahr 2016 den Friedensnobelpreis. Die Hälfte des Landes hasst ihn dafür. Eine der größten Herausforderungen Kolumbiens besteht nun darin, das Land wieder zu einen.

Hier möchte sich Sara einklinken. Kurz vor dem Referendum hat die heute 25-Jährige – ihr Studium mittlerweile unter Dach und Fach – ein Angebot bekommen, sich im Friedensprozess zu engagieren.

»Plötzlich gab es Frieden, doch das halbe Land wollte ihn nicht. Die Regierung war völlig überfordert, wir hatten wahnsinnig viel zu tun.«

Die ersten drei Monate arbeitet Sara ohne Bezahlung, muss nebenbei Geld verdienen, um sich ihren Aktivismus leisten zu können. Ihre Familie und viele ihrer Freunde gehören zu jener Hälfte Kolumbiens, die ihr Engagement nicht gerne sehen.

»Ich kümmere mich einfach nicht darum, was die anderen denken. Meine Eltern haben Angst, Freunde kehren mir den Rücken zu. Das ist hart, aber ich glaube an meine Vision und konzentriere mich auf meine Ziele. Das hilft mir sehr.«

Sara wirkt nicht naiv, wenn sie vom Frieden spricht. Die Frau hat Pep und einen selbstbewussten Zug zum Tor. Seit ein paar Wochen reist sie in betroffene Regionen und besucht ehemalige FARC-Rebellen in den Gefängnissen des Landes. Sie bietet ihnen an, mit der Regierung im Friedensprozess zu kooperieren.

In den kommenden drei Monaten werde ich viele Einheimische treffen, die von den Gräueln der FARC aus nächster Hand zu berichten wissen. Viele wünschen ihnen Tod und Strafe und keine Zukunft in der Gesellschaft. Mit ihrem Engagement versucht Sara, auch die andere Seite zu verstehen.

»Die Ärmsten des Landes sahen ihre einzige Perspektive in den Guerillas. Man kümmerte sich um sie, gab ihnen Gewehre und sie begannen zu kämpfen. Jetzt, da viele ihre Waffen niederlegen, brauchen sie neue Perspektiven. Sonst geht alles von vorne los. Die Reintegration ist eine der größten Herausforderungen, vor denen Kolumbien steht«, sagt Sara, »doch ich glaube an die Veränderung. Ich glaube an den Frieden.«

Wenige Tage später prasselt der Regen auf die Scheiben des Omnibusses. Ein Wolkenbruch, wie ihn Medellín zu dieser Jahreszeit öfters sieht. Ich bin seit zwei Tagen in der Stadt und besuche eine Spanisch-Schule. Heute Abend bin ich mit Nicolás verabredet, einem jungen Mann, von dem ich kaum mehr weiß als seine Adresse, sein ungefähres Alter und dass er ein passionierter Gastgeber ist. Die Webseite *couchsurfing.org* verrät das über ihn, Nicolás hat über zweihundert Bewertungen von Gästen. Das ist eine Menge. Ich habe auf der Plattform meinen Aufenthalt in Medellín kundgetan und mein Interesse, Einheimische kennenzulernen. Nicolás hat auf mein Posting reagiert und mich zu sich eingeladen.

Ich läute bei einem Mehrparteienhaus in einer dunklen Gasse im Viertel Belen. Kurz darauf streckt eine ältere Dame ihren Kopf über das Balkongeländer im ersten Stock.

»A la orden?«, ruft sie herunter. Die kolumbianische Standardfrage, wenn man wissen möchte, wie man helfen könne. Sie wirft mir den Schlüssel zu.

»Encantado, soy Nicolás«, sagt der junge Mann im Rollstuhl und lächelt mich an. Der 38-Jährige besteht darauf, seine Sprache zu sprechen, obwohl sein Englisch deutlich besser ist als mein Spanisch. Damit ich lerne. Er korrigiert mich, wo er nur kann, erzählt mir von seinem Viertel und seinen Gepflogenheiten, möchte mir seine Kultur näher bringen. Er spricht in entspanntem, freundlichem Ton, eloquent und selbstbewusst. Schnell ist mir Nicolás sympathisch, er strahlt eine ansteckende Ruhe aus.

Das Aroma gegrillten Fleisches hängt in der Luft, im Hintergrund höre ich den Abendverkehr der Millionenstadt. Ich schiebe Nicolás durch die ruhigen Gassen von Belen, er zeigt mir sein Viertel. Kein touristischer Klimbim, nur das unaufdringliche Leben der Paisas, der Einheimischen. Nicolás hat viele Freunde hier, die uns freudig begrüßen. An einem Stand verkauft eine wohlgenährte Frau Empanadas, frittierte Teigtaschen.

»Nimm die 2.000 Pesos hier«, weist Nicolás mich an, »steck sie der dicken Frau dort in die Brusttasche und bestell bitte acht von ihren Empanadas. Vier sind für uns und vier bringst du Christina, der Dame auf der anderen Straßenseite. Sie arbeitet viel und soll von uns etwas zu essen bekommen.«

Deshalb ist Nicolás hier so beliebt. Ihm ist wichtig, dass es allen gut geht. Nicolás navigiert uns zu einer schmalen Stiege hinter Gittern, damit ich dort eine Flasche Ron de Caldas für uns kaufen kann. Dann flanieren wir an einem Lokal vorbei. Neonlicht scheint auf Plastiktische, die auf dem Gehsteig stehen. Aus den Lautsprechern tönt Vallenato. Wir setzen uns, Nicolás macht den Rum auf und mischt ihn mit Cola. Es ist kurz nach Mitternacht, der 25. März. Mein Geburtstag.

»Salud, Jacobo. Feliz cumpleaños!«

Mit jedem Glas, das wir heben, bringt mir Nicolas seine Mission ein Stück näher. Er, der selbst im Rollstuhl sitzt und von anderen abhängig ist, beglückt seine Mitmenschen mit einer Hingabe, die mir unter die Haut geht. Seit seiner Geburt leidet er an Muskeldystrophie. In einem Alter, wo Kinder normalerweise gehen lernen, blieb Nicolás sitzen.

»Ich kann mich nicht alleine duschen und brauche Hilfe, wenn ich von meinem Rollstuhl ins Bett möchte.«

Doch das hält den 38-jährigen nicht davon ab, eine große Vision zu verfolgen.

»Innerhalb der kommenden fünf Jahre möchte ich Kolumbien für Touristen mit körperlichen Einschränkungen barrierefrei machen. Die größte Autovermietung der Stadt hat kein einziges Auto, das mit einem Rollstuhl kompatibel ist. Ich kenne die Probleme gut und möchte sie lösen. Ich beginne mit meiner Heimatstadt Medellín und mache dann mit dem Rest des Landes weiter.«

Viel Arbeit, aber Nicolás ist ein Macher. Sein Reisebüro hat er schon gegründet, die ersten Erfolge auch schon eingefahren. Ich zweifle keine Sekunde daran, dass er schaffen kann, wovon er träumt.

Es ist bald zwei Uhr nachts. Das Hintergrundrauschen des Verkehrs ist leiser geworden und die Menschen auf der Straße weniger. Ebenso der Ron de Caldas in unserer Flasche.

»Hast du manchmal das Gefühl, dass das Leben unfair ist?«, frage ich Nicolás.

»Ja, natürlich, hin und wieder frage ich mich: Warum ich? Das passiert schon. Vor allem, weil viele der Meinung sind, als Behinderter könntest du keinen wirklichen Erfolg haben. Aber ich höre nicht auf sie. Ich wollte nie der arme, bemitleidenswerte Kerl sein. Stattdessen konzentriere ich mich auf meine Vision, auf mein *bigger picture,* das ich für mich erschaffen habe. Ich bin physisch schwach, ja, aber ich bin ein sehr guter Denker. Ich bin schnell, weißt du?«

»Was ist das Wichtigste, um erste Schritte zu gehen?«

»Du kannst tun, haben, erreichen, was immer du möchtest«, sagt Nicolás. »Aber wichtig ist, dass du deine Leidenschaft dafür findest. Du musst deine Stärken und Interessen mit einem höheren Zweck verbinden. Das lässt dich für deine Sache brennen und wirkt anziehend auf Menschen und Möglichkeiten – damit holst du dir in dein Leben, was du brauchst, um weiterzukommen. Wenn du in diesem Flow-Zustand bist, wirkt der Prozess nicht mehr wie harte Arbeit, eher wie eine Reise, in der du deinem Herzen folgst.«

Ich stehe kurz auf und strecke mich in den Nachthimmel. Nicolás rollt dazu, umarmt mich und beginnt dann, zu klatschen. Im Takt singt er *Cumpleaños Feliz,* sein ganzes Gesicht strahlt.

»Was hält dich jung?«, frage ich den 38-jährigen.

»Ich genieße das Leben. Wenn du glücklich bist, lächelst du. Wenn du lächelst, machst du andere Menschen glücklich. Dann lächeln auch sie.«

Ich sage nichts. Bestaune ihn nur. Wenigen Menschen bin ich bisher begegnet, die so glühen vor Lebensfreude wie Nicolás. Keiner von ihnen saß im Rollstuhl.

Um vier Uhr morgens ist die Flasche leer und ich schiebe Nicolás nach Hause. Einer, den ich seit acht Stunden kenne, hat mir zum Geburtstag eine neue Perspektive auf das Leben geschenkt. Oft habe ich meinen vermeintlichen Problemen oberste Priorität eingeräumt und andere vernachlässigt – nur, um dann festzustellen, dass meine Sorgen umsonst waren.

Nicolás gibt einer oft gehörten und grenzenlos wichtigen Lebensweisheit ein Gesicht: Nicht die äußeren Umstände entscheiden darüber, ob er glücklich ist oder nicht. Sondern alleine, was er aus ihnen macht.

Als wir in seinem Zimmer ankommen, zeigt mir Nicolás die Gästematratze unter dem Bett. Dann hat er noch eine Bitte.

»Ich muss dringend aufs Klo. Kannst du mir bitte die Hose aufmachen und mich begleiten?«

Ich schlucke und bringe mich in Position, frage zur Sicherheit nach, ob er das ernst meint.

»Nein, mein Lieber. Das kann ich zum Glück alleine.«

Ich freue mich. Er lacht.

Ins Bett kann Nicolás nicht alleine. Ich helfe ihm aus dem Rollstuhl und manövriere ihn auf seine Matratze, bis er bequem liegt. Dann ziehe ich ihm die Hose aus und decke ihn zu. Ich hüpfe aus meiner Jeans, lege mich hin, drehe mich um, decke mich zu. Bin glücklich und dankbar.

Für diesen Abend. Für meinen Geburtstag.

Für das Leben.

Ich möchte eine Woche in Medellín bleiben. Die Spanisch-Schule, die ich kurz vor meiner Ankunft im Internet gefunden habe, liegt im hippen Ausgehbezirk El Poblado. Das passt. Spanisch lernen, mich herumtreiben, ein paar Partys feiern, dafür soll nun Zeit sein. Mehr Pläne brauche ich nicht.

Anfang der Neunzigerjahre war die Chance, in Medellín umgebracht zu werden, fast zehnmal so hoch wie bei einem Verkehrsunfall zu sterben. Als Pablo Escobar die Stadt regierte, war sie die gefährlichste auf dem Planeten. 20 Jahre nach seinem Tod, im Jahr 2013, kürt das Urban Land Institute Medellín zur innovativsten Metropole der Welt. Wer hier mit wachem Blick durch die Straßen schlendert, spürt den Aufschwung.

Mit ein Grund dafür ist das öffentliche Verkehrsnetz, das für viele südamerikanische Städte Modell steht beziehungsweise hängt. Eine ältere Dame in der Metrocable, der Seilbahn zwischen Zentrum und Armenviertel: »Früher brauchte ich zwei Stunden in die Stadt und musste am Heimweg den steilen Berg hinauf. Als sie uns die Seilbahn gebaut haben, sind viele hier zum ersten Mal in ihrem Leben ins Zentrum gefahren.«

Die vier Linien der Metrocable sind eines der Aushängeschilder Medellíns, weil sie den Unterprivilegierten Chancen bieten, am Stadtleben teilzuhaben und Jobs anzunehmen, die für sie einst nicht erreichbar waren.

Rushhour am Metro-Bahnsteig. Hunderte warten Schulter an Schulter auf den nächsten Zug, Dutzende drängen die Stiegen herunter. Als der Zug einfährt und die Türen aufgehen, fallen ein paar heraus, so voll ist die Garnitur. Noch mehr Leiber drücken in den Waggon, irgendwann werde ich über den Türspalt geschoben. Links von mir atmet mir einer ins Ohr und an meinem rechten Oberarm klebt eine betagte Señora. Jetzt, die Überraschung. Keine genervten Blicke, nein, die Menschen lachen, schmunzeln über die Gesamtsituation, scherzen mit dem Nachbarn. Als wäre es ein Segen, drei Füße auf fünf Zehen stehen zu haben. Weil mindestens einer die Lichtschranke versperrt, geht die Türe wieder auf. Wieder zu. Wieder auf. Siebenmal, ich habe mitgezählt. In Wien gäbe es Amokalarm. Hier jammert keiner. Contenance, soweit mein Auge reicht. Ich bin Österreicher, so etwas kenne ich nicht.

Besuch des Stadtteils Santa Elena. Wer hier lebt, besitzt wenig. Kleine Häuser aus Ziegelsteinen, dazwischen Hütten aus Holz und windschiefe Dächer mit Löchern. Geschäftiges Treiben erfüllt die Straßen. Hühner gackern, Kinder spielen, aus einem scheibenlosen Ziegelfenster wummert spanischer Hip-Hop, einer putzt penibel sein Motorrad. Ein anderes Medellín, das ich hier kennenlerne. Die verwirrten Blicke der Menschen verraten mir, dass das nicht viele Gringos tun. Durch meinen Kopf schwirren Gedanken über Sicherheit in Vierteln wie diesen. Ich versuche, das Eis zu brechen. »Hola, buenas«, das taugt. Jetzt lächeln sie, grüßen zurück, sichtlich erfreut über die Geste. Ich habe mir ein paar Dinge angewöhnt, wenn ich in einer fremden Millionenstadt unterwegs bin. Wie verloren auch immer ich bin, ich versuche, es mir nicht anmerken zu lassen. Kein Google Maps, kein Handygetippse auf offener Straße, erst im nächsten Café oder Supermarkt. Fühle ich mich unwohl, versuche ich, mit den Menschen in Kontakt kommen. Ein Lächeln oder ein Hallo können viel bewirken. Innen und außen.

Ein Mann Mitte fünfzig lehnt an einem halb so alten Auto. Das Leben sei gut hier, erzählt er mir.

»Es ist einfach, aber ich mag es so.«

Ich erfahre, dass viele Bewohner hierher geflohen sind. Sie waren Bauern am Land, aber der Konflikt und die blanke Angst ums Leben hat sie in die Slums der Städte getrieben. Das gute Leben, eine Frage der Perspektive.

Natürlich, ein Nachmittag reicht nicht im Ansatz aus, um tief genug zu graben. Ich möchte mir kein Urteil darüber erlauben, wer hier glücklich ist und wer nicht. Doch ein paar Gedanken, das schon.

Wer hier lebt, hat nicht viele Möglichkeiten. Keine Karrieren, keine Reisen, keine Flatscreens. *La vida es como es* – und viele scheinen das akzeptiert zu haben. Vielleicht ist das der Grund, warum das Leben hier nicht schwer wirkt, sondern seinen Lauf nimmt wie überall sonst.

Ich denke an zu Hause, an Österreich, an eines der reichsten Länder der Welt. Ach, was können wir raunzen, überfordert von den mannigfachen Möglichkeiten. So viele Ellbogen, so viel Stress, so viel Seelenleid.

Einer, der genug davon hatte, ist Christian Robinson. Der 36-Jährige war einmal Fernsehproduzent in Hollywood, hat ein sechsstelliges Jahresgehalt verdient und eine Zeit lang für Michael Jackson gearbeitet. Vor wenigen Wochen hat er mit seinem Hund Gavin in Medellín seine Spanisch-Schule eröffnet, wo ich den US-Amerikaner kennenlernen darf.

»Ich habe völlig nutzlose Fernsehserien produziert, seichte Unterhaltung, die die Amerikaner verblödet. Zum Schluss produzierte ich für den Rapper Tiger, der das Sinnbild ist für Amerikas Besessenheit von Konsum und Reichtum. Da habe ich realisiert, dass ich nichts tue, was der Menschheit weiterhilft.«

Christian kündigt seinen Job, bricht seine Zelte in Hollywood ab und macht sich auf die Reise. Er landet in Kolumbien und verliebt sich in die spanische Sprache.

»Ich habe zuerst alles nur oberflächlich erlebt, wie ein Tourist eben, der von den Menschen und ihrer Kultur nicht viel versteht. Hier spricht eben kaum einer Englisch.«

Weil er tiefer graben wollte, besucht er eine Spanisch-Schule, statt zwei Tage bleibt er sechs Wochen.

»Auf einmal konnte ich in der Kultur schwimmen, anstatt nur im Strudel herumzutreiben. Ich wurde belohnt mit persönlichen Geschichten, mit Wertschätzung und Respekt und berührenden Erfahrungen. Das hat meine Beziehung mit der Welt gestärkt.«

Vor drei Wochen hat Christian seine *Blink Spanish School* gegründet. Ich bin einer seiner ersten Gäste, darf hautnah erleben, wie ein Mutiger seinen Traum verwirklicht.

»Ich kann die Welt nicht reparieren, aber ich kann sie kleiner und zugänglicher machen, indem ich das Geschenk der Sprache mit anderen teile. Indem ich ihnen Spanisch beibringe, öffnen sich ihre Türen zu einer Welt, in der über 400 Millionen Menschen leben. Das ist eine gute Sache.«

Christian erschafft hier mehr als eine Spanisch-Schule, vielmehr eine Community aus Weltoffenen mit dem gemeinsamen Ziel, ihr Spanisch zu verbessern. Emanuel, mein Lehrer, über seinen Job bei *Blink:*

»Christian beteiligt uns am Erfolg. Je mehr Geld die Schule verdient, desto mehr Geld verdienen wir, wir wachsen mit. Ich liebe meinen Job hier.«

Ein halbes Jahr später wird Christian ein Foto posten – er und gut drei Dutzend Menschen stehen vor dem Eingang von Blink. Seine mit Herz und Hingabe geführte Schule badet im Erfolg.

Meine raschen Fortschritte mit Spanisch motivieren mich, statt einer Woche bleibe ich drei in Medellín. *Blink* ist gleichzeitig ein Hostel, da wohne ich. Eine Combo aus drei Schwedinnen, zwei US-Amerikanern und mir formiert sich. Tagsüber sitzen wir in den Klassen, abends ziehen wir um die Häuser, gut betankt mit Bier und Aguardiente, dem viel gerühmten kolumbianischen Anisschnaps. Rustikale Technoclubs, durchzechte Nächte, wir feiern, als ginge es um nichts. Raubbau an meinem Körper, doch solchen Gedanken schenke ich dieser Tage nur wenig Aufmerksamkeit. Mehr davon den Frauen Medellíns.

Bald bekomme ich die Rechnung für meinen ausufernden Hedonismus präsentiert. In meiner letzten Woche in Medellín schlafe ich viel und komme schwer aus dem Bett. In den *clasés* kann ich mich kaum konzentrieren und meine Hausaufgaben erledige ich nur sporadisch. Außerdem macht sich eine seltsame Leere breit in mir. Ein Loch, das ich mit den oberflächlichen Wonnen des Reiselebens so vergeblich zu stopfen suche. Ein Ego, das immer mehr will, aber gegen Befriedigung immun ist.

Morgen verlasse ich Medellín in Richtung Süden. Ein letztes gemeinsames Abendessen mit Christian.

»So viele Menschen haben große Träume, aber fühlen sich in Jobs gefangen, die sie nicht glücklich machen«, sagt er. »Nur damit sie ihre Rechnungen bezahlen können. Das ist ein Hamsterrad, aus dem man schwer herauskommt.«

Ich werfe ein, dass mit vollen Hosen gut stinken sei. Wir beide können unsere Rechnungen bezahlen und haben trotzdem den finanziellen Freiraum, uns selbst zu verwirklichen. Er durch eine Spanisch-Schule, ich durch eine Weltreise. Diesen Freiraum könne man sich aber eben auch erarbeiten, meint Christian.

»Lebe minimalistisch mit einem größeren Plan im Hinterkopf. Anstatt des teureren Autos, kaufe das ältere. Erschaffe dir ein System mit weniger Verbindlichkeiten und mehr Möglichkeiten, Geld zu sparen. Dann wirst du mehr und mehr Freiraum bekommen, um das zu tun, was du wirklich willst. Willkommen auf dem Highway zum Glück.«

Wie auf einem Highway brettert am nächsten Morgen auch der Busfahrer die enge Serpentinenstraße hinauf. Energisches Gas geben, geschicktes Bremsen, sportlich tritt der Mann den klapprigen Kleinbus nach Salento, in die *zona cafétera*. Er überholt bergauf, eine Kehre in heikler Distanz. Ein Schild macht auf eine *curva peligrosa* aufmerksam, eine gefährliche Kurve. Kommt einer entgegen, fahren wir auf dritter Spur, wo für zwei kaum Platz ist. Wie von Zauberhand geht es sich immer irgendwie aus.
Nachtbusse haben ihre Vorteile. Ich spare mir die Unterkunft und wenn ich schlafe, vergeht die Zeit schneller. Doch nie erfahre ich,

was ich an Geschenken verpasse, wenn ich durch die öde Dunkelheit rausche. Nein, bei helllichtem Tag möchte ich reisen, will sehen, was vorbeizieht. Die Kuh am Straßenrand, das satte Grün der Berge, über 2.500 Meter hoch und bis auf die Gipfel dicht bewachsen. Am Horizont verschwimmt ihre Silhouette mit der Atmosphäre. Malt die Natur wie hier, ist der Nachtbus kriminell.

Hugo aus Pereira hat 20 Jahre als Taxifahrer in New York gearbeitet. Beim Höllenritt nach Salento sitzt er neben mir. In jedem dritten Satz verwendet er ein aufgeregtes »Damn«, eher als Füllwort denn als Ausdruck seiner Ergriffenheit. Auch Hugo glaubt nicht an den Frieden mit den Guerillas, bezeichnet Santos, den Friedensnobelpreisträger, als Lügner. Ich stelle ihm eine Frage, die mich beschäftigt, seit ich vor fünf Wochen in Kolumbien gelandet bin:

»Warum sind Kolumbianer trotz ihrer schweren Geschichte so lebensfroh, so glücklich?«

»Wir können sehr schnell vergessen, wenn etwas schlecht war«, sagt Hugo, »wir machen einfach weiter.«

In einem Salsa Club in Salento. Ich bin mir nicht sicher, wie der Tanz heißt, zu dem hier sechs Paare die Hüften schwingen und frage den schon sichtlich beduselten jungen Mann neben mir an der Bar. »Merengue«, sagt er im ersten Atemzug. Im zweiten: »Cocaina? Marihuana? Hooking?«

Drogen und Prostituierte, auch das ist Kolumbien.

Auf dem Weg nach El Crucero, zur Farm von Marlyn. Eine Frau, über die ich nichts weiß, außer, dass sie sonntags ihre Ernte herschenkt und dem Mailverkehr nach nett sein dürfte. Ich habe Marlyn über die Plattform *workaway.info* gefunden. Wer sich für Arbeit gegen Kost und Logis interessiert, findet dort tausende Angebote aus aller Welt. Ich sitze auf dem Beifahrersitz von Riccardo, dem Mann von Marlyn. Er hat mich von der Bushaltestelle abgeholt, jetzt geht es im Pickup den Berg hinauf – Seehöhe rund 3.000 Meter.

Ein schwarzer Hund läuft uns seit der letzten Ortschaft voraus. Der sportliche Vierbeiner gehört zum Inventar und bringt uns die vier Kilometer bis zum hölzernen Einfahrtstor. Ein Feldweg führt hinauf zum Haus, vorbei an Kühen und Schafen. Marlyn begrüßt mich mit herzhaftem Lächeln, weißem Wollponcho und einer Umarmung. Das Haupthaus ist eine liebevolle Komposition aus rotem Kachelboden, einem Holzdach, warmen Farben an den Wänden und lichtdurchfluteten Räumen. Viele Pflanzen stehen umher, es riecht nach Natur. Dazu eine weiße Couch und eine selbstgebaute Bar aus Steinen.

Ich beziehe meine Kemenate, die 200 Meter abgelegen liegt, im Haus der *voluntarios.* Fast jede Woche beherbergt Marlyn hier Freiwillige, die für Essen und Erfahrung anpacken. Momentan bin ich der Einzige, eine Woche will ich bleiben. Volunteering ist nicht nur eine hervorragende Möglichkeit, um beim Reisen Geld zu sparen. Sondern vor allem, um Einheimische kennenzulernen und ein paar Schichten tiefer ins Land zu reisen.

Heizung gibt es in den fahlen Gemauern keine. Ich spüre schnell, dass die 14 Grad Tageshöchsttemperatur mit meinem Sommergepäck nur bedingt kompatibel sind.

Der Hahn kräht im Minutentakt, Schafe blöken ihm hinterher. Blumen wachsen aus recycelten Toiletten, Gummistiefeln und Reifen. Dutzende Gemüsebeete stehen in der Organic Food Factory verteilt. Die Idee dahinter: Marlyn baut Gemüse im Stile der Permakultur an, pflegt es mit rein natürlichen Düngern und verschenkt die Ernte an Menschen in der Region – jeden Sonntag ein Gemüsebazar. Das geht, weil ihr Mann Riccardo im Wirtschaftsministerium arbeitet und das Geld nach Hause bringt. Doch Marlyn arbeitet an einem Geschäftsmodell und will ihr Gemüse an Top-Restaurants verkaufen, um ihr Herzensprojekt zu finanzieren. Dazu gehören kostenlose Workshops, in denen sie zum Beispiel herzeigt, wie einer knackiges Essen in Plastikflaschen züchten kann.

»Wir pflanzen nicht nur Samen in Flaschen, sondern auch in Köpfen«, sagt die 54-Jährige. Viele hier würden hektarweise Land besitzen, doch meistens liege es brach.

Das habe mit der Kultur zu tun, sagt Marlyn. Landwirtschaft habe noch immer das Image der Armen. Wer zur Mittelschicht gehören will, pendelt zur Arbeit in die Städte. Dadurch gehe das enorme Potenzial der fruchtbaren Böden verloren, die es in der Region Ovejeras gibt. Doch die Kultur zu ändern sei die größte Herausforderung für Marlyn. Wie setzt man Ideen um, die noch nicht greifbar sind?

»Lass Ideen nicht in deinem Kopf sterben«, sagt Marlyn. »Erwecke sie zum Leben, gib ihnen eine Form mit deinen Händen. Denk nicht zu viel darüber nach, tu es einfach. Dann werden deine Ideen immer größer und daraus schöpfst du neue Kraft für die nächsten Schritte.«

Nachts im Schlafsack, mit Stirnlampe, lese ich noch ein paar Seiten. Von draußen quakt ein Froschkonzert herein, dutzende müssen es sein. Die Hausherrin hat mir erzählt, sie seien die ersten Tiere, die an Chemie im Boden sterben würden. Hier nicht, hier lebt Marlyn.

Als ich das Licht abdrehe, spüre ich die Einsamkeit im kalten Steinhaus. Wehmut schwingt mit. Länger nicht mehr hatte ich dieses Gefühl, die Ablenkungen von Medellín haben es verdrängt. Jetzt wirkt das Alleinsein unvertraut, fast seltsam. Doch ich kann in der Stille eine delikate Energie wahrnehmen, die ich nicht einzuordnen vermag. Als liege in der Einsamkeit eine geheimnisvolle Kraft verborgen. Wenn ich sie nur zu heben wüsste.

Noch etwas fällt mir auf: Ich habe mich von Naomi entfernt. Die bunte Sonnenbrille, durch die ich das Traummädel sah, muss mir irgendwo im kolumbianischen Trubel heruntergefallen sein. Gedanken an sie schleichen sich seltener herein. Nicht mehr so penetrant, eher abgeklärt. Loslassen, das Zauberwort. Ich glaube, jetzt darf ich.

Der Hahn kräht um 5:30 Uhr, die Kälte kriecht in meinen Schlafsack. Umdrehen, einkuscheln, weiterdösen bis zum Wecker um acht.

Hinaus in die Dusche, Warmwasser gibt es keines. Doch die Sonne, die den Berggipfel hinter dem grünen Hügel umarmt, wärmt zumindest die Gedanken.

Beim Mittagessen sprechen Riccardo, Marlyn und ich über Kolumbien. Über die Hauptstadt Bogotá, in die Riccardo täglich drei Stunden pro Richtung pendelt. Und die 32 *departamentos,* die Provinzen, mit ihren jeweils eigenen musikalischen Traditionen und Tänzen, ja, selbst die Aguardientes schmecken unterschiedlich. Das erklärt die Vielfalt, die der Reisende erleben darf, wenn er sich dem Land hingibt. Auch hier wieder meine Frage nach dem Glück. Riccardo:

»Wir Kolumbianer nehmen die Dinge nicht so ernst, deshalb sind wir glücklich. Und natürlich, wir haben eine sehr lange Küstenlinie. Du kannst nicht lange traurig sein, wenn du das Meer siehst.«

Von Marlyn höre ich – wie von anderen zuvor – dass die kolumbianische Kultur des Vergessens eine große Rolle spiele. »Ein Volk ohne Gedächtnis«, nennt sie es. Die martialische Vergangenheit soll die Gegenwart nicht mehr terrorisieren, verstanden. Aber wie kann ein Volk dann je davor gefeit sein, dass sich die Hölle auf Erden wiederholt? Himmel, mögen die Österreicher nur ja niemals vergessen, was ihre Vorfahren im Zweiten Weltkrieg angerichtet haben.

Zurück bei der Arbeit. Meine Hände matschen in braunem Schlamm und modellieren leere Whiskyflaschen in die Wandlöcher der Außentoilette. Fenster sollen das werden. Der Dreck riecht seltsam, doch ich denke mir nichts dabei. Später kommt Marlyn vorbei und begutachtet meine Arbeit. Ich frage sie, woher die Patsche denn seine Festigkeit bekomme.

»Mierda de los burros«, sagt sie. Eselscheiße.

Ich klatsche einen Klumpen an die Wand und lache. Es ist mein letzter Tag auf der Farm, der 22. April, internationaler Earth Day. Ein Tag zu Ehren von Mutter Erde und eines respektvollen Umganges mit unserem Planeten. Für Marlyn ein Feiertag. Als wir einander zum Abschied umarmen, weiß ich nicht, ob ich sie jemals wiedersehen werde. Aber ihre Liebe zur Natur darf ich mitnehmen.

Szenenwechsel auf die dreckige Straße. Drei Tage später darf ich ein Filmteam in Bogotá begleiten. Vier Polizisten und ein bewaffneter Sicherheitsmann bewachen die Dreharbeiten. Wir sind in Las Cruzes, einem der dunkleren Viertel der Hauptstadt. Auf dem Weg hierher hat mir der Taxifahrer geraten, das Fenster zu schließen und die Türe zu verriegeln. Noah aus den Staaten und seine Crew drehen eine Dokumentation über die Reintegration von ehemaligen FARC-Rebellen in die kolumbianische Gesellschaft, ein Schlüssel im Friedensprozess. *Strangers to Peace* wird die Independent-Produktion heißen.

»Ich möchte mit meinem Film einen Weg zurück zur Menschlichkeit gehen«, sagt Noah, »indem ich beide Seiten des Konflikts zeige und Perspektiven, die viele sonst nicht sehen würden. Mit dieser Doku verdienen wir zwar kein Geld, aber wir haben die Chance, mit unseren Leidenschaften einen Beitrag im Friedensprozess zu leisten.«

Hinter einem hohen Gitterzaun werfen sich Schulkinder in blauer Uniform Bälle zu, davor steht ein Bewaffneter zum Schutz. Vor zwölf Jahren hat auch der Hauptdarsteller des heutigen Tages hier Ball gespielt. Er sieht sympathisch aus, trägt eine dunkelgrüne College-Jacke und eine Hornbrille. Ein unscheinbarer junger Mann. Ricardo war gerade einmal 14, als sein Lehrer feststellte, wie klug er ist und ihn mit linkspolitischen Büchern für die Ziele der FARC sensibilisierte. Einigen war Ricardo zugetan, der Forderungskatalog liest sich durchaus anständig: Die Bürger sollen mehr Mitbestimmungsrechte bekommen, die Armee soll keine innenpolitischen Funktionen wahrnehmen und die Wirtschaft vor ausländischer Konkurrenz geschützt werden. Für Ricardo klang das nach einer Perspektive. Dass die FARC ihre Ziele mit Morden, Entführungen und Drogengeschäften durchsetzen würde, wusste Ricardo noch nicht. Damals, als ihn sein Lehrer in die Guerillabande rekrutierte.

Heute ist Ricardo 26 Jahre alt, die FARC hat er vor ein paar Jahren verlassen. Er ist einer der wenigen, der über seine Erfahrungen spricht. Zu groß ist die Angst vor Hass und Ächtung. Auch Ricardo merke ich seine Anspannung an. Doch er möchte wieder gut machen, was er verbockt hat und engagiert sich bei der ARC, der kolumbianischen Agentur für Reintegration. Will anderen helfen, zurückzufinden. Nebenbei studiert er Geographie und möchte bald unterrichten, es besser machen als sein Lehrer vor zwölf Jahren.

Noah und sein Team haben eineinhalb Monate daran gearbeitet, um den heutigen Dreh mit Ricardo realisieren zu können. Hier ist Passion am Werk. Tags darauf treffe ich den Enthusiasten in seinem Produktionsbüro, im Kinderzimmer seiner kolumbianischen Freundin. Die Wände sind voll mit Storyboards und Post-Its. Die Arbeit an *Strangers To Peace* habe ihm das lohnendste Jahr seines Lebens geschenkt, das er für nichts in der Welt eintauschen würde. Dann schenkt er mir noch etwas: Worte, gefühlvoll aneinandergereiht.

»Believing in yourself can be scary. Believing in a project can be scary. Taking that first step to turn that into a reality can be terrifying. But once you cross the threshold of the doubt in your mind, that momentum keeps carrying you until that idea becomes a reality.«

Tanzen ist ein Gespräch zwischen Körper und Seele. Wann immer Menschen zu Salsamusik die Hüften schwingen, schwingt Lebensfreude mit. Salsa ist in Kolumbien ein Teil der Kultur und Cali gilt als seine Hauptstadt. Eine Woche werde ich hierbleiben, um mehr darüber zu erfahren. Kinder tanzen in Cali, bevor sie gehen können und die Chicos performen wie Götter, pfeilschnell und akrobatisch, mit viel *emoción y pasión*. Die Frauen in den Clubs stehen Schlange, um von ihnen übers Parkett gewirbelt zu werden. Es ist eine Freude, dabei zuzusehen. Ich habe einmal in Wien ein paar Kurse besucht, kann den Grundschritt und ein paar Drehungen. Das ist in einem kolumbianischen Salsaclub in etwa so, als stünde man auf einer Formel-1-Rennstrecke und hat gerade herausgefunden, wie man den Motor startet. Doch Vergleiche mit anderen haben noch nie zu mehr Seelenfrieden beigetragen, schon gar nicht bei Cali-Style Salsa. Ich nehme ein paar Privatstunden, möchte eintauchen, den Viervierteltakt am eigenen Leib spüren. Es nötigt mir eine gehörige Portion Selbstbewusstsein ab, eine Kolumbianerin auf die Tanzfläche zu bitten, die gerade mit einem der Traumtänzer zugange war. Ich helfe ihren Zehen aus dem siebten Salsahimmel direkt zwischen den harten Boden und meine Füße. Ihr Staunen über die beeindruckend komplizierten Figuren von Don Salsa ist einem höflich fragenden Blick gewichen. Es kommt vor, dass ich meine Tanzpartnerin für zwei Takte mit einem ratlosen Gesicht stehen lasse und erst selbst wieder in den Rhythmus finden muss, bevor ich zur nächsten Drehung stolpere. Doch die Mädels sind geduldig, übernehmen zuweilen die Führung, korrigieren meine Schritte und lachen viel.

1 Uhr nachts, einer der Begabten beginnt, irrwitzig schnelle Fußbewegungen zu machen. Das Licht geht an, hinter ihm formiert sich eine Reihe und kopiert die Schritte. Ich stehe zufällig daneben und klinke mich ein. Drei Augenblicke später tanzen rund 40 Leute nach, was der Salsero vortanzt. Der ganze Club schwitzt, und für ein paar Minuten gehören hier alle zusammen.

Die Worte eines Uber-Fahrers in Bogotá fallen mir ein. Wie so vielen anderen im Land habe ich auch ihm die Frage nach dem Glück der Kolumbianer gestellt.

»Wir haben unsere Familien. Wir haben Aguardiente. Und wir haben Salsa.«

Schön wird etwas erst im Kopf. So zart. So leise. Alte Socken und schmuddelige Shirts hängen an einer Wäscheleine. Hunde laufen herum. Es riecht nach feuchten Wänden und wenn die Brise aus der falschen Richtung kommt, auch nach Urin. Ramiro, der 66-jährige Hausherr, zeigt mir die kümmerlichen Gemäuer seines gemieteten Heimes. Vorbei an einer Kammer, die kaum größer ist als das Bett, das darin steht. Darauf liegt ein alter Mann auf fleckigen Bettlaken, er kann sich kaum bewegen. Ramiro stellt ihn mir als Jesús vor, »mi niño mas viejo«, sein ältestes Kind. Er setzt sich zu dem 98-jährigen, streicht ihm über die Hand und fragt ihn, ob er etwas brauche.

Wir sind in Chinchiná im Westen Kolumbiens. Kein bekannter Ort, für Touristen gibt es hier nichts zu sehen. Als Ramiro 27 war, erkrankte sein Vater schwer. Zu der Zeit war Ramiro als Krankenpfleger in einem Spital in Bogotá beschäftigt. Er kündigte, kehrte nach Hause zurück und kümmerte sich um seinen *padre*. Doch er musste auch Geld verdienen, versah Dienst als Heimpfleger, konnte nicht ständig bei ihm sein. Damit sein Vater nicht alleine war, begann Ramiro, Obdachlose von den Straßen und Parks aufzusammeln und schenkte ihnen ein Dach über dem Kopf.

Sein Vater ist seit 13 Jahren tot. Ramiro, längst ergraut, mit Halbglatze und Kummermiene, betreibt sein Altersheim für die Ärmsten immer noch – seit nunmehr 36 Jahren.

»Anderen zu helfen ist meine Leidenschaft«, sagt Don Ramiro, wie er hier liebevoll genannt wird. Das Pflegeheim wurde zu seiner Lebensaufgabe. Zwölf Menschen betreut er hier, der Jüngste ist 60, der Älteste ist Jesús mit 98.

»Manche wurden von ihren Familien verlassen«, erzählt Ramiro, der Herzensgute. »Andere waren schon lange alleine. Die meisten wurden von der Polizei aufgegabelt, übrig gelassen vom Leben, halbtot auf der Straße.«

Ramiro ist selbst einer, der nicht viel hat. Für die Miete seines Hauses, das Essen für seine Bewohner und Medikamente hat er monatlich umgerechnet 150 Euro zur Verfügung. Das ist selbst in Kolumbien ärmlich, reicht meistens nur bis zur Monatsmitte. In der zweiten Hälfte ist er auf Spenden angewiesen.

»Schon oft war es knapp«, erzählt Ramiro. »Doch dann, kurz bevor uns das Essen ausgeht, bringen Nachbarn etwas vorbei oder wir bekommen plötzlich Spenden. Es ist ein Wunder, dass wir es bis hierher geschafft haben und ich bin unglaublich dankbar für all die Unterstützung.«

Von der Regierung bekommt er keine. Alles, was sie für ihn übrig hatten war eine kleine, blaue Medaille. Das Ehrenabzeichen für besondere Verdienste hängt an der Wand. Kolumbien kennt kein Sicherheitsnetz, das die Armen auffängt. Keine Mindestsicherung, keinen Staat, der sich kümmert. Nur Menschen wie Ramiro. Ramiro selbst hat gesundheitliche Probleme, die Jahre der Hingabe haben ihre Spuren hinterlassen. Er hat Angst vor dem Sterben. Nicht wegen des Todes, sondern wegen seiner *niños.*

»Meine größte Angst ist es, dass sich niemand mehr um sie kümmert, wenn ich tot bin.« Ramiro beginnt zu weinen. »Wenn sich niemand bereit erklärt, die Miete zu bezahlen, dann landen sie allesamt wieder auf der Straße. Dann sterben sie mit mir.«

Ramiro ist ein Engel, der Himmel in Menschenform. Treffender kann ich diesen Mann nicht beschreiben.

Ramiros Geschichte berührt mich so tief, dass ich nicht einfach weiterziehen möchte, als wäre nichts passiert. Nein, ich will etwas beitragen, etwas zurückgeben. Ich starte eine Online-Spendenkampagne. Wenige Monate später werden 39 Menschen knapp 2.000 Euro gespendet haben, die ich auf das Konto von Ramiro überweisen darf. Eine weitere Frau wird alleine über 1.000 Euro geben. Zusammen werden wir Ramiros Gesamtausgaben für das Jahr 2018 decken. Der Erfolg der Kampagne wird mich mit tiefer Dankbarkeit und Glückseligkeit erfüllen.

Wer sich mit der Philosophie des Glücks beschäftigt, landet bald bei Aristoteles: »Glück ist das Einzige, das wir um seiner selbst willen tun. Alles andere tun wir in der Absicht, glücklicher zu werden.«

Er sagte auch, Glück sei weder Gefühl noch goldenes Versprechen, sondern tägliche Praxis.

Ist das Glück nun also Reise oder Ziel? Oder gar beides? Ich frage mich: Wie viel Aufmerksamkeit dürfen wir dem Glücklicher-Werden zukommen lassen, ohne darauf zu vergessen, wieviel Glück wir schon haben? Nach fast drei Monaten in Kolumbien, unzähligen Bekanntschaften und dutzenden Gesprächen zum Thema, bin ich ein klein wenig klüger geworden. Ich wage eine Zusammenfassung und begebe mich auf das rutschige Parkett der Stereotypisierung, wissend, dass meine Beschreibungen auf viele Menschen in Kolumbien nicht zutreffen. Weil sie bitterarm sind und ihre Existenzen bedroht sind. Oder weil ihnen der brutale Konflikt die Liebsten geraubt hat.

Kolumbianer sind gut darin, das zu genießen, was sie haben. Sie sind dankbar für die Familie, die Musik und den Tanz. Immaterielle Werte, mit Leidenschaft gelebt. Das Land sprüht nur so vor Frohsinn und lädt zum Nachmachen ein. Ich kenne kein anderes Volk, das Fremden gegenüber so freundlich und hilfsbereit ist. Sie teilen, was sie haben. Ihre Zeit, ihren Aguardiente, ihre Liebe zum Leben

Folgen wir dem Konzept der vier Ebenen des Glücks von Robert Spitzer. Es spricht mich an, weil es mit meinen persönlichen Erfahrungen harmoniert.

Die erste Ebene, die niedrigste, können wir durch externe Reize und materiellen Besitz erreichen – ein kurzlebiges Vergnügen mit wenig Tiefgang. Erinnerungen an meinen Hedonismus werden wach, an Partys und Konsum.

Die zweite Ebene ist die Befriedigung des Egos. Besser, stärker, reicher zu sein als andere. Wer einen Wettkampf gewinnt oder befördert wird, darf diese Form des Glücks empfinden. Daran ist im Grunde nichts Schlechtes, nur der ständige Vergleich mit anderen kann zu Frustration und Minderwertigkeit führen. Vor allem dann, wenn man scheitert. Wer es auf die Spitze treibt, riskiert Eifersucht, Zynismus und Selbstverherrlichung.

Nummer drei, jetzt wird es nachhaltiger: Das Glück, das entsteht, wenn man anderen Gutes tut, Menschen hilft und mit seinen Handlungen die Welt ein Stück besser macht. Es entstammt dem zutiefst menschlichen Bedürfnis nach Verbundenheit, Mitgefühl und Liebe. Es lässt sich wohl eine Parallele ziehen zwischen der Hilfsbereitschaft der Kolumbianer und ihrer Lebensfreude. Ramiro, Marlyn, Christian, Nicolás, Sara – sie alle haben ihre Leidenschaften gefunden und sie in den Dienst der anderen gestellt. Sind sie immer glücklich? Sicher nicht, doch sie haben einen höheren Sinn im Leben gefunden, der ihnen Momentum gibt und Kraft für die Durststrecken.

Die vierte Ebene, das höchste aller Glücksgefühle, hat einerseits mit der richtigen Balance der ersten drei zu tun – und ist andererseits noch viel mehr. Dieser ultimativen Glückseligkeit kommt näher, wer sich auf die Suche macht nach Fülle und Vollkommenheit. Psychologen, Philosophen und spirituelle Lehrer beschreiben es als tiefe Verbindung zum größeren Ganzen. Ein Glückslevel, das jenseits von gegenständlichen Erfahrungen liegt, hinter der Grenze des Verstandes und der weltlichen Wahrnehmung. Manche erreichen es durch Spiritualität oder Religion, andere durch Kunst oder Philosophie. Hier gibt es keine definitive Antwort. Hier darf jeder seine eigene finden.

Es muss diese Ebene des Glücks sein, die Aristoteles meinte, als er schrieb: »Glück ist der Sinn und die Bestimmung des Lebens, der gesamte Zweck und das Endziel der menschlichen Existenz.«

Das alles klingt mir zu esoterisch, zu weit weg von meiner Realität. Doch ich verspüre eine neue Offenheit in mir, eine Neugier gegenüber dem Unerklärlichen. Was in Gottes Namen meinte Aristoteles?

DANKBAR SEIN

Deinen Fokus auf Dankbarkeit zu richten, ist eines der mächtigsten Dinge, die du für dein Lebensglück tun kannst – es verändert den Blick auf deine Welt. Mit dieser Übung beginnst du, aktiv nach jenen Elementen zu suchen, die du schätzt. Das kann ein starkes, positives Gefühl in dir erzeugen, das vermehrt Schönes in dein Leben zieht.

Besorge dir ein hübsches Notizbuch und schreibe jeden Morgen auf, wofür du dankbar bist – abends geht natürlich auch. Konzentriere dich auf die kleinen Dinge und schreibe so viel auf, wie dir einfällt. Ein gutes Gespräch mit einem Freund, ein Fremder, der aufmerksam die Türe aufgehalten hat, die Qualität des Kaffees, den du heute getrunken hast. Ein sonniger Tag. Ein verregneter Tag. Dein Partner. Dein Hund. Oft sind wir so getrieben davon, mehr zu erreichen, dass wir vergessen, was wir schon haben.

Mit dieser Übung trainierst du dein Bewusstsein, das Schöne in deinem Leben wahrzunehmen. Je länger du das praktizierst, desto leichter wird es dir fallen. Wichtig: Hier geht es nicht darum, mit Gewalt zu honorieren, was du nicht magst. Auch nicht um die Denkweise, anderen ginge es schlechter und man solle mit dem glücklich sein, was man hat. Nein, hier geht es darum, die Aufmerksamkeit auf das zu lenken, das du tatsächlich zu schätzen weißt. Das Aufschreiben ist nur ein Werkzeug. Das Wichtigste ist, dass du die positiven Gefühle wahrnimmst, die dahinter liegen. Sieh die guten Dinge und du wirst mehr gute Dinge sehen.

25. MAI BIS 23. JULI 2017

KAPITEL 7

STROMABWÄRTS IN EINE ANDERE WELT

MIT SCHAMANEN IM URWALD UND KÜHEN AM BOOT

»Das Schönste, was wir erleben können, ist das Geheimnisvolle.«

Albert Einstein

★

Ich habe Heimweh. Bin reisemüde, habe keine Lust, mich mit Fremden zu unterhalten oder neue Orte zu erkunden. Alles ist mir zu viel gerade. Am liebsten würde ich mich irgendwo einnisten und nichts tun. Alleine sein. Doch ich sitze in einem Kleinbus auf einem Busbahnhof im südkolumbianischen San Agustin, die Sonne heizt gnadenlos durchs Fenster und der Schweiß rinnt mir die Stirn herunter. Der Fahrer strapaziert meine Geduld. Vor 30 Minuten wollte er losfahren, mit diesem Versprechen hat er mir das Ticket verkauft. Es hätte auch andere Busse gegeben. Jetzt wartet er, bis auch der letzte Platz im Bus besetzt ist, und das dauert. Nicht viele wollen in diesen Tagen nach Mocoa. Vor sechs Wochen hat dort ein Erdrutsch die halbe Stadt begraben und mindestens 330 Menschen getötet.

Hinter mir hat Morgan Platz genommen. Sie kennt mich bereits gut genug und weiß, dass ich bei solcher Laune gerne meine Ruhe habe. Die Kalifornierin mit vietnamesischen Wurzeln ist ein Jahr auf Weltreise, wir haben einander in der Spanisch-Schule in Medellín kennengelernt und später wieder getroffen. Weil wir verblüffend gut miteinander können, reisen wir seit zwei Wochen gemeinsam. Wenn ich mich matt fühle wie jetzt, ist das ein zweischneidiges Schwert. Wäre ich alleine, würde mein Gemüt niemandem zu Leibe rücken. Jetzt trifft Morgan meine Reisemüdigkeit, was mir leidtut. Ich überlege, ob es nicht besser wäre, alleine weiterzureisen. Will niemanden verletzen, schon gar nicht sie, die mir ans Herz gewachsen ist. Gleichzeitig freue ich mich über ihre Gesellschaft. Morgan ist lieb und verständnisvoll, sie bringt mir eine faszinierende Geduld entgegen und fängt mich auf.

»It's the travel blues«, sagt die Weitgereiste. »Don't you worry. It's part of the journey.«

Ich mag sie. Und sie mag mich. Nur ich selbst mag mich nicht.

Wir wollen nach Mocoa, um einen Schamanen zu treffen. Guillermo hat ihn uns empfohlen, ein Freund aus Argentinien, den wir in der Kaffeeregion Kolumbiens kennengelernt haben. Von geheimnisvollen Zeremonien im Dschungel hat Guillermo erzählt, von bewusstseinserweiternden Pflanzen, von einer der schönsten Erfahrungen seines Lebens. Seine Erzählungen klingen unheimlich, aber ich vertraue ihm. Er hat mich neugierig gemacht auf das Gesöff aus psychedelischer Flora. Ich habe auf meiner mittlerweile halbjährigen Reise die Angewohnheit entwickelt, genauer hinzuschauen, wenn mir etwas in den Schoß fällt, wenn die Zeichen in eine Richtung zeigen – und mag es noch so paradox wirken. Dann lohnt es, den Ballast der Vorurteile über Bord zu werfen, den Anker zu lichten und mit dem Wind zu segeln. Oder mit dem Bus zu fahren, den der Fahrer mit einer knappen Stunde Verspätung nun endlich in Richtung Süden steuert.

Die Aufräumarbeiten in Mocoa gehen nur langsam voran. Immer noch sind große Teile der Stadt im Dreck vergraben, Schuhe und Kinderspielzeug ragen zwischen Erdklumpen und Hausruinen hervor und entlang der Hauptstraße hausen Menschen unter Plastikplanen. Sie haben nichts mehr außer sich selbst.

Noch am selben Abend treffen wir Jaime, den Schamanen. Wir sitzen auf einer Stiege am Hauptplatz von Mocoa und er erzählt uns, was wir über seine Zeremonien, über Ayahuasca, wissen müssen. Eine Medizin zur körperlichen und spirituellen Heilung, sagt Jaime, er selbst braue sie zusammen aus zwei Pflanzen, die hier in der Umgebung wachsen. Erbrechen und Durchfall könnten vorkommen, der Körper würde sich auf diese Art reinigen, von negativer

Energie befreien. Jaime praktiziert seit 35 Jahren und empfiehlt uns, in den kommenden Tagen nur leichte, vegetarische Kost zu essen, keinen Kaffee und keinen Alkohol zu trinken. Das würde den Entgiftungsprozess erleichtern. Wir haben schon vor drei Tagen damit begonnen, womöglich ein Grund für meine schlechte Laune. Entzugserscheinungen.

Wer sich auf so eine Erfahrung einlässt, möge seinen Schamanen mit wachem Gespür und kritischem Geist auswählen, denn viele Scharlatane treiben ihr Unwesen, davon habe ich gehört. Doch Jaime macht einen seriösen Eindruck. Er spricht mit ruhiger Stimme und wählt seine Wörter mit Bedacht. Beendet er einen Satz, lächelt er und kneift zufrieden die Augen zusammen. Jaime sieht nicht aus, wie ich mir einen Schamanen vorstelle, mit adrettem Wollsweater und Jeans. Aber ich spüre positive Resonanz, etwas in seiner Art gibt mir das Gefühl, dass er weiß, was er tut.

Wir checken in einem Hotel ein, 20.000 Pesos kostet die Nacht pro Person. Drei Euro. Die Rezeptionistin stellt uns einen Kübel Wasser zum Duschen hin, immer noch keine Wasserversorgung in der heimgesuchten Stadt. Der Ventilator klackert. Ein sauberes Bett, mehr brauche ich heute nicht mehr.

Ein Lagerfeuer glost am feuchten Waldboden. Jaime trägt Federschmuck auf dem Kopf. Er hält einen Holzbecher in beiden Händen vor dem Gesicht und murmelt mit geschlossenen Augen etwas Spanisches vor sich hin. Ich verstehe Wortfetzen. *Padre. Gran espitu. Medicina.* Jaime bittet die Geister um Wohlwollen und Erlaubnis. Klingt gruselig, ist es auch. Ich habe gehörigen Respekt vor der Sache, etwas Angst und, um ehrlich zu sein, keine Ahnung, worauf ich mich hier einlasse.

Nachdem ich die dicke, braune Flüssigkeit getrunken habe, lege ich mich auf eine dünne Matratze in einem überdachten Unterstand. Die Seiten sind offen, rundherum lebt der taghelle Dschungel. Es riecht nach verkohltem Brennholz und Räucherwerk. Neben mir liegt Morgan, sie war vor mir dran. Neben Jaime und seinem Assistenten sind wir insgesamt zehn, die es wissen wollen.

Als auch der Letzte in der Runde den bitteren Trunk geschluckt hat, beginnt Jaime mit seinen Ritualen. Er singt, streicht über die Saiten seiner Gitarre, raschelt mit Blättern, betet zu *gran espitu.*

Ich habe keine Uhr dabei, kann nicht sagen, wie lange es dauert, bis die Wirkung einsetzt. Aber Zeit wird in den kommenden Stunden ohnehin ein dehnbarer Begriff sein. Irgendwann drehen sich bunte Farben wie ein Kaleidoskop vor meinen geschlossenen Augen. Ich meine, die Fangarme einer Krake ausmachen zu können, die nach mir greifen. Doch seltsam, sie wirkt nicht bösartig. Eher wie eine Verbündete, die mich mitnehmen möchte auf eine Reise. Die Bilder werden bunter, intensiver, klarer. Ich lasse mich ein, lasse mich fallen, greife nach den Fangarmen.

Mir ist kurz schwindelig, als läge ich in einem Ringelspiel. Wenn ich mich darauf konzentriere, wird es intensiver. Angst. Was kommt als Nächstes?

»Was auch immer passiert, wehre dich nicht dagegen«, so der Ratschlag von jenen, die es besser wissen als ich.

Mein Körper wird leichter, als wollte er schweben. Noch wage ich nicht, die Augen zu öffnen. Zu sehr bin ich mit dem beschäftigt, was innen passiert. Der kleine Jakob. Bilder aus meiner Kindheit. Mein Vater an der Gitarre am Küchentisch. Die Krake wieder, sie lacht. Im Hintergrund höre ich Jaime, wie er die Saiten zupft und in seine Mundharmonika bläst. Trommeln. Würgegeräusche einer Mitstreiterin. Ich bewege mich nicht, fühle mich nicht in der Lage, aufzustehen. Dann, alles grell. Plötzlich ein Rascheln. Neben mir steht Jaime und wachelt mit einem Büschel aus trockenen Blättern. Er muss spüren, dass er mir helfen kann.

Noch ein paar Runden ruckelige Achterbahn und dann hebe ich ab. Ich weiß nicht, wo ich bin, aber es ist wunderschön hier. Ich fühle mich Lichtjahre entfernt und doch gegenwärtig in jedem Augenblick. Ich öffne meine Augen, Regen prasselt auf Blätter, ich stehe auf, gehe hinaus, will nass werden. Ich spüre, wie alles zusammenhängt, der Regen, die Pflanzen, die Sonne, das Leben. Welch Harmonie, gestaltet von einer unendlichen Kreativität – und ich bin ein Teil davon. Auch die Ameise, die den Baumstamm emporklettert, an den ich gerade pinkle. Ich beobachte ihre Bewegungen, ein Spektakel. Vergangenheit und Zukunft verlieren an Bedeutung. Der Moment ist Reichtum, ist Kraft. Menschen, die ich liebe, sind mir so nah, ich kann ihnen die Hand reichen. Sie atmen mit mir, spüren den Regen wie ich. Eine intime Verbindung über 10.000 Kilometer. Wer oder was hält das alles zusammen? Was um Himmels willen habe ich hier getrunken?

Ayahuasca ist ein Gebräu aus einer Liane und den Blättern zweier Pflanzen, die im Amazonas-Gebiet wachsen. Indigene Völker verwenden die Pflanzen, um ihre Wahrnehmung zu erweitern, um sich mit der Schöpfung zu verbinden und dadurch tiefgründige Heilprozesse in Gang zu setzen. Ihre Schamanen führen die bewusstseinsverändernde Wirkung auf die Seele der Pflanze zurück, die sich den Menschen unter dem Einfluss von Ayahuasca als Lehrmeister offenbart. Plausibler ist die Variante mit dem Wirkstoff Dimethyltryptamin, kurz DMT, der die Halluzinationen hervorruft. Eine Droge, möchte der westliche Verstand einwerfen. Eine Medizin, betonen die Schamanen. So unterschiedlich sind die Kulturen. Viele Urvölker quer über den Planeten verteilt schwören auf die Heilkraft der Natur seit Jahrtausenden. Wo ich herkomme, wird ihr Wissen belächelt, rangieren Heilpflanzen irgendwo zwischen Pseudomedizin und Rauschgift. Doch wer nur high werden möchte, sollte die Finger von Ayahuasca lassen. Die Pflanze will mit Respekt behandelt werden.

Dafür zeigt sie mir, was ich sehen muss, um weiterzukommen. Daher erlebt die Zeremonie jeder unterschiedlich, obwohl er vom Selben trinkt. Die einen kotzen stundenlang, die anderen schweben durch den Kosmos. Die einen berichten vom Nahtod – entzückt von Licht und Liebe. Wieder andere spüren kaum etwas. Ich erlebe ein

Wachbewusstsein von höherer Qualität, das längst vergessene Bilder aus der Kindheit hochspült und Verbindungen zu aktuellen Lebensthemen aufzeigt. Erstaunlich, wie klar meine Gedanken sind, wie gut ich mich am nächsten Tag noch an sie erinnern kann. Nicht wie im Drogenrausch, der alles verzerrt – und am nächsten Tag fehlt die halbe Nacht.

Irgendwann sitze ich am Lagerfeuer mit fünf, sechs anderen. Ich schneide eine Ananas auf, stelle mich dabei selten blöd an, Saft auf meiner Hose. Morgan sitzt neben mir und biegt sich vor Lachen.

Ich erlebe mich selbst als völlig präsent, kann mich aus der Distanz beobachten, wie ich nicht nur Ananas, sondern Herzenswärme teile. Wie nichts zählt für mich außer dieser Augenblick. In dem ich Witze mache, die Wärme des Feuers an meinen Händen spüre, die Ananas von den Fingern lecke, Morgan in ihre wunderschönen Augen blicke und mich selbst darin lachen sehe. Keine Selbstzweifel mehr, keine inneren Konflikte, keine negativen Gedanken, kein Ego. Hier also bin ich, das, was übrig bleibt. Die Essenz, mein wahres Selbst, meine beste Version. Ich weiß jetzt, wer ich sein kann, wenn ich alles loslasse, was ich nicht bin. Dieser Jakob möchte ich werden, auch ohne Ayahuasca.

Als wir am Lagerfeuer sitzen, frage ich Jaime, was seine große Vision, der Sinn seines Lebens sei. Jaime sagt nur ein Wort, bevor er die Augen zusammenkneift und lächelt.

»Mejorar«, besser werden.

Vier Wochen später. Einer meiner letzten Tage in Ecuador bricht an. Morgennebel hängt in den gigantischen Baumkronen. Der Regenwald zieht an mir vorbei mit der Geschwindigkeit des Langbootes, in dem ich sitze. Es ist nur zwei Meter breit, dafür 25 lang und so niedrig, dass ich hinter mir ins Wasser greifen kann. Es riecht nach verbranntem Benzin. In der Mitte des Bootes stehen über die gesamte Länge Jutebeutel, Plastiksäcke, Rucksäcke und Taschen von

60 Leuten. Einer isst Hendlhaxen zum Frühstück, ein anderer spielt Posaune, *La Cucaracha.* Nach der Vorstellung klingelt es in seiner Kappe, die Mitreisenden sind hingerissen. Ein kleines Boot zischt aus dem Nebel heran, einer springt ab und steigt behände auf das fahrende Boot zu. Aus den Lautsprechern trällert ein Ergriffener, besingt *enamorado,* das Verliebtsein. Die kommenden acht Stunden werde ich hier sitzen, am Rio Napo auf dem Weg ins Grenzdorf Nueva Rocafuerte, hinein in den Amazonas-Regenwald.

Zeit, um die vergangenen Wochen Revue passieren zu lassen. Erst gestern habe ich mich unter Tränen von Morgan verabschiedet. Nach unseren Erfahrungen mit Ayahuasca in Kolumbien sind wir einander nähergekommen und die vergangenen Wochen gemeinsam durch Ecuador gereist. Eine Woche wanderten, schnorchelten, tauchten und träumten wir auf den Galápagos Inseln. Die sind vor allem deshalb ein Paradies, weil die sagenhafte Natur dort noch in Ordnung ist. Weil man dort gelernt hat, im Einklang mit ihr zu leben. Weil es dafür strenge Naturschutzgesetze gibt und horrend bestraft wird, wer sich nicht daran hält. Morgan fehlt mir, ich habe mich an ihren Swing gewöhnt. So leichtfüßig geht sie durchs Leben, so echt.

Jetzt also wieder ich mit mir. Ich mag das Gefühl, auf mich allein gestellt zu sein. Es riecht nach Urvertrauen, nach Abenteuer, nach Freiheit. Ich will auf dem Flussweg nach Iquitos, der Hauptstadt des peruanischen Amazoniens und eine der abgelegensten Städte der Welt. Immerhin 470.000 Menschen leben dort, Straßen führen aber keine hin. Die meisten Touristen fliegen, die Indigenen nehmen das Boot. Ich habe in Baños einen Backpacker getroffen, der in die andere Richtung gereist ist und mir Tipps gegeben hat. Ein Frachtboot gäbe es, vier Tage und drei Nächte auf dem Rio Napo. »A real adventure«, hat er gemeint. Davon hat er aber nur gehört, er selbst hat das kommodere Schnellboot genommen.

Abends in Nueva Rocafuerte, ein Dschungeldorf in Ecuador. Die peruanische Grenze ist nur einen Steinwurf entfernt. Ich sitze am

Straßenrand und beobachte die Szene. Der Posaunist vom Boot ist wieder da und trötet in die Abenddämmerung. Luis will auch nach Iquitos, wir haben uns angefreundet. Der Ecuadorianer reist ohne Geld, dafür mit Blechinstrument. Die paar Moneten, die er braucht, spielt der Musikus herein. Jetzt klingelt nichts, dafür begleitet ihn ein Einheimischer auf der Gitarre.

Morgen möchte ich die Grenze zu Perú überqueren, nach Pantoja. Von dort soll das Frachtboot nach Iquitos ablegen. Wann weiß ich nicht. Kein Fahrplan im Internet, nur vage Auskünfte der Einheimischen. Es fahre nur alle paar Wochen, erzählt mir einer. Nun gut, ein Schritt nach dem anderen. Zunächst brauche ich ein Boot, das mich nach Pantoja bringt und einen Ausreisestempel der ecuadorianischen Polizei. Doch es ist Freitag und das Migrationsbüro hat am Wochenende geschlossen. Ich kann den Polizisten davon überzeugen, mir den Stempel schon heute zu geben. Ab jetzt bin ich illegal im Land.

Ich sitze mit Luis am Flussufer, die Abendluft schwitzt und der Sonnenuntergang färbt die Nebelschwaden über dem Rio Napo orange. Geheimnisvoller Urwald. Luis dreht einen Joint. Er weiß noch nicht, wie lange er unterwegs sein wird. »Tengo mucho tiempo«, er hat viel Zeit. Wieder einer mit ansteckender Leichtigkeit. Einer, der loslassen kann, der nimmt, was kommt. Der dem vorbeifließenden Wasser mehr Aufmerksamkeit schenkt als dem Gedanken, morgen ein Boot nach Pantoja zu finden. Einer, der im Hier ist.

Es ist bereits dunkel, als ich meine Hängematte zwischen zwei rostigen Eisenstangen verknote. Ich habe sie erst heute in Nueva Rocafuerte für 14 Dollar gekauft. Das rustikale Passagierdeck des Frachtbootes ist mit schmutzigen Metallplatten ausgelegt. Nach oben gewölbt, sodass mit jedem zweiten Schritt ein dumpfer, unheimlicher Hall ertönt, wenn sich der Boden nach unten biegt. Es riecht nach altem Eisen. Außer mir ist noch jemand hier, ein junger Mann. Er liegt in seiner Hängematte, aus seinem Handy plärrt seltsame Elektromusik. Ich sage nichts und lege mich hin. Luis ist nicht an Bord. Ein vertrautes Gesicht hätte mir gutgetan. Ich will schlafen, doch das Discohandy des Rücksichtslosen röhrt in voller Lautstärke. Irgendwann merke ich, dass er schläft. Hingehen, ihn aufwecken und bitten, leiser zu drehen wäre eine Option. Ich entscheide mich dagegen. Ich verbringe die nächsten vier Tage hier, weiß nicht, was mich erwartet und will nicht schon in der ersten Stunde unangenehm auffallen.

Das Knattern des Motors reißt mich aus dem Schlaf, sieben Uhr morgens. Ich blicke mich um, am Passagierdeck baumeln jetzt ein halbes Dutzend Hängematten. Wer darin liegt, sehe ich nicht. Nur an der Säule neben mir steht ein Rucksack, der mir bekannt vorkommt. Er gehört Luis. Der Gute hat sich offenbar doch entschieden, mitzukommen. Wenige Minuten später zieht draußen der Dschungel vorbei, wir dümpeln flussabwärts.

Morgentoilette. Das Klo hat Rostlöcher und recht große Spinnweben hängen von der Decke. Die Türe schließt mit einem gruseligen Quietschen und von der Decke tropft Wasser zielsicher ins Genick.

Nach einer Stunde Fahrt dreht der Kapitän den rund 40 Meter langen Frachter und manövriert ihn flussaufwärts ans Ufer. Ich klettere aufs Oberdeck, um mich umzusehen. Kinder kommen herbeigelaufen, deutlich mehr als Erwachsene.

»Wir haben viel Zeit hier, sie zu zeugen«, wird mir bald ein Einheimischer erklären. Acht, neun Kinder pro Familie seien eher die Regel als die Ausnahme.

Das Anlegemanöver ist ein Großevent im Dschungeldorf, ein paar Dutzend Menschen stehen jetzt am Ufer. Zwei junge Männer tragen drei lebendige Hühner und mehrere Stauden Bananen an Bord. Dann heben sie zwei schwere Fässer, ein paar Säcke Reis und ein originalverpacktes Elektrogerät hinunter und stellen es auf die Uferwiese. Ich erfahre, dass die Fässer voller Benzin sind für die Stromgeneratoren im Dorf. Der Kahn kommt nur alle vier Wochen vorbei und bringt alles, was die 70 Dorfbewohner brauchen. Die

Hühner sind mittlerweile am Oberdeck angekommen, der Schiffsjunge sperrt sie in einen der großen Holzkäfige.

Schon nach wenigen Stunden tummeln sich am Passagierdeck Eltern, Kleinkinder und Senioren. Ein Mädchen, kaum älter als 16, stillt ihr Baby. Meine Mitreisenden sind Angehörige indigener Stämme, die in den Dörfern entlang des Rio Napo leben. Sie bringen ihre Waren nach Iquitos, um sie am Markt zu verkaufen. Rund zwei Wochen sind sie unterwegs, deshalb kommen Kind und Kegel mit. Der Fluss ist für sie Lebensader, ohne ihn wäre hier nichts als Wildnis.

Die Stimmung ist sonderbar an Bord. Ernste Gesichter überall, zu lachen gibt es nicht viel. Wenn ich grüße, grüßt kaum einer zurück. Versuche ich auf Spanisch das Eis zu brechen, ernte ich Blicke, als redete ich Japanisch. Es dauert eine Zeit, bis ich kapiere, dass ich den Menschen hier nicht geheuer bin. Ein Paradiesvogel aus einer fernen Welt, über die sie nichts wissen. Ein Fremder. Daran soll sich auch nichts ändern, als ich mir mit den Fingern in die Augen fahre, um meine Kontaktlinsen herauszunehmen.

Ich lege mich wieder hin, höre Pink Floyd. *The Endless River*, was für ein Album, was für eine punktgenau passende Scheibe. Hängemattenblues. Was ist es, das mir jetzt fehlt? Liebe vielleicht. Ein guter Freund. Heimat. Meine Gedanken fliegen zu Morgan, mit ihr war alles blumiger. Doch je länger ich mit ihr unterwegs war, desto mehr sehnte ich mich danach, wieder alleine zu reisen. Und jetzt, mitten im Solo-Abenteuer, sehne ich mich nach ihr. Es ist diese Paradoxie, die sich durch mein Leben zieht wie ein roter Faden. Immer das zu wollen, was ich gerade nicht habe, mein Glück in der Zukunft zu suchen. Kann es denn so schwierig sein? Ich mit mir, glücklich und zufrieden. Nicht suchend nach Gesellschaft. Nicht lechzend nach Ablenkung.

Ich höre Posaune und klettere nach gefühlten sechs Stunden in der Hängematte wieder ans Oberdeck. Die Sonne geht unter, die Hühner raufen in den Käfigen bereits um die Fensterplätze und ein

Hahn kräht. An einem blauen Fass lehnt Luis und schenkt mir eine Szene mit therapeutischem Potenzial. Denn während ich lamentiere, trötet er mit Hingabe die Bäume an. Der Mann hat es verstanden, das Leben.

Die Sonne ist hinter den Horizont gesunken, das Dunkelblau des Himmels spiegelt sich im Fluss und die mächtigen Bäume sind zu einem schwarzen Band am Ufer verschmolzen. Viele Sterne funkeln. Fast Neumond, nur eine dünne Sichel schwebt noch am Himmel. Hinter mir im schwarzen Dschungel höre ich die Sinfonie einer Tausendschaft an Vögeln, Grillen, Fröschen und wer weiß, was noch allem. Am Horizont sehe ich Blitze. Irgendwo, ein paar hundert Kilometer tiefer im Urwald geht gerade ein heftiges Gewitter nieder. Dann fuchtelt ein Bursche aufgeregt mit der Taschenlampe, ein Hahn ist ausgekommen. Ich will helfen, nähere mich von der anderen Seite, imitiere das Gackern eines Huhnes, um den Gockel abzulenken. Etwas Besseres fällt mir nicht ein. Der Schiffsjunge schleicht sich heran und packt ihn an den Beinen.

Am Himmel drei Sternschnuppen in drei Minuten.

Zurück in der Hängematte, zurück bei Pink Floyd, blättere ich meine Notizen durch, die ich kurz nach meinen Erfahrungen mit Ayahuasca in Kolumbien gemacht habe. Ich bin überrascht, wie klar die Worte sind, die da stehen. Praktische Tipps und kluge Antworten auf jene Frage, die ich als zentrales Thema in die Zeremonien mitgenommen habe:

»Wie schaffe ich es, mit mir selbst glücklich zu sein?«

Hier steht zum Beispiel, ich solle alles akzeptieren, was mich zu dem Menschen macht, der ich bin. Jede meiner Eigenschaften sei auf ihre eigene Art und Weise gut. Die einen, weil sie mir selbst und anderen guttun. Die anderen, weil sie mich weiterbringen, mir zeigen, wo ich noch an mir arbeiten kann. Meine Ungeduld, meine Sturheit, meine Hirnwichserei, wenn ich sie als Teil des Pakets akzeptiere, kann ich sie loslassen und über sie hinauswachsen.

Zweiter Punkt: Jeder Mensch ist auf seiner eigenen Reise, wandert in seinen eigenen Schuhen und trägt seinen eigenen Rucksack. Anstatt über ihre Wesen zu urteilen, darf ich sie respektieren. Soll sie nicht überzeugen von meinen Werten, stattdessen selbstbewusst meine eigenen leben und sie weitergeben, falls es jemanden interessiert.

Und noch eine Handlungsanweisung erscheint mir teilenswert: Go with the flow. Handle im Einklang mit den Gegebenheiten und vertraue dem Prozess. Nimm an, was ist – so inakzeptabel eine Situation auch wirken mag. Erzwinge nicht, lass fließen. Jammere nicht, lass los.

Darin besteht die Kraft dieser Pflanzen. Jeder bekommt, was er gerade braucht. In meinem Fall waren das tiefgründig emotionale, weil mit meinen persönlichen Schwächen gekoppelte Einsichten. Dieser erweiterte Bewusstseinszustand wird herbeigeführt durch den Wirkstoff DMT, um den sich durchaus plausible Mythen ranken, die wissenschaftlich aber nicht bewiesen sind. Dazu gehört, dass die Zirbeldrüse im Menschenhirn DMT als natürliches Halluzinogen erzeugt und bei Geburt, Tod oder in schwächerer Form auch während tiefer Meditationen ausschüttet. DMT hilft demnach bei der Verbindung von Körper, Geist und Seele und wirkt als Katalysator von transzendentalen Erfahrungen. Da passt es ins Konzept, dass die Zirbeldrüse – hauptberuflich per Melatonin-Ausschüttung für die Regelung des Schlaf-Wach-Rhythmus zuständig – zwischen den Augen liegt. Dort, wo Hinduisten, Buddhisten und viele andere spirituelle Kulturen das dritte Auge wahrnehmen, den Sitz der Intuition.

Viel kann ich mit meinen Recherchen noch nicht anfangen. Ich bin Journalist und glaube an Fakten, so wurde mir das beigebracht. Dazu bin ich weder religiös noch verstehe ich etwas von spirituellen Lebensphilosophien. Doch Ayahuasca scheint eine Türe aufgesperrt zu haben zu einer Dimension des Seins, die weder mit meinem Verstand noch mit wissenschaftlichen Methoden zu erklären ist. Da nicht greifbar, da unendlich. Eines aber ist sicher: Ich bin neugierig geworden. Sehr neugierig.

Am nächsten Morgen werde ich zu einer Geräuschkulisse wach, die ich in dieser Kombination noch nicht kenne. Hähne krähen am Dach, jedenfalls mehr als einer. Ein Stromgenerator knattert. Mindestens zwei Kinder schreien und unten, im Frachtraum, grunzen Schweine. Ich hole mir Frühstück vom Koch, Suppe mit Kochbanane und Fleisch am Knochen – das Fleisch darf er behalten. Seit vier Wochen, seit Ayahuasca, habe ich darauf keinen Appetit mehr. Meine Mitreisenden blicken mich an, als wäre ich vom Himmel gefallen. Ob sie es gar als Beleidigung auffassen? Sie, die eine zweiwöchige Reise auf sich nehmen, um ihre Tiere zu schlachten, ihr Fleisch zu verkaufen und damit ihre Familie für Monate zu ernähren?

Ich erkundige mich beim Kapitän nach den Hintergründen. Wer seine Kuh lebendig zum Markt nach Iquitos bringt, erwirtschaftet pro Kilo ungefähr 15 peruanische Sole, knapp vier Euro. Schlachtet er das Tier im Dorf und verkauft es dort, verdient er nur die Hälfte. Das erklärt, warum die Familien hier scharenweise einchecken. Mittlerweile baumeln die Hängematten übereinander und auch die Hühner steigen einander längst auf die Federn.

Als ich am späten Nachmittag am Oberdeck auf den Sonnenuntergang warte, spricht mich einer an. Franklin ist Lehrer in einem Dorf, einen Tag stromaufwärts. Er gehört den Quechua an – keine einzelne Ethnie, sondern verschiedene, über ganz Südamerika verteilte Gruppen Indigener mit der gleichen Stammessprache. Wo ich herkomme, möchte er gerne wissen. Dann fragt er mich, wo Österreich liege und ob es dort auch Hühner gebe. Franklin reist nach Iquitos, um seine beiden Töchter zu besuchen, sie studieren in der Hauptstadt. Einmal Familie besuchen und zurück dauert neun Tage – vier hin, fünf zurück, da stromaufwärts. Seine Mädels hätten nicht vor, wieder ins Dorf zurückzukehren, sie wollten richtige Jobs, erzählt Franklin. Das Eingeborenenleben spreche viele Jugendliche nicht mehr an. Ich frage Franklin, was das größte Problem in seinem Dorf ist.

»Wir verlieren langsam unsere Kultur, unsere Traditionen, unsere Identität«, sagt der 35-Jährige. Das Fernsehen zeige dem Nachwuchs, was cool ist. Satellitenschüsseln entdecke ich hier selbst vor einsamen Bambushütten.

»Unsere Kinder tragen lieber synthetische Fußballtrikots als traditionelle Kleidung«, sagt Franklin, »und sie wollen Quechua nicht mehr lernen, unsere Stammessprache.«

Das Flimmern aus einer anderen Welt als folgenschwerer Kontrast zu uralten Traditionen, die für die Jugend von heute nicht mehr cool genug sind.

Wir sprechen übers Reisen. Franklin erzählt mir, dass er bald nach Manaos reist, nach Brasilien. Um seinen Bruder zu besuchen, der dort lebt. Mit 35 Jahren verlässt der Peruaner zum ersten Mal sein Land.

Es wird finster und die Glühwürmchen in der Luft lassen die Uferbotanik blinken wie Christbäume. Ich bin so vertieft in meine Unterhaltung mit Franklin, dass mir nicht auffällt, dass sich das Boot bereits seit einer Stunde nicht mehr bewegt. Luis ruft mich, ich solle mir das ansehen.

Ein Trumm von einem Stier liegt am Ufer und ich zähle 20 Mann, die versuchen, ihn über dicke Holzplanken im Scheinwerferlicht an Bord zu hieven. 14 Ambitionierte stehen oben und ziehen am Seil, sechs schieben von unten an. Doch der Bulle windet sich mit zusammengebundenen Hufen, rutscht immer wieder hinunter und schlägt seinen Kopf so fest auf die Planken, dass das Blut aus seinem Gesicht spritzt. Gut zwei Dutzend Menschen stehen umher und gaffen wie ich. Zwei Stunden wird der Kraftakt dauern, bis das 600-Kilo-Tier an Bord ist. Zwei Minuten später hat es die halbe Ladeplattform vollgeblutet.

Meine Erfahrungen auf dem Frachtboot zeigen mir eindrücklich, was es bedeutet, ein Fremder zu sein. Meine Unterhaltung mit Franklin hilft mir, zu verstehen. Wie verschieden unsere Sorgen sind, wie fremd mir die ihren. Wie sehr ich mich verschlossen habe und hinter Vorurteilen verschanzt. Beim Anblick des Bullen wurde ich für ein paar Augenblicke schwach, die bösen Männer, wie können sie nur? Doch wer bin ich, dass ich glaube, urteilen zu können? Ich, der Gringo, der aus einer Welt kommt, wo Tiere so üppig verspeist und so munter weggeworfen werden, als würden sie auf Bäumen wachsen. Wo kein Kunde mitansehen muss, wie sein Steak lebt und stirbt. Hier im Dschungel zumindest ist es ehrlich, ist es echt.

Als ich nach vier Tagen in Iquitos vom Boot steige, bin ich heilfroh, die Rostschüssel verlassen zu können. Ich checke in einem Hostel mit Pool ein, mit anderen Backpackern und Bier, mit einem sauberen Klo und einem waagrechten Bett. Eine Nacht lang Pause, bevor mich der Urwald wieder hinauszieht aus der Gemütlichkeit.

Mit dem Langboot den Amazonas stromaufwärts. Stellenweise ist der Fluss so breit, dass er aussieht wie ein großer See. Ich möchte die Wildnis, die ihn umgibt, gerne von innen kennenlernen und werde die kommenden vier Tage in einem Dschungelcamp verbringen, zwei Stunden entfernt von Iquitos.

Guide Raul lebt in einem der Dörfer hier. Er wurde vor 35 Jahren neben einem Baum geboren, sein Vater hat die Natur kurz vor der Entbindung um Schutz gebeten. Raul erspäht einen grünen Leguan im Baumwipfel aus 50 Metern Entfernung, den ich mit dem Fernglas kaum sehe. Er kann die Rufe der Tiere deuten und uns deshalb dorthin führen, wo es welche zu sehen gibt. Andere, Piranhas zum Beispiel, sind so flink, dass sie den Köder von der Angel beißen, ohne sich jemals anschauen zu lassen. Ein brauner Skorpion hat weniger Berührungsängste. Meine scheinen ihn nicht zu stören, unaufgeregt sitzt er an der Innenwand des Holzbungalows, den ich mir mit einem Australier teile. Ein Brainstorming später begleite ich das Tier mit einer Teetasse, einem Blatt Papier und weichen Knien nach draußen.

Die Lodge ist auf Stelzen gebaut und an den Seiten hängen Moskitonetze, die ihren Zweck nur bedingt erfüllen. Mitunter müssen wir gesellige Abende vorzeitig beenden, weil eine Unzahl an Viechern durch die Sweater stechen. Auf einem runden Plateau laden Hängematten zur Rast, im Dach darüber leben Taranteln, die bisweilen auch am Boden sitzen.

Eines Abends, wir sind gerade auf dem Rückweg von einer Bootstour, überkommt mich der Leichtsinn. Mein Adrenalinpegel ist immer noch erhöht von dem Babykaiman, den ich gerade in den Händen hielt, ein Alligator von der Größe eines Skateboards. Raul hat vorne aus dem Boot gehangen, das Tier mit beiden Händen aus dem Schilfwasser gefischt und dann gefragt, ob es jemand halten möchte. An Hals und Schwanz, so dass er nicht auskommt. Raul meinte, der Kaiman hätte gerade mehr Angst als ich.

Jetzt steige ich aus dem Boot und spaziere schnurstracks ins Dickicht, vielleicht 20 Meter entlang eines schmalen Pfades, den wir bei der Nachtwanderung schon einmal gegangen sind. Die Luft ist schwanger mit allerlei Gezirpe und Gequake, so laut, dass ich nicht höre, dass Raul mir zuruft. Wie verzaubert stehe ich im Dunkeln, höre und rieche den Urwald und blicke zum Mond. Dann höre ich Raul.

»Vipern! Komm da sofort heraus.«

Ich hielt meine Instinkte für einigermaßen zurechnungsfähig. Hier haben mich für ein paar Augenblicke alle guten Geister verlassen. Sowie Rauls Worte bei mir ankommen, haste ich hinaus. Der Guide ermahnt mich in ernstem Ton, nie wieder dürfe ich alleine auch nur einen Meter ins Dickicht gehen, und schon gar nicht ohne Gummistiefel. Schwer zu erklären, so ein Aussetzer. Die Gefahr so zu unterschätzen, den Hausverstand derart konsequent zu ignorieren. Eindringlicher kann mich die Natur nicht auf meinen Platz verweisen.

Nicht, dass ich aktiv nach einer Fortsetzung meines Ayahuasca-Abenteuers gesucht hätte. Aber wenn es auf mich zukommt, stoße ich es nicht weg. Vor neun Tagen habe ich in Pantoja, dem Dorf an der ecuadorianischen Grenze, einen Schweizer kennengelernt. Der Reisende schwärmte mir von Marlon und seinen Zeremonien vor und gab mir eine Wegbeschreibung. Zuerst mit dem Knatterboot von Iquitos nach Santa Maria de Ojeal, einem kleinen Dorf am Ufer des Amazonas. Dann nach der Casa Marlon fragen, man kenne den Mann dort. Sein Haus im Dschungel liegt vielleicht zehn Gehminuten von der Ortschaft entfernt und war leichter zu finden, als ich dachte.

»Buenos dias«, sagt Marlon, als er sich schlaftrunken aus der Hängematte windet.

»En que te puedo ayudar?«, fragt er mit leiser Stimme, wie er mir helfen könne.

Ich bestelle ihm schöne Grüße von dem Schweizer, der vor Kurzem hier war. Marlon erinnert sich. Ich frage ihn über seine Arbeit und erfahre, dass es täglich eine Zeremonie gibt, sofern Gäste da sind. Er empfiehlt ein Retreat, also seine Pflanzen mindestens vier Nächte in Folge zu trinken. So könne man den Körper langsam heranführen, schrittweise die Dosis erhöhen und so die Erfahrung vertiefen. Ähnlich wie Jaime in Kolumbien strahlt auch Marlon eine anziehende Ruhe aus, als könne nichts seinen Frieden stören. Er ist keineswegs aufdringlich, will mir nichts andrehen, mich nicht überzeugen. Er sagt, was zu sagen ist und überlässt mir die Entscheidung. Marlon hält die Hand auf sein Herz und erklärt, wenn ich es hier spüre, dann sei es richtig.

Ich beziehe mein Schlafgemach, ein Holzbett in einer kahlen, gemauerten Gästehütte. Abends um neun Uhr soll es losgehen, ich habe noch Zeit und sehe mich um. Marlon lebt hier mit seiner Frau, seinen drei Kindern und zwei Enkelkindern. Ihr Holzhaus ist auf Stelzen gebaut, das schützt vor Flut und Viechern. Hühner laufen herum, das Areal ist weitläufig. Ich spaziere einen Weg entlang, vorbei an Bananenstauden und Palmen, komme zu einem braunen Tümpel. Marlon meinte, ich könnte mich hier waschen und versicherte mir, dass es keine Piranhas gebe und auch sonst nichts, das mir an den Kragen möchte. Ich vertraue ihm, ziehe mich aus und wate vorsichtig bis zum Nabel ins Wasser. Als ich mich einseife, zwickt mich etwas dort, wo kein Mann von einem Fisch gezwickt werden möchte. Vor allem dann nicht, wenn er nicht weiß, um welche Art Fisch es sich handelt. Ich erschrecke und stolpere hastig aus dem Wasser. Halbvoll mit Seife, muss ich da aber noch einmal hinein. Meine Theorie: Der Perverse knabbert nur, wenn ich still stehe. Ich tanze und fuchtle mir das Duschgel vom Leib.

Die erste Zeremonie ist angenehm unspektakulär. Ich liege in einer Hängematte im Wohnzimmer, Marlon und sein Assistent singen Rituale, rauchen Tabak und wacheln mit Blättern. Die Einsteigerdosis versetzt mich in einen sanften Schwebezustand, keine Kraken, keine krassen Visionen. Nur Daseinsfreude und Eintracht mit der Welt.

Marlon ist 54 Jahre alt und sieht aus wie 45. Er gehört dem indigenen Volk der Shipibo an, seit zwölf Jahren arbeitet er mit Ayahuasca. Um Schamane zu werden, habe er sich zehn Jahre lang vorbereiten müssen mit einer rigorosen Diät, ohne Alkohol, ohne Zucker und ohne Salz. Das sei notwendig gewesen, um die Wahrnehmung des Übersinnlichen nicht zu sabotieren. Marlon trinkt *la medicina* selbst fünfmal die Woche. Immer dann, wenn seine Fähigkeiten als Zeremonienmeister gefragt sind. Jetzt wundert mich seine tiefentspannte

Art nicht mehr. Eine Nacht mit ihm und seinen Pflanzen kostet hundert peruanische Sol, 26 Euro, halb so viel wie in Kolumbien. Das Holzbett im Gästehaus ist inklusive. Warum so günstig, frage ich Marlon. Er habe *corazon para todos,* ein Herz für alle. Er wisse um die lebensverändernde Wirkung seiner Pflanzen und will Menschen helfen, sich selbst zu helfen. Das sei sein Beitrag zu einer besseren, weil wacheren Welt. Ich werde noch von Menschen erfahren, die mit Ayahuasca schwere Suchterkrankungen und Depressionen geheilt haben.

Nach den ersten beiden Nächten nehme ich bereits eine höhere Qualität meines Bewusstseins wahr. Eine detailreiche Wahrnehmung, ein Gefühl von Harmonie. Ich liege in der Hängematte unter einem Baum und beobachte Alfonso, den Dreijährigen. Er purzelt mit seinem Bruder über die Wiese, lacht, staunt und entdeckt. Ihr kindlicher Frohmut, ihr aufgeweckter Geist, stundenlang könnte ich ihnen zusehen. Die Vögel im Dickicht wirken näher, als sie sind, ihr Tirilieren klingt wie eine Erzählung. Alles passt zusammen. Marlon, geduldig, gütig und gelassen. Seine Familie, ihr Leben im Einklang mit dem Dschungel, mit dem natürlichen Flow des Universums.

Die dritte Zeremonie mit Marlon beginnt schaurig. Ich zittere am ganzen Körper, vor Kälte und schweren Gedanken. Statt gediegenem Flow jetzt harsche Selbstzweifel. Mein Kopf ist voll mit Unrat, der nach oben gespült wird, damit ich hinschaue. Ich soll sehen, welche Gedankenmuster mich eingrenzen und blockieren. Mein Bedürfnis nach Anerkennung, was für ein Thema. Anderen gefallen zu wollen, mich ständig zu scheren um das, was sie über mich denken. Mich mit ihnen zu vergleichen mit dem subtilen Gefühl, nicht gut genug zu sein. Mehr haben zu wollen, nie angekommen, ständig getrieben. Bilder aus meiner Kindheit blitzen durch die bunte Farbenwelt meiner Wahrnehmung. Schon wieder. Meine kleine Schwester, das liebe Wonnekind. Daneben ich, das Rumpelstilzchen, das neidisch um Aufmerksamkeit bettelt. Ich sehe den kleinen Jakob weinen und den großen ihn trösten. Diese Bilder bedeuten etwas, doch ich kann ihren Zusammenhang nicht erfassen.

Das geht noch eine Weile so weiter, dann packt mich die Übelkeit, ich muss dringend hinaus. Der Mond blendet durch die Palmen und ich huste und spucke und schnappe nach Luft. Dann, als der Krempel draußen ist, geht es schnell. Eine federleichte Wachsamkeit überkommt mich. Meine Augen sind weit geöffnet und funkeln feucht den Sternen entgegen. Ein Nachtvogel umarmt mich mit seinem Gesang und hundert Grillen tanzen unsichtbar durchs Dickicht. Meine nackten Füße sind eins mit der Erde. Ich berühre meine Finger, eine intime Sensation. Die Energie zwischen meinen Händen bekommt die spürbare Form eines Softballs, den ich nach Belieben vergrößern oder verkleinern kann.

Ich gehe wieder hinein, lege mich hin, schließe die Augen. Marlon singt ein bezauberndes Mantra, immer wieder. Die kommenden Stunden markieren den fulminanten Höhepunkt meiner bisherigen Erfahrungen mit Ayahuasca. Zweierlei wird sich zutragen. Erstens, ich werde zum Vegetarier. Jetzt offiziell, bisher war die Hintertüre offen. Doch weil ich eine neue Qualität der Beziehung zur Natur und ihren wundersamen Geschöpfen erlebe, fühlt es sich für mich nicht mehr richtig an, sie zu töten. Auch nicht hin und wieder, wenn ich weiß, wo das Fleisch herkommt.

Zweitens: Mein erweitertes Bewusstsein offenbart mir Zusammenhänge, deren wahre Bedeutung ich noch nicht voll erfassen kann. Nur so viel begreife ich: Erfahrungen aus meiner Kindheit haben emotionale Reaktionsmuster erzeugt, die ich nie hinterfragt, nie verarbeitet habe. Deshalb liegen sie heute, fast drei Jahrzehnte später, irgendwo tief in mir vergraben. Als Teil meiner Psyche, als Zahnrad meiner Persönlichkeit. Aktivieren äußere Reize nun meine wunden Punkte, erzeugen sie Angst. Angst vor dem Versagen, Angst, anderen nicht zu gefallen. Angst, nicht gut genug zu sein. Diese Angst ist die Wurzel meiner größten Schwäche. Meines Egos, das kompensieren möchte, um die Angst nach innen nicht zu spüren und nach außen nicht zu zeigen. Anstatt mich ihr zu stellen und das Problem an der Wurzel zu packen, habe ich meine inneren Dämonen immer nur verdrängt. Aus irgendeinem Grund dachte ich, es wäre klug, eine Auseinandersetzung mit meinem inneren Müll zu vermeiden. Vielleicht, weil er so verdammt übel riecht. Doch eine Müllhalde in mir? Zum Kotzen.

Ich habe auch die andere Seite kennengelernt und das Potenzial, das in mir steckt. Ayahuasca hat mir große Visionen geschenkt – größer, als ich das je zu träumen wagte – und hat mir gezeigt, wie ich sie verwirklichen kann. Ich muss eine höhere Bewusstseinsebene freischalten, indem ich mutig hinschaue, den Müll rieche. Das Leben hilft mir dabei, schickt mir Situationen und Personen vorbei, die mein Wachstum stimulieren. Nicht, indem sie meinen Bauch pinseln. Sondern indem sie Halunken sind und Nervensägen, die den salzigen Finger in meine Wunden stecken und mir so zeigen, wo es Arbeit gibt. Erst, wenn es wehtut, kann ich fragen, warum es wehtut. Erst dann kann ich mich von den niedrigen Schwingungen der Angst befreien, die dem Schmerz zugrunde liegen. Die vergangenen Nächte hat das Ayahuasca für mich übernommen, auch bekannt als *Vine of the Soul*. In Zukunft möchte ich das selber können. Ich begebe mich auf eine neue Reise. Es gibt viel zu tun und viel zu lernen. Nichts scheint mir lohnender.

LEBEN UND LEBEN LASSEN

Wenn ich mit dem Finger auf jemanden zeige, zeigen drei meiner eigenen Finger auf mich zurück. Oder, um es mit dem berühmten Psychoanalytiker Carl Gustav Jung zu sagen:

»Everything that irritates us about others can lead us to an understanding of ourselves.«

Beobachte, bevor du urteilst. Gönn dir die Freiheit, dir nicht zu allem und jedem eine Meinung bilden zu müssen. Lass los, lass sein. Wenn du ein Urteil fällst, mach es dir bewusst. Frage dich, woher es kommt. Aus deinen Erfahrungen oder deinem strengen Wertekatalog? Aus deiner naturgemäß eingeschränkten Weltsicht? Bist du voreingenommen? Würdest du selbst dem Urteil standhalten? Könnten die Dinge auch ganz anders sein, als du glaubst?

Jeder Mensch handelt so, wie er das aufgrund seiner Erfahrungen und Überzeugungen zu einem bestimmten Zeitpunkt für richtig hält. Macht seine eigenen Fehler, um auf seine eigene Art aus ihnen zu lernen und feiert jene Feste, die ihm sein ganz persönliches Glück versprechen. Das ändern zu wollen kommt dem Versuch gleich, einen Fluss stromaufwärts fließen zu lassen. Henry Ford wusste zum Umgang mit Menschen zu sagen:

»Wenn es überhaupt ein Geheimnis des Erfolges gibt, so besteht es in der Fähigkeit, sich auf den Standpunkt des anderen zu stellen und die Dinge ebenso von seiner Warte aus zu betrachten wie von unserer.«

Vielleicht siehst du nicht, was ich sehe. Vielleicht willst du nicht, was ich will. Vielleicht hast du eine andere Lebensphilosophie mit anderen Werten. Gut so. Jetzt können wir voneinander lernen. Oder getrennte Wege gehen. Auch gut.

23. JULI BIS 1. AUGUST 2017

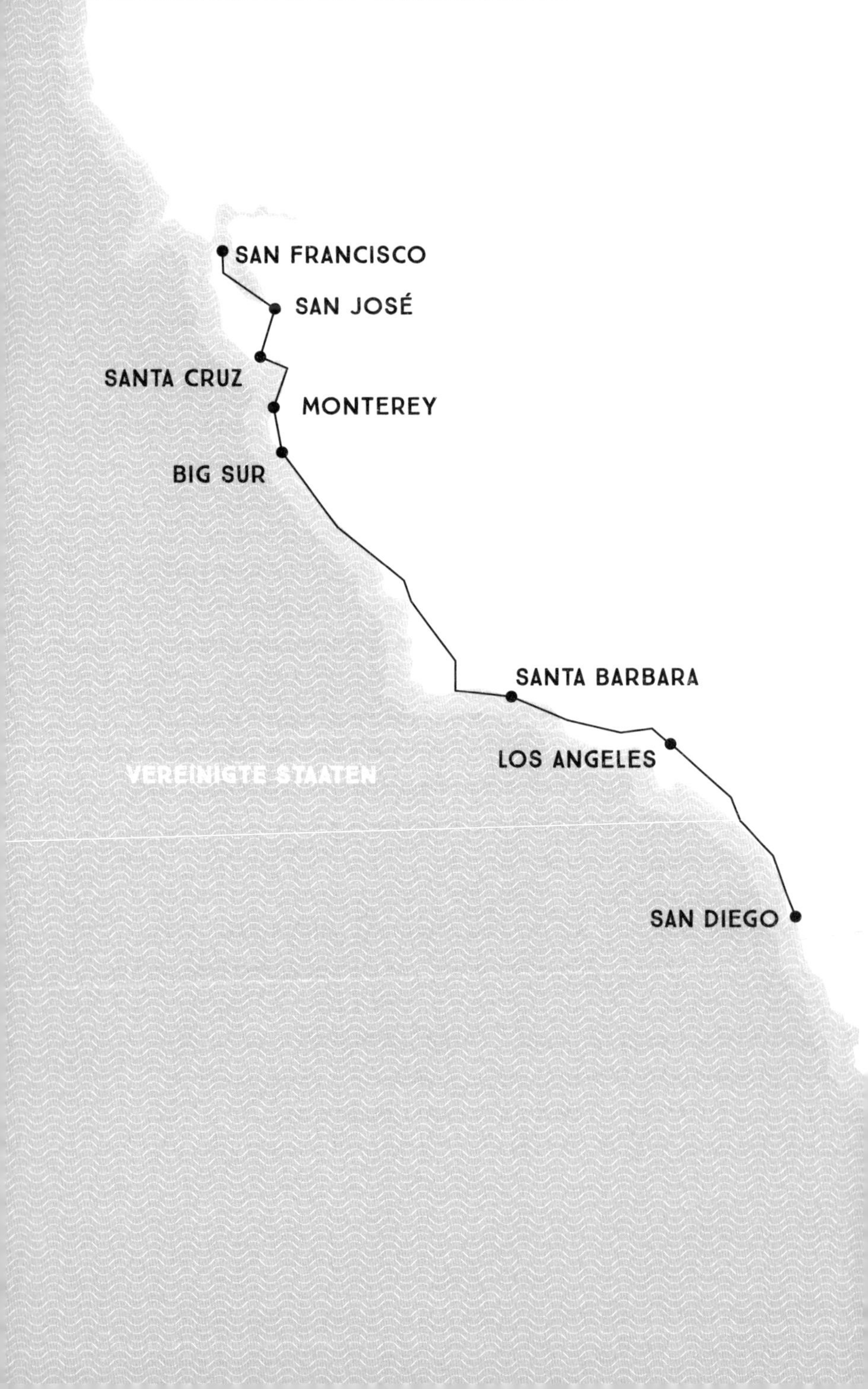

KAPITEL 8

CALIFORNIA DREAMING

PER ANHALTER VON SAN FRANCISCO NACH SAN DIEGO

»Carry out a random act of kindness, with no expectation of reward, safe in the knowledge that one day someone might do the same for you.«

Princess Diana

★

»Hello, mister!« Morgan lacht und fällt mir um den Hals, sieht hinreißend aus mit ihren tiefschwarzen Haaren und dem weißen Kleid. Ich dachte, ich würde sie erst am Nachmittag in San Francisco wiedersehen, doch Morgan wollte mich schon am Flughafen überraschen. Seit wir uns vor einem Monat in Quito voneinander verabschiedet haben, freue ich mich auf unser Wiedersehen. Wir waren fast zwei Monate miteinander in Kolumbien und Ecuador unterwegs. Morgan kennt mich von meiner charmanten Seite und hat mich auch erlebt, wie ich mich selbst nur wenigen Menschen zutrauen möchte. Umgekehrt durfte ich miterleben, wie sich die 29-Jährige nach ihrer einjährigen Weltreise langsam wieder auf ihre Rückkehr einstellte, was ihr mal mehr, mal weniger gelang. Einander dort kennenzulernen, wo der andere echt ist, hat uns auf unkomplizierte Art zusammengeschweißt. Morgan ist Logopädin, hilft Kindern und Jugendlichen in Schulen dabei, ihre Sprachschwierigkeiten in den Griff zu kriegen. Ihre inspirierend entspannte Art habe sie in ihrem Job gelernt, hat sie oft gesagt. Ihre emotionale Intelligenz und ihr wärmendes Mitgefühl muss sie schon vorher gehabt haben.

Morgan lebt in San José, um die Ecke von San Francisco. Ihr nahe zu sein ist wahrlich ein sonniges Vergnügen, wenngleich ein kurzes. Denn Morgan ist nicht der Hauptgrund für meine Reise nach Kalifornien.

Meinen Flug nach San Francisco habe ich in Abstimmung mit Benjamin gebucht, meinem guten Freund aus Wien. Zu dem Zeitpunkt kannte ich Morgan noch gar nicht. Vor drei Jahren lernte ich Benni auf der Tanzfläche eines Wiener Clubs kennen, weil ihm mein T-Shirt gefiel. Wir waren einander auf Anhieb sympathisch. Kein anderer Ort der Welt zieht den Musiker und waschechten OCC-Fan so an wie Kalifornien. Er ist bereits einen Tag vor mir angekommen, zu seinem Hostel sind Morgan und ich nun unterwegs. Als ich aus dem Wagen steige, sitzt Benni mit seiner dunkelblauen Ukulele in der Wiese. Sein Gesicht ist das erste mir aus der Heimat bekannte, das ich nach acht Monaten auf Reisen sehe. Wir fallen einander um den Hals, dann zischen die Bierdosen im Sonnenschein. Große Freude. Den restlichen Tag verbringen wir zu dritt, flanieren durch die Straßen von San Francisco, essen Burritos am Hafen. Morgan fügt sich wie selbstverständlich ins Gespann, als hätte sie schon vorher dazugehört.

Nach fünf Monaten in Südamerika nun Kalifornien zu bereisen gibt meinem Trip eine kontrastreiche Wendung. Neben Benni und Morgan gibt es noch einen dritten Grund, warum ich hierher wollte. Der Golden State ist für mich ein Sehnsuchtsort, seit ich Baywatch aussprechen kann. Außerdem der coolste Ort der Welt, seit aus meinen Boxen erstmals Hip-Hop wummerte.

Throw up a finger if ya feel the same way,
Dre puttin' it down for Californ-i-a.

Die Bay Area heißt uns willkommen. Morgan muss am Abend des ersten Tages zurück nach San José, wo wir sie übermorgen wiedersehen werden. Benni und ich bleiben noch für zwei Tage in San Francisco. Wir surfen eine Couch, die uns eine Freundin meiner Schwester zur Verfügung stellt. Die zweite Nacht verbringen wir im Zimmer eines Luxushotels, ein Freund aus New York ist gerade auf Geschäftsreise und hat uns auf seinen Teppichboden eingeladen. Bei den Übernachtungskosten zu sparen ist ein Thema in einer Gegend, wo ein Bett in einem Schlafsaal fünfzig Euro pro Nacht kostet. Bis jetzt konnte ich meine monatlichen Reisekosten im engen Rahmen von 1.000 Euro halten. Das wird sich in den USA nicht mehr ausgehen, auch dann nicht, wenn ich kostenlos übernachte. Am dritten Tag sitzen wir im Greyhound Bus nach San José, in der darauffolgenden Nacht teilt Morgan ihr Bett mit mir. Mein Herz glüht.

Schon am nächsten Tag verabschiede ich mich wieder von ihr. Noch fällt uns das nicht schwer, noch wissen wir – wie auch die Male zuvor –, dass wir einander in wenigen Wochen wiedersehen werden.

Doch jetzt ruft das Abenteuer. Benni hat drei Wochen Zeit, bevor er zurück nach Wien fliegt. Wir wollen von San Francisco nach San Diego trampen, dort leben Freunde von uns. Den Highway 1 hinunter, die malerische Küste entlang. Morgan bringt uns nach Santa Cruz und setzt uns bei einer Auffahrtsrampe zum Highway ab. Ich hebe meinen Rucksack aus dem Kofferraum, ein Sixpack für den Weg und meine kleine Gitarre. Ich habe das Schmuckstück für 45 Dollar in Perú gekauft und kam mir etwas blöd vor, da ich den Verkäufer zwecks Klangprobe bitten musste, mir etwas vorzuspielen. Ich konnte keinen einzigen Akkord greifen. Dafür bin ich mit *la guitarra* zum Machu Picchu gewandert und habe geklimpert bei jeder Gelegenheit. Lange schon möchte ich das Instrument lernen, lange hatte ich Ausreden parat. Wann, wenn nicht jetzt? Auf Hitchhiking-Tour durch Kalifornien mit Benni, dem Rockmusiker. Erst gestern hat er mir im Golden State Park von San Francisco zwei Songs beigebracht. Er spielt und singt mit einer ansteckenden Leidenschaft, Musik ist sein halbes Leben.

Die andere Hälfte füllt er nun mit brandneuen Erfahrungen. Es ist das erste Mal, dass Benni auf dem Straßenrand steht und seinen Daumen in die Höhe hält. Die kalifornische Julisonne feuert in unsere Gesichter. Ich lehne an einem Zaun, nippe an meinem Bier und beobachte meinen Kompagnon bei der Arbeit. Er grinst, halb selbstsicher, halb verlegen. Auf dem Schild in Bennis linker Hand steht South. Ich schätze es, dass er sich auf diese Art des Reisens einlässt, etwas tut, was er zuvor noch nie getan hat. Außerdem ist er ein kluger Kopf mit gutem Schmäh und gewinnender Ausstrahlung. Ein Sunnyboy.

Ein silberner Toyota bleibt stehen. Drin sitzt ein junger Mann mit langen Haaren und fragt, wohin wir wollen. Er fahre morgen früh nach Watsonville, das ist auf dem halben Weg nach Monterey. Aber falls wir heute nichts mehr finden, könne er uns morgen den ganzen Weg bis Monterey bringen. In dem Fall könnten wir bei ihm übernachten, Harrison gibt uns seine Nummer. So ein Angebot an zwei Fremde auf der Straße ist außergewöhnlich.

Zwei Stunden später, mein Gesicht brennt jetzt und die Beine tun weh, schreibe ich eine SMS an den Gastfreundlichen und frage ihn um seine Adresse. Wir wollen gemeinsam kochen, Benni und ich kaufen am Weg ein, was noch fehlt. Bier und Spinat.

Harrison teilt sich eine WG mit fünf Leuten, im Hinterhof stehen Longboards, auf einer Wäscheleine hängen Wetsuits zum Trocknen.

Beim Abendessen erzählt Harrison, er studiere noch ein Jahr in Santa Cruz und dann will er weg, raus in die Welt.

»Ich möchte in diesem Jahr so viel geben, wie ich kann. Nächstes Jahr bin dann vielleicht ich dran mit empfangen. Dann wird es sich gut anfühlen, das weiß ich.« Wichtig dabei ist der Flow. Mit ihm zu gehen, wohin er auch führt, ihn aufrechtzuerhalten durch eine gesunde Balance zwischen Geben und Nehmen und – kaum zu überschätzen – durch Dankbarkeit.

»Wenn ihr dankbar seid für das, was ich euch gebe«, sagt Harrison, »dann macht mich das glücklich.«

In Monterey kreischen frühmorgens die Möwen und am Hafen riecht es so, wie es in einem Fischerdorf riechen soll. Benni und ich frühstücken Proviant an einem Brunnen unter Palmen und lassen die ersten gemeinsamen Reisetage Revue passieren. Benni macht sich gut als Hitchhiker, er ist angetan von der offenen Welt und den freundlichen Herzen. Er nimmt, was kommt mit hungrigem Geist und lässt sich überraschen. Die Reise mit seinen Augen zu sehen, gibt auch mir eine neue Perspektive. Es ist ein bisschen so, wie wenn man als Einheimischer einem Touristen seine Stadt zeigt. Plötzlich sieht man die Heimat mit neuen Augen.

Wir fragen uns durch zum besten Platz, um nach Big Sur zu hitchhiken. Eine schattige Bushaltestelle an einer langen Auffahrtsrampe zum Highway 1 mit viel Platz zum Stehenbleiben. Ein Traumspot.

Nach 20 Minuten läuft eine junge Frau die Autobahnauffahrt herunter, sie hält ein Sandwich in der Hand und ich frage mich, ob sie gerade wirklich zu Fuß vom Highway kommt. Dann sehe ich ihr Auto 100 Meter weiter oben. Sie ist zurückgejoggt, um uns eine Fahrt anzubieten nach Big Sur.

Juliana ist 24 Jahre alt, ihre Eltern sind Hippies, erzählt sie. Wie viele hier, die das kalifornische Aroma mit *peace* und *happiness* anreichern, fünfzig Jahre nach dem *Summer of Love.* Die Ausstellung dazu haben Benni und ich vorgestern im de Young Museum in San Francisco besucht. Auch einige Senioren gaben sich die bunten Installationen und lauschten den Riffs von Jimi Hendrix und Jefferson Airplane, die als Hintergrundmusik durch die Boxen rauschten. Ihre verliebten Blicke auf die Fotos verrieten, sie waren dabei, damals, 1967. Was war das für eine Bewegung, Hunderttausend schwören dem Konsumwahn ab, schicken den Krieg feierlich zur Hölle und tanzen, vögeln, leben, was das Zeug hält. Sie berauschen sich mit allerhand Substanzen, verlieren sich in der Kunst und spirituellen Praktiken. *Summer of Love,* ich hätte ihn mir gerne live gegeben.

Juliana hat heute frei und bietet an, uns die Gegend zu zeigen. Wir cruisen die malerische Küstenstraße entlang und halten auf einer Klippe, unten brechen die langen Wellen des Pazifiks. Hinter mir die Santa Lucia Mountains. Ich weiß jetzt, wo die Anziehungskraft Kaliforniens ihre Power hernimmt.

Wir kaufen Bier und setzen uns ans Ufer eines schattigen Baches, ein paar Sonnenstrahlen schaffen es durch die Bäume. Die Dose knackt, während ich meine Füße im Wasser kühle. Michael und Giovanni stellen sich vor, ein schwules Pärchen und Freunde von

Juliana. Sie leben in der Schweiz und Italien und sind auf Urlaub hier. Mit dem Mietwagen wollen sie bis nach Los Angeles. Nach einer Stunde packen wir zusammen und fahren zum Pfeiffer Beach. Zuerst barfuß durch den Wald, dann öffnet sich ein Juwel von Strand in Richtung Ozean. Wir sind die Einzigen hier, nur ein Hund kommt herrenlos dahergelaufen.

»Der gehört Al Jardine«, sagt Juliana, »Sänger und Gitarrist der Beach Boys. Er wohnt hier um die Ecke.«

Ich ziehe mich aus, laufe ins Wasser, springe in die Wellen, lasse mich treiben. Dann lege ich mich nass in den Sand, spüre den Wind auf meiner Haut und blicke in den wolkenlosen Himmel. Danke. Danke. Nochmal Danke.

Wir dürfen bei Juliana übernachten, in ihrem Haus am Berg. Wir sitzen auf einem Felsen, die Sonne geht verblüffend langsam unter und wirft ein surreales Orange auf die Berge hinter uns. Über dem weit entfernten Ozean hängt der Nebel. Dann schenkt uns Juliana folgende Worte: »Dieser Tag endet so viel besser, als ich mir das heute Morgen gedacht habe. Da hätte ich mir nicht vorstellen können, zwei Hitchhiker mitzunehmen und so eine gute Zeit mit ihnen zu verbringen. Danke, dass ihr hier seid.«

Benni zupft auf der Gitarre und packt sein Leben nicht.

Am nächsten Morgen sitzen wir bei Michael und Giovanni im Mietwagen, die beiden nehmen uns die 260 Meilen mit nach Santa Barbara, wo wir eine Nacht im Zelt am Strand übernachten. Dann, die Glückssträhne hält, dürfen wir mit bis nach Los Angeles.

Benni ist hingerissen von so viel Großmut:

»Ich hätte nie gedacht, dass fremde Menschen einander so viel Gutes tun. Dieser Trip hat mir die Augen geöffnet und mich inspiriert. Ich kann es kaum erwarten, zuhause Couchsurfern einen Schlafplatz anzubieten. Ich will etwas zurückgeben.«

Benni hat mir die Augen verbunden und führt mich aus dem Surf City Hostel hinaus auf die Straße. Seit gestern sind wir in Los Angeles und Benni verliert kein Wort darüber, was er mit mir vorhat. Hat nur gesagt, dass wir bis Montag einen Platz zum Schlafen hätten.

Ich höre, wie eine Autotür aufgeht, steige ein und sitze tief in sportlichem Leder. Dann zieht mir Benni vom Rücksitz aus den Sweater von den Augen, denen ich dann ein paar Augenblicke lang nicht zu trauen vermag. Vom Fahrersitz aus lächelt mich eine hübsche Frau im weißen Kleid an, streicht sich die blonde Mähne nach hinten. Als ich die Fassung wiedergefunden habe, falle ich meiner lieben Freundin Petra um den Hals. Auch sie habe ich seit meiner Abschiedsparty in Wien vor bald neun Monaten nicht mehr gesehen. Petra ist Flugbegleiterin, hat einen dreitägigen Aufenthalt in L.A., ein weißes Ford Mustang Cabrio gemietet und mit Benni die Überraschung organisiert. Petra und ich sind in der gleichen Gegend aufgewachsen, sie in St. Pölten und ich in einem Dorf ganz in der Nähe. Im Pendelzug nach Wien lernten wir einander kennen und stellten fest, dass wir am Weg in dieselbe Vorlesung waren. Auch Petra studierte Publizistik. Angefreundet haben wir uns erst Jahre später.

Benni und Petra kennen einander seit vergangenem Sommer. Wir urlaubten als Männerrunde gerade auf der kroatischen Insel Hvar, Petra und ihre Mädels zufälligerweise auch. Wir Jungs hatten ein kleines Motorboot gemietet, luden die Damen ein und verbrachten ein Bilderbuchwochenende am Meer.

Die kommenden drei Tage werden wir gemeinsam Los Angeles erkunden. Benni und ich dürfen bei Petra im Business-Hotel übernachten, ihre Unterkunft während des Zwischenstopps.

Zu dritt schlendern wir den Muscle Beach entlang, hier trainieren die Tenpacks. Einer zeigt, was er kann, mindestens zehn stehen hinter dem Zaun und schauen zu, filmen den Kraftprotz mit ihren Handys. Beherztes Stöhnen, dann kracht die rostige Langhantel auf den Boden. Arnold Schwarzenegger hat sich hier zum Mister Universum gepumpt, er ist für die Hulks hier ein Held – sein Konterfei grinst von jedem dritten Shirt in den Souvenirshops. Neben dem Muskelkäfig stehen drei und rappen zu Beats aus dem Ghettoblaster. Fünfzig Meter weiter findet ein testosterongeladenes Basketballmatch statt. Pralle Frauen stolzieren herum. Hier will jeder irgendetwas sein.

Als Benjamin, Petra und ich im Mustang mit offenem Verdeck in Beverly Hills einreiten, sind die Häuser längst pompös, mit italienischen Sportwagen und englischen Limousinen in den Einfahrten. Je weiter wir die Hügel hinauf gondeln, desto ausufernder stellen die Superreichen ihren Wohlstand zur Schau. Schlösser, deren Größe sich teilweise nur noch erahnen lässt, zu hoch sind die Mauern, zu lange die Zufahrten. 2Pac aus den Boxen. Die Raplegende – selbst erschossen mit 25 – erinnert daran, dass die Stadt auch ganz anders kann.

To live and die in L.A., where everyday we try to fatten our pockets.
Us niggas hustle for the cash so it's hard to knock it.

Unvermittelt und völlig aus dem Kontext gerissen blitzen Reisebilder durch meinen Kopf. Menschen unter Plastikplanen neben der Straße, weil die Schlammlawine von Mocoa ihre Häuser samt Familien weggerissen hat. Weiter in ein Dorf von Indigenen im Amazonas-Dschungel, erst vor drei Wochen war ich dort. Dort verwenden sie kein Klopapier, sondern Palmblätter, die sie vor der Benutzung sorgsam inspizieren müssen, um sich nicht mit einer Giftspinne den Arsch auszuwischen. Anakondas bereiten ihnen Sorgen, weil sie ihnen die Hühner wegfressen. Welche Sorgen plagen wohl die Bewohner von Beverly Hills?

So spektakulär die Sonnenseite der City of Angels auch anmutet, nach der hundertsten Megabude hinter Palmen und dem zweihundertsten Supersportwagen, der durch die güldenen Einkaufsstraßen röhrt, habe ich den Überfluss dann auch gesehen. Und jetzt, was bleibt? Welche Momente haben mich berauscht? Wie haben mich die Menschen inspiriert? Welche Gefühle darf ich abspeichern, welche Geschichten mitnehmen? Das Einfache und Unkomplizierte, das Ungeplante und Unplanbare hält oft die herrlichsten Überraschungen bereit. Schon komisch. Wo die Fülle am größten ist, wo fast alles riesig, komplex, ja kitschig schön ist, da fühle ich nur blasse Substanz. Zwar strahlend sonnig, aber dennoch kalt.

Doch ich muss aufpassen, denn die Scheinheiligkeit lauert. Wer das Wasser predigt, soll nicht beschwipst nach Hause kommen. Auch ich genieße den Komfort im reichen Land. Die Sportsitze des Mustangs fühlen sich gut an unter meinem Hintern und aufs Gaspedal zu steigen macht Freude. Das weiche Hotelbett, für das ich nichts bezahle, ebenso. Und erst die kalten Coronas mit Zitrone am Pool. Ich will ehrlich sein: Die drei Tage in Los Angeles waren eine willkommene Abwechslung. Eine Überraschung von lieben Freunden, da will ich dankbar sein für jeden Luxus, in dem ich mich suhlen darf, für jede Pause vom Reisetrubel und für das vertraute Gefühl des westlichen Standards, das ich nach Monaten der fremden Kulturen durchaus schätze. Und trotzdem schreibe ich diesen Zwiespalt hier nicht umsonst auf. Denn es fröstelt mich merklich, immer wieder. Ein Gefühl, das ich noch nicht genau benennen kann. Als würde mir die Rückkehr in den Wohlstand einer modernen, konsumorientierten Gesellschaft vor Augen führen, dass ich dort nicht mehr so nahtlos hineinpasse, wie das früher einmal war. Ein Konflikt bahnt sich an zwischen dem, der seine alte Welt verlassen hat und dem, der daraus geworden ist. Doch um das zu begreifen, fehlt es mir an diesem 31. Juli 2017 noch an Bewusstsein, an Erfahrung, an Selbstkenntnis.

Verabschiedung von Petra vor dem Hotel. Für sie geht es per Direktflug zurück nach Wien und für uns zurück auf die Straße. Von der Rezeption noch schnell ein Kartonschild mitnehmen und wieder den Daumen raushalten. Noch 120 Meilen bis San Diego.

ANERKENNUNG SCHENKEN

Der amerikanische Philosoph und Psychologe John Dewey wusste schon vor hundert Jahren: »Der stärkste Trieb in der menschlichen Natur ist der Wunsch, bedeutend zu sein.«

Dieser Wunsch lässt sich durch ehrliche und aufrichtige Anerkennung erfüllen. Der Akt an sich ist nicht so selbstlos, wie er scheinen mag. Denn wer jemand anderen zum Lächeln bringt, lächelt selbst. Sag der Passantin Bescheid, wenn dir ihr Stil gefällt. Bring dem Obdachlosen vor dem Supermarkt ein Sandwich mit. Frage den Taxifahrer, wie es ihm geht. Schreibe eine liebe Nachricht an jemanden, der dir wichtig ist. Bedanke dich bei einem Polizisten, dass er seinen Job macht. Oder bei einem Müllmann. Oder bei irgendjemand anderem, dessen Arbeit du wertschätzt. Führt dein Chef sein Team mit Fingerspitzengefühl? Zeige ihm deine Wertschätzung. Sei kreativ.

Mache eine 30-Tage-Challenge draus. Ein hervorragender Weg, um ein Gefühl dafür zu bekommen, wie sich ein erhöhtes Maß an Wertschätzung auf das eigene Wohlbefinden auswirkt. Sei täglich jemandes Lichtblick und beobachte, wie sich die Wahrnehmung deiner Wirklichkeit dadurch verändert. Schreib es auf, wenn du magst. Dale Carnegie zitiert in seinem Buch *Wie man Freunde gewinnt* ein Sprichwort:

»Ich gehe diesen Weg nur ein einziges Mal; alles Gute und Freundliche, das ich irgendeinem Menschen erweisen oder bezeigen kann, laßt mich deshalb sogleich tun. Laßt es mich nicht hinausschieben und nicht vernachlässigen, denn ich werde diesen Weg kein zweites Mal gehen.«

1. BIS 29. AUGUST 2017.

KAPITEL 9

ACHTERBAHN IM SONNENSCHEIN

ZU BESUCH BEI FREUNDEN IN SAN DIEGO

»Krise ist ein produktiver Zustand. Man muss ihr nur den Beigeschmack der Katastrophe nehmen.«

Max Frisch

★

Ein dunkler Subaru blinkt, hupt und hält neben uns an der Bushaltestelle. Der Wagen steht keine Sekunde, da hüpft Alan mit breitem Grinsen heraus. Wir fallen einander in die Arme. Auch Benni konnte das Wiedersehen kaum mehr erwarten. Wir beide haben Alan vor zwei Jahren zum letzten Mal gesehen.

Rückblende – September 2015. Seit zwei Wochen hält die Flüchtlingsbewegung Europa in Atem. Ich bin als ORF-Reporter in einem Camp in München, um das dort herrschende Chaos mit der Fernsehkamera aufzuzeichnen. Wir haben die Dreharbeiten gerade beendet, da kommt ein junger Mann mit Rucksack auf mich zu. Seinem Englisch nach zu urteilen, kommt er aus den Staaten. Er fragt mich, an wen er sich wenden könne, wenn er hier freiwillig mithelfen möchte. Ich empfehle ihm, mit der Dame zu sprechen, die ich gerade interviewt habe. Unser Gespräch dauert knapp drei Minuten. Ich erfahre, dass er Mexikaner ist, der in San Diego lebt und für ein knappes Jahr Europa bereist.

»Ich muss zurück nach Wien«, sage ich.

»Cool, Wien«, sagt der Reisende, »das ist mein nächstes Ziel, sobald ich hier im Lager etwas tun konnte.«

Meine Intuition lädt den Fremden in mein Leben ein.

»Brauchst du eine Couch zum Übernachten?«, frage ich ihn.

Fünf Tage später betritt der kleine Mexikaner meine Wohnung, in der Hand seinen Gitarrenkoffer. Wir verstehen uns ab der ersten Minute, als würden wir einander schon seit Jahrzehnten kennen. Ein

Soulmate, so etwas passiert selten. Drei Tage wollte Alan bleiben – er blieb dreißig.

Im Auto haben wir einander so viel zu erzählen, dass wir gar nicht wissen, wo wir anfangen sollen. Benni und ich berichten von unserem Trip von San Francisco hierher. Dann ist Alan dran. Er arbeitet gerade eifrig an seinem ersten Album, fünf, sechs Stunden pro Tag. Dazu hat der Gitarrenheld einen inspirierenden Ort gefunden, das Haus eines Freundes in den staubtrockenen Hügeln um die Kleinstadt Fallbrook. Dort werden wir heute übernachten, bevor wir morgen weiter nach San Diego fahren. Alans Tätowierung auf seinem linken Oberarm fällt mir auf, ich habe schon vergessen, dass er sie hat. Ein Satz, ein Songtitel von Bob Dylan, von einem, der seit über fünfzig Jahren im Geschäft ist.

Don't think twice, it's all right.

Alan träumt vom großen Erfolg als Musiker. Viele tun das, doch der Junge ist mit so viel Talent und Hingabe am Start, dass ich ihm alles zutraue. Wer weiß, wer in 50 Jahren seine Songtitel am Oberarm tätowiert hat.

Fallbrook liegt circa eine Autostunde von San Diego entfernt. Wir fahren eine enge Asphaltstraße hinauf, vorbei an sandigen Steppen und gelbtrockenen Büschen. An deren Ende befindet sich Alans Rückzugsort. Das große Landhaus ist ein Juwel, nicht protzig, eher charmant. Sein Besitzer – Alans guter Freund Jamie – ist nicht zuhause. Doch sein Haus und die warme Einrichtung stellen ihn mir vor als einen, der ins Leben verliebt ist. Ein großer, offener Kamin mitten im stattlichen Wohnzimmer und viele Fenster, durch die das Licht herein findet. Ein Kachelboden aus Terracotta und gleich hinter der Küche eine Terrasse mit frechschönem Ausblick auf die Hügel des sanften Hochlandes. Zwei Liegestühle aus Holz, um die Gedanken in die Ferne schweifen zu lassen. Jamie hat eine Leidenschaft für Frauen, das verraten alte, liebevoll arrangierte Aktfotografien an den Wänden – sie müssen aus den Siebzigern oder Achtzigern stammen.

Ein Holzsteg führt zu Orangenbäumen im hauseigenen Hinterland. Der Abstand zum Boden wirkt durchaus beruhigend, Aufmerksame können den Klapperschlangen beim Rasseln zuhören.

Alan darf mehrere Tage pro Woche kostenlos hier sein und musizieren, weil sein betagter Gastgeber ein Rezept gefunden hat, um jung zu bleiben. Er teilt seinen üppigen Wohnraum mit jungen Kreativen, die ihn inspirieren. Davon dürfen nun auch Benni und ich profitieren, als Gäste.

Weil er in seinem Leben ein paar gute Entscheidungen getroffen hat, sorgt sich Jamie um sein Auskommen schon länger nicht mehr. Er widmet den Spätnachmittag seines Lebens dem Umweltschutz und kauft mit seiner gemeinnützigen Organisation Land in der Umgebung auf, bevor es die Industrie tut.

Leider werde ich Jamie nur einmal kurz zu Gesicht bekommen. Dabei hätte ich so viele Fragen an ihn.

Es ist die Zeit der großen Häuser auf meiner Reise. Alans Familie lebt in einem schicken Bezirk, so etwas wie die Beverly Hills von San Diego. Sein Vater ist Unternehmer, an Geld mangelt es nicht. Benni und ich dürfen uns in der Villa mit penibel gepflegtem Garten, großem Pool und Jacuzzi wie zuhause fühlen. Ich schlafe in einem großen, weichen Bett mit mehr Polstern, als ich in meiner ganzen Wohnung habe. Frisch gemacht von der Haushälterin, die auch täglich für uns kocht. Es sei ihm eine Ehre, hat Alans Vater gesagt, mir die Gastfreundschaft zurück zu schenken, die ich seinem Sohn vor zwei Jahren erwiesen habe. Ich darf so lange bleiben, wie ich möchte. Benni auch. Er hat noch eine Woche, bevor er wieder nach Hause fliegt.

Wir besuchen ein Konzert von KRS-One, einem der begnadetsten Rapper unter der Sonne und Held meiner Jugend.

This is what you waited all year for.
The hardcore, that's what KRS is here for.

h glaube nicht, dass uns bis jetzt
endjemand ernst genommen hat.«
Matzleinsdorfer Platz, Wien

Reisebloggen am Strand von Nizza.

Martin und ich mit Regis.
Nachdem uns der Franzose bei Marseille
aufgegabelt hat, stellt er uns seine Familie vor.
Perpignan, Frankreich

»Ihr könnt bei mir übernachten, mein Vater kocht und
der Kamin ist auch schon angeheizt.«
Mit Henrique
in Palmela, Portugal.

as Steuerruder
ischen den Beinen –
laue Flecken ab Tag drei.

Mit der »Sailing The Farm« in acht Tagen von Portugal auf die Kanaren.

Martin in der Schlafkoje der »Sailing The Farm«.

Treue Reisekumpanen auf dem Seeweg nach Teneriffa.
Martin, El Capitan und ich
nach viertägiger Seekrankheit am Atlantik.

Drei Tage in Areks Behausung
am Hippiestrand von La Caleta, Teneriffa.

Drei Tage alleine im Wald.
„Vision Quest“ in den Bergen um El Bailadero, Teneriffa.

Auf der Suche nach einem Boot über den Atlantik
im Hafen von Las Palmas, Gran Canaria.

Martin hat gerade unsere Annonce ans schwarze Brett geklebt. Fast alle suchen nach Booten, kaum einer nach Crew.

Sonnenaufgang über dem Atlantik.

Die Transatlantik-Crew:
Wolli, Christian, Anna,
Peter, Lothar und Jakob.

Immer Richtung Westen:
4.800 Kilometer
über den Atlantik.

Land in Sicht nach drei Wochen:
Eine karibische Fischerinsel vor Guadeloupe.

Auf dem »Lost City Trek« im kolumbianischen Dschungel.
Sierra Nevada de Santa Marta, Kolumbien.

In der »Ciudad Perdida«,
der verlorenen Inkastadt im Norden Kolumbiens.

Die »Kinder der Wüste«
hoffen auf Trinkwasser und Münzen
von den vorbeifahrenden Touristen.
La Guajira, Kolumbien.

Eine Woche »Volunteering« bei Marlyn in El Crucero, Kolumbien.
Jeden Sonntag verschenkt sie Gemüse, das sie auf ihrer Bio-Farm anbaut.

An den Geruch gewöhnt man sich.
Fenster bauen aus Whiskyflaschen,
Schlamm und »mierda de los burros«, Eselscheiße.

Filmteam um Noah (4. von links)
oduziert eine Dokumentation
er die Reintegration
naliger FARC-Rebellen.

e Polizei bewacht
lie Dreharbeiten in einem
r ärmeren Viertel
n Bogotá, Kolumbien.

Geburtstag feiern mit Nicolás in Medellín.

Der Schamane Jaime
bei der Zubereitung von Ayahuasca
in Mocoa, Kolumbien.

Ramiro betreibt ein Seniorenheim für zwölf Obdachlose – mit 150 Dollar pro Monat. Chinchiná, Kolumbien.

Mit Reisepartnerin Morgan auf den Galápagos Inseln.

Im Regenwald
des Yasuni-Nationalparks
nahe der peruanischen Gre
Nuevo Rocafuerte, Ecuad

Ein Dorf am Rio Napo.
Nur alle paar Wochen
bringt das Boot,
was die Menschen
hier brauchen.

Luis spielt Posaune, wann immer er kann.
Auch auf dem Frachtboot von Pantoja nach Iquitos, Perú.

Mit dem Schamanen Marlon
uf dem Weg zu einer Ayahuasca-Zeremonie
in den Dschungel.
nta Maria del Ojeal, Perú.

Schlammschlacht im Amazonas bei Iquitos, Perú.

Per Anhalter
von San Francisco
nach San Diego.
Santa Cruz, Kalifornien

Besuch aus der Heimat:
Mit Benjamin im Golden Gate Park in San Francisco.

Benni und ich mit Juliana am Highway 1
in der Nähe von Big Sur, Kalifornien.

Sonnenuntergang
in San Diego.

Bei Freunden
in San Diego.
Alan, Benjamin,
Ita und ich.

Hochklettern eines Wasserfalls auf Maui, Hawaii.

Klippenspringen in Lahaina, Maui.

»The Run to the Sun«: 57 Kilometer und 3.000 Höhenmeter von der Paia Bay auf den Gipfel des Haleakalā-Vulkans.

Sechs Tage alleine auf Kauai. Secret Beach, Kauapea.

Zweitägige Wanderung auf dem Napali Coast Trail im Nordwesten von Kauai, Hawaii.

Freunde finden in Varanasi, Indien.

Neue Freunde finden in Varanasi, Indien.

Affentheater in Jaipur.

Auf diesem Foto nicht zu sehen: die Welle, die mir kurz nach der Aufnahme ins Gesicht schwappt. Goa, Indien.

Asana-Praxis im Rahmen der dreiwöchigen Yogalehrerausbildung in Goa.

Wellen beobachten in der Meditationsklasse am Patnem Beach.

Funkstille während des Essens im Sivananda Ashram in Madurai, Südindien.

Meditieren im Zen-Kloster in Kodaikanal, Südindien.

Heimkehr nach 402 Tage
Ankunftshalle,
Flughafen Wien.

In der Pubertät war ich Megafan, habe mir selbst die Seele aus dem Leib geschrieben. Habe Liebeskummer, Aggressionen und sonstigen Jugendwahn in Versen zu Papier gebracht. Habe Platten samt -spieler nur der Instrumentals wegen gekauft, um in meinem Kinderzimmer *freestyles* zu üben, die spontane Improvisation von Reimen. Meine Hosen waren zu groß und saßen deutlich unterm Hintern, ein paar Songs habe ich aufgenommen, hie und da stand ich auf der Bühne. Doch in den vergangenen zwölf Jahren ist die Leidenschaft erloschen. Ich habe mich der elektronischen Musik zugewandt, Hip-Hop war für mich gestorben. Seit ich in Kalifornien bin, nehme ich sanfte Herzmassagen wahr, eine Wiederbelebung. KRS-One kam gestern Nacht mit dem Defibrillator.

Abends mit Alan und Benni im Jacuzzi. Das Wasser blubbert, drei Corona-Flaschen klingen beim Anstoßen und Alan sitzt am Beckenrand und spielt auf seiner Gitarre. Als ich ihn frage, was für ein Lied das sei:

»Ich weiß nicht, ist mir gerade eingefallen.«

Alan legt seine Gitarre beiseite und rutscht ins heiße Wasser. Dann beginnen wir eine dieser Unterhaltungen, die uns schon in Wien so aneinandergeschweißt haben. Darüber, wie aussagekräftig unsere Freundschaft doch ist.

Alan ist Jude, geboren in Mexiko, aufgewachsen in San Diego. Seine Großeltern sind vor den Nazis nach Amerika geflohen. Ich bin Österreicher, mein Großvater hat in der Waffen-SS gedient. Was genau er dort gemacht hat, habe ich nie erfahren. Vor zwei Generationen waren unsere Familien Todfeinde. 70 Jahre später laufen wir einander in einem Flüchtlingslager in München über den Weg. Zwei weitere Jahre später sitzen wir in einem Whirlpool in San Diego, teilen brüderliche Liebe und philosophieren über den Zustand der Welt.

Vor wenigen Tagen ist ein Neonazi in Charlottesville in eine Menschenmenge gerast und hat eine 32-Jährige getötet. Kurz darauf mähen Wahnsinnige mit einem Van über die Ramblas in Barcelona, diesmal sind es radikale Muslime, diesmal sterben dreizehn Menschen.

»Wir Menschen investieren so viel Energie, um einander zu zerstören«, sagt Alan. »Das gilt nicht nur für Extremisten, sondern auch für jene Politiker, die Angst und Hass schüren gegen Minderheiten und damit den Boden fruchtbar machen für Radikales aller Art.«

»Natürlich, wir sind im Trump-Land«, werfe ich ein. »Aber er alleine ist ja nicht das Problem. Was ist mit uns, welche Rolle spielen wir?«

»Wenn wir ein Mindset zulassen«, sagt Alan, »das nicht das Gute, sondern das Schlechte sieht, nicht das Verbindende, sondern das Trennende, dann machen wir uns mitschuldig.«

KRS-One würde jetzt sagen:

No, you can't criticize no one's leadership tight,
when your own house and space you ain't leading it right.

Die Tage in San Diego ziehen nur so ins Land, bestehen hauptsächlich aus Chillen am Strand, am Surfbrett, am Pool oder auf Partys. Fast immer ist Alkohol dabei, mehrmals täglich. Auch Joints machen die Runde, Cannabis ist hier legal. Täglich lerne ich neue Leute kennen, täglich scheint die Sonne, high life.

Der Vormittag des 8. August, eine Woche sind wir jetzt in San Diego. Alan und Benni nehmen drinnen gerade Musik auf, die beiden inspirieren einander mit ihren Leidenschaften. Phasenweise muss ich mich aus den Gesprächen der Aficionados ausklinken, da ich zu Themen wie Pearl Jam oder der Tonqualität von Studiomikrofonen einfach nichts zu sagen habe. Vor allem Benni glüht vor Enthusiasmus, ihm hat die Zeit in Kalifornien sichtlich gutgetan. Ich hingegen liege am Pool und klimpere gelangweilt auf der Gitarre. Die Akkorde klingen schief. Nicht nur, weil meine Finger immer noch danebengreifen und mein Taktgefühl holpert. Was einer wahrnimmt, hängt immer auch davon ab, wer es wahrnimmt. Hier: Einer, der an sich zweifelt, der sich schlapp fühlt, träge und unmotiviert. Meine Schreibe vernachlässige ich seit einer Woche, kein Tagebuch, keine Ideen. Auch der Alkoholkonsum ist zur Gewohnheit und damit zu einer zunehmenden Körperbelastung geworden. Nur eingestehen will ich mir das nicht. In Wahrheit sabotiere ich mich selbst durch meine Gedanken, Gefühle und Handlungen. Das verdirbt mir die Laune und torpediert mein Selbstwertgefühl. Gerade jetzt und ausgerechnet hier, im Schlaraffenland?

Am Samstag fahren wir nach Tijuana, nach Mexiko. Die Grenzstadt ist nur eine halbe Stunde von San Diego entfernt. Da zahlt es sich aus, für eine Nacht hinzufahren und einen draufzumachen. Das Erste, was mir in den Sinn kommt, wenn ich an Tijuana denke, ist die Songzeile von Manu Chao:

Welcome to Tijuana. Tequila, Sex and Marihuana.

Kommt einer aus Kalifornien, betritt er hier eine andere Welt. Die Straßen sind wüst, Neonreklame hängt schief von den Geschäften, Menschen reden laut durcheinander und Prostituierte lehnen an den Ecken. Schnell möchte mich eine für ihre Dienste erwärmen. Danke, nein, ich habe meine Prinzipien.

Abends Bier und Mezcal in einem Tacoladen, bei so günstigen Preisen schmeckt der Alk noch besser. Wir wechseln in einen Club, auf der Terrasse tanzen die Chicas und ein paar Gigolos bemühen sich um ihre Aufmerksamkeit. Meine Versuche, mit Frauen ins Gespräch zu kommen, scheitern seit Tagen kläglich. Ich bin nicht in Stimmung, sage ich zu Alans Bruder Ita, der sich gefreut hätte, mit mir auf die Pirsch zu gehen. Die Wahrheit ist: Ich traue mich nicht. Meine innere Welt bereitet mir gerade so viel Kummer, dass ich Angst habe, sie nach außen zu zeigen. Jede Zurückweisung wäre eine Bestätigung meiner Selbstzweifel – ein Teufelskreis. Außerdem bin ich schon betrunken.

Die Runde ist mittlerweile größer geworden, Alan hat ein paar Freunde getroffen. Einer von ihnen schlägt vor, in einen der berüchtigten Nachtclubs zu gehen. Tijuana ist für seine Rotlichtszene berühmt – na, wenn wir schon mal hier sind.

Die meisten Frauen tragen Tangas, ein paar stechen heraus und haben noch ein Kleidchen an. Äußerst attraktive, barbusige Geschöpfe, sie tanzen an der Stange, bringen die Drinks und setzen sich damit gleich auf die Schenkel der Lustmolche. Zu einem solchen bin ich durch das Betreten des Etablissements nun selbst geworden. Die ersten 20 Minuten komme ich mit dem Schauen nicht zurecht. Auf der Bühne rekelt sich eine Splitternackte, eine zweite kommt dazu und steckt ihr die Faust zwischen die Beine. Die Umherstehenden jubeln, werfen Geldscheine hin, einer darf selbst einmal den Finger versenken.

Es ist mein erstes Mal im Puff. Solche Orte habe ich immer gemieden, für Sex zu bezahlen kam für mich nie in Frage. Die Bühnenshow finde ich unterhaltsam, da völlig skurril, abstoßend auch irgendwo. Und ja, es wäre sonst nur die halbe Wahrheit, auch erregend.

Wir, mittlerweile acht Männer, machen es uns an einem Tisch mit violettem Plüschmobiliar gemütlich und bestellen eine Flasche Tequila. Eine hinreißende Latina bringt den Spiritus samt Salz und Zitronen, dann geht die Party los. Ein paar fast nackte Frauen gesellen sich zu uns. In zehn Minuten reiben drei verschiedene Damen ihre Hintern an meinem Schoß und bieten ihre Körper feil. Ich darf hingreifen, die Hemmschwelle sinkt mit jedem Stamperl. Längst bin ich nicht mehr Herr meiner Sinne, bin ferngesteuert. Doch das soll als Entschuldigung nicht gelten für das, was als Nächstes passiert. Eine Schöne bleibt bei mir, ihr Körper wie aus dem Katalog. Sie wirkt unschuldiger als die anderen, weniger aufreizend, eher lieblich. Ihre dunklen Augen glänzen und ihre vollen Lippen flüstern mir zu, wie viel eine halbe Stunde mit ihr kostet.

Als ich mit ihr aufs Hotelzimmer gehe, weiß ich, dass ich einen Fehler begehe.

Benni ist gestern nach Hause geflogen, Alan arbeitet an seinem Album. Ich liege wieder am Pool in der Sonne, aber in mir drin regnet es seit Tagen – vor Leere, vor Scham. Ich bin völlig aus der Balance, huste mir die Lunge aus dem Leib, schreibe wirre Gedanken in mein Tagebuch und frage mich, wie das hier jemals ein Buch werden soll, das jemand lesen möchte.

Telefonat mit meinem Papa, auch er spürt die Verstimmung.

»Irgendetwas tut dir nicht gut, Sohnemann. Du bist down, obwohl rundherum alles da ist. Ich finde das interessant. Wie irrelevant Reichtum ist, wenn du dich arm fühlst.«

Von der Episode in Tijuana erzähle ich ihm nicht, es ist mir peinlich. Sie hat mir einen Kater versetzt, der mit scharfen Krallen an den Resten meines Selbstwerts kratzt. Ich habe meine Prinzipien über Bord geworfen. Ich wollte es einfach wissen, warum auch immer. Die halbe Stunde habe ich nicht einmal ansatzweise gebraucht, zu aufgeregt, zu neben mir war ich. Kein Kuss, keine Emotion, keine Verbindung – es war der miserabelste Sex meines Lebens. Warum reicht es mir nicht zu wissen, dass gewisse Dinge einfach scheiße sind? Warum muss ich es erst selbst herausfinden? Nun gut, ich will auf dieser Reise so viel Neues probieren wie möglich. Doch jetzt – ich kann's mir nicht mehr schönreden – bin ich zu weit gegangen.

Es war einer der größeren Fehltritte, die ich mir bisher geleistet habe. Und er kann nur zu rechtfertigen sein, wenn ich aus ihm lerne. Das allein ist der Grund, warum ich gar so intime Erlebnisse hier hinschreibe. Weil sich dahinter eine Erkenntnis verbirgt, die mich weiterbringen wird. Das, freilich, kann ich jetzt noch nicht wissen.

Jetzt leide ich. Mein Ego hat sich ins eigene Fleisch geschnitten. Wollte immer mehr und dann noch mehr, doch es war längst genug. Ich muss etwas ändern. Nicht hie und da an einer Schraube drehen, nein, eine Generalüberholung ist angesagt.

Zuvor aber kommt mich Morgan in San Diego besuchen. Ich habe uns für eine Nacht eine AirBnB-Unterkunft organisiert, ein hübsches kleines Apartment in Gehweite zum Strand. Morgen wollen wir gemeinsam nach Fallbrook, dürfen dort ein paar Nächte in Jamies Haus wohnen. Zwar möchte ich mir meine Verstimmung nicht anmerken lassen, aber Morgan ist feinfühlig genug und registriert die Schieflage meines Gemüts. Doch sie urteilt nicht und nimmt mich, wie ich bin. Sie macht mir das größte Geschenk, das ich mir von einer Freundin in einer solchen Situation wünschen kann: einen wertfreien Raum, in dem alles sein darf, alles okay ist. Balsam für die Seele.

Wir gehen zum Strand mit einer Flasche kühlem Weißwein und meiner Gitarre. Ich spiele ihr im Sonnenuntergang vor, was ich geübt habe. Vier simple Akkorde reichen für *Knockin' On Heavens Door.* Nachts sitzen wir im heißen Jacuzzi der Apartmentanlage und reden übers Leben. Wir tanzen auf dem Bett zu *Despacito* – Erinnerungen an Kolumbien. Nichts sonst ist jetzt wichtig, wir feiern einander, haben uns gern.

Am übernächsten Tag auf der Terrasse in Fallbrook:

»What's going on in this pretty little head of yours?«, fragt mich Morgan, als ich in die Ferne starre.

»Nothing«, lüge ich und lächle. Vieles geht mir gerade durch den Kopf. Nichts davon taugt, um den Moment mit Leichtigkeit zu füllen. Ich will die Stimmung nicht ruinieren und erzähle ihr nicht, dass ich mich frage, wie die Sache mit uns weitergehen könnte. In zwei Tagen werden wir uns zum sechsten und für unbestimmte Zeit letzten Mal voneinander verabschieden. Dann fliegt sie zurück nach San José und in zwei Wochen verlasse ich Kalifornien und setze meine Reise in Richtung Westen fort. Ich will realistisch sein, eine gemeinsame Zukunft sieht anders aus. Doch genug davon, wir wollen einander genießen, solange es noch geht.

Fallbrook macht etwas mit mir. Nachdem Morgan abgereist ist, verbringe ich noch zwei Tage alleine hier. Das große Haus hat so viele positive Vibes in den Wänden gespeichert, so viel Leben, dass ich mich alleine dadurch leichter fühle, dass ich hier bin. Ich schreibe viel, erstmals wieder seit Wochen. Ich strukturiere meine Gedanken, verarbeite meine Gefühle in meinem Tagebuch und schreibe Ideen nieder, Zukunftsvisionen. Wieder schweift mein Blick über die wie hingemalte Hügellandschaft.

Wie will ich leben? Wer möchte ich sein? Wer möchte ich nicht mehr sein? Ich selbst ziehe die Fäden, bin alleinverantwortlich für mein Lebensglück. Wenn ich Verantwortung übernehme, übernehme ich das Ruder und kann steuern, wohin ich möchte. Bleibt die Frage: Wohin möchte ich?

Abends sitze ich wieder im Liegestuhl auf der Terrasse und schreibe an einem Porträt für meine Webseite.

Ich fühle mich befreit von den Altlasten der vergangenen Wochen, wieder beschwingter, wieder inspiriert. Laufen und ein bisschen Krafttraining haben mir gutgetan. Vor mir der Himmel in fünfzig Orangetönen, in dem die sieben Schichten an Hügeln sanft verblassen. Eine Spinne krabbelt an einem Faden in Richtung Holzdecke und in der Ferne heulen ein paar Kojoten.

Dann klopft es an der Tür. Eine junge, blonde Frau steht da mit zwei Umzugskartons und ein großer, dunkelhaariger Mann, der eine Staffelei in der Hand hält. Das Paar stellt sich vor als Haylee und Taylor, die beiden ziehen bald bei Jamie ein und bringen ein paar Sachen vorbei. Ich helfe ihnen beim Reintragen, ihr ganzes Auto ist voll. Wir verstehen uns alsbald, doch viel Zeit für Gespräche haben wir nicht. Die beiden müssen weiter.

Am nächsten Tag bekomme ich eine E-Mail von Haylee, ich habe ihr meine Karte gegeben. Sie und Taylor hätten sich meine Webseite angesehen und seien begeistert, möchten mich gerne einladen zu ihrer Pool Party ins Zen House.

Zwei Tage später holt Haylee mich vom Bahnhof in Oceanside ab, einer Kleinstadt nahe San Diego. Wir kaufen Essen fürs Barbecue ein und irgendwann sagt Haylee, sie hätte das Gefühl, mich schon ewig zu kennen. Es geht mir ähnlich.

Ein Garten reich an Feigenbäumen umringt das Zen House. Auch Äpfel, Birnen und Zitronen wachsen hier. Ein großer Buddha aus Stein thront auf der Terrasse, von dort überblicke ich das Grundstück und den Pool, in dem ein Kajak schwimmt. Aus den Lautsprechern chillt Bob Marley.

Gemeinsam mit Taylor und seinen Freunden schlagen wir ein paar Golfbälle in die trockene Landschaft, gehen sie wieder suchen, trinken IPA-Bier und essen Feigen vom Baum. Dann zeigt Taylor mir seine Bilder, prächtige Kunstwerke, mit Liebe gemalt. Ich lerne Cory und Maya kennen, die beiden haben geheiratet, da kannten sie sich gerade ein halbes Jahr. Maya stammt aus Israel und hätte sonst nicht hierbleiben dürfen. Fünf Jahre später sind sie immer noch glücklich, nächste Woche übersiedeln sie nach Tel Aviv.

Jetzt sitzen wir im Kreis und Haylee teilt Karten aus mit Spirit Animals. Jeder darf ein Krafttier ziehen. Früher habe ich solche Rituale als Schmafu abgetan. Seit ich im Amazonas die Geister der Natur kennengelernt habe, bin ich aufgeschlossener, meine Ignoranz ist der Neugierde gewichen. Ich halte nun die Karte mit der Eule in meiner Hand. Hier steht, das Tier stehe für eine tiefe Verbindung zu Weisheit und Intuition. Mit der Eule als Krafttier hätte einer gute Chancen zu sehen, was die meisten nicht sehen – die Realität hinter der Illusion. Okay, wir müssen es nicht übertreiben.

Später am Abend führe ich ein Gespräch mit Psalm, sie ist mit ihrem sechsjährigen Sohn Bodhi hier. Psalm hat ein markantes Gesicht, lange braune Haare, einen auffallend wachen Blick und einen Körper, den sie augenscheinlich oft und kräftig bewegt. Psalm wirkt ausgesprochen selbstbewusst, ausgeglichen und ruhig. Fünf Jahre ihrer Kindheit hat sie auf einer Südseeinsel verbracht. Dort habe sie das Leben gelernt, sagt die 33-Jährige. Noch eine, die sich von der Natur leiten lässt. Viele von ihrer Sorte treffe ich in letzter Zeit. Schnell wird unsere Unterhaltung tiefgründig.

»Wir lassen unser Leben allzu oft an uns vorbeiziehen«, sagt Psalm. »Ohne es zu spüren, ohne es zu leben. Ohne zu merken, dass wir uns selbst betrügen, indem wir unsere Träume verleugnen, weil wir uns den Erwartungen der Gesellschaft beugen.«

Welchen Weg sie für sich stattdessen entdeckt habe, möchte ich gerne wissen.

»Ich habe gelernt, auf meinen Körper zu hören und auf meine Intuition. Die sagen mir schon, wo es langgeht und was ich brauche. Je mehr du auf deine innere Stimme hörst, desto unabhängiger wirst du von der Meinung anderer.«

»Ja, und wie bringst du das fertig?«

»Yoga und Meditation«, sagt Psalm. »Täglich.«

Ich darf im Zen House übernachten, am nächsten Tag schiebt sich der Mond zwischen Erde und Sonne und verdunkelt den Vormittag. Ein Freund von Taylor hat einen Karton gebaut mit einem Guckloch, durch das sich die Sonnenfinsternis augenschonend beobachten lässt. Die meisten Partygäste sind weg, zu fünft sitzt wir nun zusammen und warten bis 10:23 Uhr, dem Höhepunkt des Spektakels.

Haylee liest vor, was sie über das kosmische Ereignis recherchiert hat. Die Sonnenfinsternis hätte einen Wechsel der Energiefelder zur Folge. Konkrete, positive Veränderungen könnten sich einstellen, wenn einer auf diesen Wandel aufspringt und ihn nicht vorüberziehen lässt.

Der Wechsel von Licht zu Schatten zu Licht formt eine besondere Energie, die ich wahrnehme. Ich spüre, dass sich etwas in mir verändert, kann es nicht definieren, kann die Welle nicht einfangen, kann sie nur reiten. Die herrlichen Vibes im Zen House tragen gewiss dazu bei. Ja, vielleicht auch die Sonnenfinsternis, wer weiß?

Die letzten drei Tage in Fallbrook widme ich meiner Zukunft. Ich stehe um 7:30 Uhr auf, jogge eine Runde, dusche kalt und versuche zu meditieren. Mein Rücken tut zwar nach fünf Minuten weh und in meinem Kopf ist der Bär los, aber immerhin, ich sitze still. Dann schreibe ich Artikel für meine Webseite, beantworte die Interviewanfrage einer österreichischen Zeitung und übe Oasis, Pink Floyd und Pearl Jam auf der Gitarre. Ich lese *The 4-Hour-Work-Week* von Tim Ferris und höre *Goals* von Zig Ziglar. Das motiviert mich, Ziele aufzuschreiben. Mir Gedanken darüber zu machen, wie mein Leben aussehen würde, wenn ich es ganz nach meinen Vorstellungen gestalten könnte. Und zu fragen, was ich tun kann, damit es nicht bei der Vorstellung bleibt.

Am vierten Tag sitze ich beim Frühstück und der Swing ist dahin. Trotz Workout frühmorgens, trotz Meditation fühle ich mich matt und – wieder einmal – unmotiviert. Wo kommt dieser Strömungsabriss jetzt wieder her? Ich bin verwundert, auch enttäuscht, dachte, ich hätte endlich meinen Flow gefunden. Frage mich, was ich noch tun soll.

Ich brauche noch ein paar Stunden und eine Autofahrt mit Alan zurück nach San Diego, um zu begreifen – ich habe die falsche Frage gestellt. Eben nicht, was noch tun? Eher, was nicht mehr tun, was loslassen? Ich tüftle so eifrig an meiner Zukunft, dass ich dabei die Gegenwart vernachlässige. In Gesprächen denke ich an To-Do-Listen, blicke ich in die Ferne, suche ich nach Antworten auf Zukunftsfragen. Mein *monkey-mind* springt von einem Themenbaum zum nächsten und trimmt mich auf Performance. Wieder ist es mein Ego, das die Kontrolle an sich reißt und sein eigenes Ding macht. Eine Lektion erfahre ich so oft, bis ich sie gelernt habe. So spielt das Leben, ob es mir gefällt oder nicht.

Vier Monate bleiben mir noch bis zur Heimkehr. Zeit, um endlich loszulassen, was ich zu brauchen glaube. Zeit, um Raum zu schaffen für neue Prioritäten. Zeit, um zu entspannen, zu entdecken, die Welt und mich selbst.

Ich besuche einen Meditationszirkel mit dem Titel *Body Conversationalists* in Encinitas, nicht weit von San Diego. Psalm, die Frau von der

Pool Party, hat mich dorthin eingeladen. Ich will alles ausprobieren, das im Verdacht steht, mich weiterzubringen. Ich brauche frische Mittel, neue Werkzeuge, meine alten wirken überholt. Wir sitzen im Kreis auf Kissen, am Boden eines farbenfrohen, sehr gemütlichen Wohnzimmers. Eine junge Frau leitet die Meditationen an, sie ist eine Freundin von Psalm. Es ist das erste Mal, dass ich versuche, mit meinem Körper zu sprechen. Ich frage ihn in Gedanken, wie es ihm heute geht, was er sich von mir wünscht. Es ist das erste Mal, dass ich Antworten wahrnehme.

Ich war gerade surfen mit Ita. Am Brett habe ich gemerkt, wie schnell mir die Kraft ausgeht. Am Heimweg erzähle ich Alans jüngerem Bruder, dass mein Körper dringend nach Sport verlangt, am besten regelmäßig. Ita empfiehlt mir ein Yoga-Studio für meine letzten sieben Tage in Kalifornien. Dort würden sie kostenlose Schnupperwochen anbieten. Ich bin skeptisch.

»Yoga ist doch ein Frauensport, wenn es überhaupt ein Sport ist.«

»Die haben dort Core Power Yoga«, sagt Ita. »Ich schwöre dir, das bringt dich an deine Grenzen.«

Der Saal ist voll, ich finde gerade noch Platz für meine Matte, die ich mir von Ita ausgeborgt habe. Fünfzig Personen waren vor mir da, fünf davon Männer – der DJ und ich inklusive. Trainerin Kelly legt los, kommandiert uns in Posen, die witzig klingen – herabschauende Hunde, Krieger und Delfine. Dazwischen ein paar Hanteln heben, dann runter für Liegestütze, aufspringen, von vorne. Pause gönnt sie uns keine. Nach 30 Minuten muss ich den heißen Saal verlassen, weil mir sonst die Hantel auf den Schädel fällt. Ich kann mich nicht erinnern, dass mir beim Fitnesstraining jemals schwarz vor Augen wurde. Ich schaffe es rechtzeitig zum kühlen Waschbecken. Dann zurück auf die Matte, noch 20 Minuten, dann dürfen wir uns auf den Rücken legen und still sein. Entspannungspose, sympathisch.

Gleich am nächsten Tag stehe ich wieder auf der Matte. Wieder leitet Kelly die Klasse an. Ich bin hingerissen von ihrer Power, sie treibt einen weit hinaus aus der Komfortzone. Heute halte ich länger durch, aber nach 45 Minuten bin ich am Ende meiner Kräfte. Wenn das passiert, hat Kelly gesagt, sei die Child's Pose mein Freund. Ich knie, lege die Stirn auf die Matte, strecke die Arme nach vorne und atme tief. Der Schweiß rinnt, nur duschen ist nasser. Dann, überraschend plötzlich, passiert etwas Magisches. Ich beginne zu grinsen, während ich immer noch nach Luft schnappe. Ich grinse breiter, fange an zu lachen. Ein wildes Kribbeln durchfährt meinen Körper von der Haarwurzel bis zur kleinen Zehe. Ich zittere vor Energie, spüre förmlich, wie Sauerstoff meine Zellen mit Leben erfüllt. Tränen schießen mir in die Augen. Vor Freude, vor Glück. Ich lege mich auf den Rücken und atme tief, kann nicht aufhören zu lachen.

Ich schwebe aus dem Saal, falle Kelly um den Hals und bedanke mich schweißgebadet für das Erlebnis. Ich habe keine Ahnung, was das war. Aber es hat nun meine Aufmerksamkeit.

Hatha heißt der Yoga-Stil, den ich in meiner vierten und letzten Klasse in San Diego kennenlerne. Zwar deutlich ruhiger als die Male zuvor, aber ebenso schweißtreibend. Am Ende liege ich wieder am Rücken, spüre so manchen Teil meines Bewegungsapparates zum ersten Mal und fühle mich selten ausgeglichen. Ich wende an, was ich bei den *Body Conversationalists* gelernt habe und frage meinen Körper:

»Wie fühlt sich das an?« Entspannt. Sanftes Kribbeln.

»Was wünschst du dir?« Mein Herz pocht spürbar, als wollte es appellieren: Hör bloß nicht mehr auf damit.

ALTE GEWOHNHEITEN DURCH NEUE ERSETZEN

Gewohnheiten laufen großteils unterbewusst ab. Um sie zu ändern, müssen wir sie ins Bewusstsein holen. Mit einem Blatt Papier zum Beispiel, auf das du schreibst, welche Gewohnheit du gerne ändern möchtest. Weil sie deiner Gesundheit schadet, dir Kopfzerbrechen bereitet oder dich aus anderen Gründen nicht weiterbringt. Notiere, warum du die Gewohnheit ändern möchtest. Finde positive Formulierungen. Nicht: »Ich will mit dem Rauchen aufhören, weil es mir schadet.« Besser: »Ich will mit dem Rauchen aufhören, weil mir der Sport dann mehr Spaß macht.« Frage dich, welche Reize dich zu der routinemäßigen Handlung anregen und welche Belohnung du dir davon versprichst. Finde dann eine Ersatzroutine. Eine gesündere Alternative, die du stattdessen wählst. Eine neue Sportart, zum Beispiel. Das kann in eine Aufwärtsspirale führen, die zum Weitermachen motiviert. Charles Duhigg schreibt in *The Power of Habit,* dass sich schlechte Gewohnheiten nicht auslöschen lassen, nur ersetzen durch bessere. Ebenfalls spannend: »Wenn du einmal Hinweisreize und Belohnungen durchschaust, wenn du verstehst, wie deine Gewohnheiten funktionieren, dann bist du schon am halben Weg, sie zu ändern.«

30 Tage sind ein guter Zeitraum, um neue Gewohnheiten auszuprobieren. Kurz genug, um motiviert zu bleiben. Lange genug, um die positiven Effekte zu spüren. Nach 30 Tagen kannst du die Situation erneut beurteilen und dann entscheiden, ob du weitermachen möchtest oder nicht.

29. AUGUST BIS 19. SEPTEMBER 2017

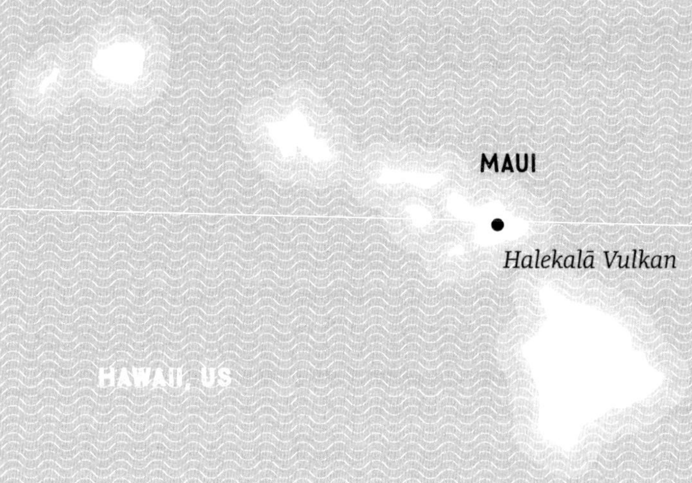

KAPITEL 10

DER HUND SCHAUT VOM VULKAN HERAB

MAUI, YOGA UND DER »RUN TO THE SUN«

»You cannot start the next chapter of your life if you keep re-reading the last one.«

Michael McMillan

★

Ich laufe hinunter zum Strand. Hinter mir erhebt sich die Morgensonne über den Haleakalā, den majestätischen Vulkan. Sein Gipfel ist der höchste Punkt von Maui, so hoch, dass er von Wolken verdeckt ist. Ich komme nicht umhin, mich ständig umzudrehen, so spektakulär sieht die Szene aus. Ich jogge durch Paia, ein charmantes Dorf, das im Wesentlichen aus einer Hauptstraße und einer abzweigenden Nebenstraße besteht. Die T-Kreuzung ist das Zentrum. Ein grünes Holzhaus beherbergt den Supermarkt, ein blaues das Fischrestaurant. Dazwischen ein paar Surfshops und bunte Boutiquen mit Handwerkskunst, ein Zahnarzt, eine Pizzeria und zwei Tankstellen. Die meisten, an denen ich vorbeilaufe, grüßen mich freundlich, als gehörte ich dazu. Es bedarf keines zweiten Blickes, um zu erkennen, dass die Menschen hier langsamer gehen als in Kalifornien. *Hang Loose* ist auf Maui nicht bloß ein Handzeichen, damit die Surfer noch cooler aussehen, sondern allgemein praktizierter Lifestyle. Weiter zum Strand, ich verstecke meine Schuhe hinter einem Busch, laufe die Paia Bay barfuß auf und ab und schwimme dazwischen ein Stück. Dann setze ich mich in den Sand, schließe die Augen und höre den Wellen beim Rauschen zu.

Ich bin zu Gast bei Andy, dem Ex-Freund meiner Schwester Laura. Andy ist groß, schlank, trägt lange Haare, das Basecap schief und die Hosen tief, spricht auffallend langsam und mit tiefer Stimme. Als ich noch in Kalifornien war, hat Andy mir seine Couch angeboten – sofern es mich nach Maui verschlagen würde. Das war einer der

Gründe, warum ich mich vor zwei Wochen dazu entschieden habe, meine Reise auf Hawaii fortzusetzen. Außerdem hat Laura einmal für ein halbes Jahr auf Maui gelebt und mit ihrem Schwärmen mein Interesse für die Inselgruppe geweckt.

Andy wohnt ein paar hundert Meter außerhalb von Paia. Als ich zurück vom Strand zu seinem Haus laufe, fällt mir ein Yoga-Studio auf. Ein liebevoll geschmücktes Holzhaus, in dem neben dem Maui Yoga Shala auch das Island Fresh Café ist. Ich möchte mein Yoga-Momentum gerne aufrechterhalten, erkundige mich nach den Preisen und schlucke. Ein Monatspass kostet 170 Dollar – viel Geld für mein Reisebudget. Ich versuche immer noch, monatlich nicht mehr als tausend Euro auszugeben, was mir in Kalifornien nicht gelungen ist und auch Hawaii ist nicht für seine günstigen Preise bekannt. Zudem weiß ich noch nicht, wie lange ich überhaupt auf Maui bleiben werde, womöglich nicht länger als drei Wochen. Es gibt zwar ein zweiwöchiges Probeabo um 20 Dollar, doch das gilt nur für Einheimische.

Ich erzähle Andy von meiner glorreichen Idee. Er könnte sich anmelden und ich besuche die Yoga-Stunden in seinem Namen. Andy ist einverstanden und lässt sich noch am selben Abend einschreiben.

Am nächsten Morgen trage ich den Namen Andrew in die Spalte der Teilnehmerliste ein und borge mir eine Yogamatte aus. Der Plan funktioniert. Dann kommt eine große Frau mit langen, blonden Haaren und hautenger Kleidung zur Rezeption. Sie stellt sich vor als Nadia, die Besitzerin des Maui Yoga Shala.

»Hi Nadia, I'm Andrew, nice to meet you.«

Autsch!

Nadia leitet die Stunde sehr gefühlvoll an, sie weiß, was sie tut. Doch jedes Lächeln, das sie mir schenkt, jede Korrektur, die sie an meinen Posen vornimmt, beißt in mein Gewissen. Ich kann mich kaum auf die Bewegungen oder meine Atmung konzentrieren, sondern denke darüber nach, dass ich mit falschem Namen zu niemandem hier eine Verbindung aufbauen kann. Ich könnte niemandem von meiner Weltreise erzählen, denn ich bin ja Andrew, der Einheimische. Gerade Yoga besinnt zum aufrichtigen, liebevollen Umgang miteinander. Schummeln, gar lügen, widerspricht allem, wofür Yoga steht. Ich frage mich, wie ich aus der Nummer wieder rauskomme.

Nach der Stunde bitte ich Nadia um ein Gespräch.

»Ich habe einen Fehler gemacht. Ich habe geschwindelt.«

Nadia blickt mich verwundert an, kennen wir uns doch gerade erst seit einer guten Stunde. Ich erzähle ihr von meiner Reise, von meinem Versuch, Geld zu sparen. Und davon, dass es sich falsch anfühlt, was ich hier tue.

Nadia lächelt mich an. Sie nimmt meinen Ausrutscher zur Kenntnis und bedankt sich für die aufrichtige Geste.

»Ehrlichkeit ist sehr wichtig im Yoga. Ich habe das Gefühl, du bist nun bereit, tiefer einzutauchen. Es würde mich freuen, dich in meinen Klassen zu haben.«

Wir umarmen uns. Spätestens jetzt weiß ich, dass ich hier richtig bin.

Der restliche Tag ist voller Leben. Ich fühle mich beschwingt, begegne Menschen offener, Gespräche kommen rascher in Gang. Ich habe auf meine innere Stimme gehört und ihren Rat befolgt. Meine Intuition, welch kraftvolles Instrument.

Yoga wird zu meiner Morgenroutine. Seit fünf Tagen verbiege ich mich im Maui Yoga Shala, schwitze, atme, spüre. Täglich schwebe ich aus der Klasse, das hat Suchtpotential. Ebenso der Spirit, den ich hier inhalieren darf. Positiv, achtsam und mit einem lauten Ja zum Leben.

»Unser wahres Selbst ist so viel größer als wir glauben«, wirft Nadia fast beiläufig ein, während zwölf Schüler im herabschauenden Hund keuchen, einer Standardpose. »Unser Potenzial ist grenzenlos, doch wir setzen die Grenzen in unseren Köpfen und limitieren uns dadurch selbst.«

Mein Kopf hat mir bis vor Kurzem noch erklärt, Yoga sei nichts für mich, zu weiblich, zu lasch. Die engen Grenzen meiner Vorstellungskraft umfassten keine Praxis, die mein Körperbewusstsein erweitert und meine Seele tanzen lässt. Meine größte Hürde war meine Ignoranz.

Wie Wayne Dyer sagte: »*The highest form of ignorance is when you reject something you don't know anything about.*«

Am sechsten Tag fliegt Andy nach Israel zu einer Hochzeit. Er hat mir angeboten, auch alleine bei ihm wohnen zu dürfen, doch ich übersiedle für eine Woche ins Aloha Surf Hostel am Ortsrand von Paia. Davor, an der Straße, lehnen 20 Surfbretter als Dekoration und im Gemeinschaftsbereich gibt es einen Jacuzzi. Die Besitzer sind Freunde von Andy, ich darf hier mitarbeiten, dafür bekomme ich ein Bett in der Staff Area. Sechzehn Stunden pro Woche soll ich mithelfen, ein Bett im Schlafsaal kostet hier pro Nacht regulär fünfzig Euro – ein fairer Deal. Außerdem lerne ich neue Leute kennen, kann mitfahren bei den Inseltouren und das Yoga-Studio ist nur fünf Gehminuten entfernt.

Die Arbeitswoche beginnt unrühmlich. Der Haussegen im Hostel hängt schief, weil sich Ratten in die Zimmer schleichen. Aske aus Dänemark und ich sollen Kammerjäger spielen, wir fassen einen Steinhaufen am Parkplatz ins Visier – dort scheint ein Nest zu sein. Wir beginnen, die Steine umzuschlichten, drei Stunden später schwimmen zwanzig tote Ratten in einem schwarzen Kübel. Wir mussten sie ertränken.

Abends gehe ich aus mit Joe und Jarod, zwei Kollegen aus dem Hostel. Die beiden sind hobbymäßig Speerfischer, tauchen mit einem Atemzug bis zu 20 Meter hinunter und erschießen Fische mit einer Harpune. Joe ist ein guter Freund von Andy, vor zwei Tagen sind wir zu dritt an der Westküste von einem Zwölf-Meter-Wasserfall gesprungen und an einem Seil wieder hinaufgeklettert.

»Andy ist wie ein Bruder für mich«, sagt Joe. »Wenn du so weit von zuhause weg wohnst, dann werden deine Freunde zu deiner Familie.«

Mit Jarod hingegen werde ich nicht warm. Der braungebrannte Lockenkopf ist mir eine Spur zu cool. Ich glaube, er mag mich auch nicht. Als Joe eine Runde Tequila holt, lehne ich dankend ab. Jarod zeigt mit dem Finger auf mich, zieht die Augenbrauen hoch und blickt mich ungläubig an. Ich erkläre ihm, dass ich bis auf Weiteres keine Spirituosen mehr trinke, da ich in den vergangenen zehn Monaten zu viel und zu regelmäßig getrunken habe und es mir damit nicht mehr gut ging. Jarod schwenkt seinen Cola-Rum-Drink, lacht und sagt:

»Ich lebe seit zwei Jahren hier, Dude, erzähl mir nichts von regelmäßigem Trinken.«

Ich versuche es noch einmal. Erzähle ihm von dem Momentum, das ich mir mit Yoga geschaffen habe und dass jeder Rausch ein Schritt weg davon wäre. Jarod scheint kein Wort zu verstehen.

»Do you feel gay at all?«

Er hätte eine temperamentvollere Antwort verdient als:

»Das ist eine wirklich seltsame Frage.«

Drei kleine Bierdosen habe ich heute über den Tag verteilt getrunken. Es hätten auch deren sechs sein können, plus der Tequila abends. Klingt nach Fortschritt. Nein sagen fühlt sich gut an, weil ich dann ehrlich bin zu mir selbst. Ich verabschiede mich von Joe und Jarod und gehe heim, lieber fit sein morgen früh beim Yoga. Die beiden gehen noch mit einer Partie Hostelgäste und ein paar Sixpacks zum Strand.

Nadia schließt die Morgenklasse mit Worten, die mir die demütige Basis des Yoga näherbringen.

»Lasst uns dankbar sein für den Spirit und die Schönheit dieser Insel, es ist ein himmlischer Ort. Lasst uns diesen Segen hinausschicken in die Welt. Mögen alle Menschen so gesund sein wie wir. Mit

Freunden, mit Nahrung, mit Liebe. Lasst uns diese Energie heute mit anderen teilen.«

Lebenskraft und Daseinsfreude sind Währungen auf Maui, die großzügig gehandelt werden. Sie lassen, so scheint es, die Herzen um ein paar Nuancen wärmer schlagen und die Uhren ein wenig langsamer. Doch das ist nur ein Teil dessen, was die Insel so besonders macht. Der andere ist die Natur, die von solch mitreißender Schönheit ist, dass es mir immer wieder die Sprache verschlägt. Erst gestern war ich mit Freunden an der Südküste campen. Nachts bin ich auf einen Banyanbaum geklettert und habe seine Äste umarmt, bevor ich nackt von einem Wasserfall gesprungen und unter den Sternen eingeschlafen bin. Eine Freundin hat einmal gesagt, Hawaii sei das Herzchakra der Welt, hier schwinge das Leben auf einer höheren Frequenz. Davon verstehe ich wenig, aber seit ich hier bin, fühle ich mich angekommen und irgendwie high, von Natur aus berauscht.

Die Kellnerin eines Cafés hat es so ausgedrückt:

»Maui lässt dich sein, wer du bist. Keine Erwartungen, kein Druck, nur Raum, du selbst zu sein – ein heilsamer Ort.«

Das mag sein. Menschen gehen barfuß und im Badeoutfit durch Paia. Einer lehnt an der Hausmauer und spielt Flöte, ein anderer liegt auf der Motorhaube seines Autos und unterhält sich mit Passanten. Ein Skateboarder rauscht vorbei, springt den Randstein hoch und biegt um die Ecke. Hier macht jeder, was er möchte. Wenn er das Geld dazu hat.

Für viele ist der Traum vom Leben im Paradies nicht in Erfüllung gegangen. Man sieht die Gescheiterten am Strand schlafen oder mitten auf der Straße torkeln. Andy hat gesagt, Maui sei magisch.

»Manche Menschen heißt die Insel mit offenen Armen willkommen, alles passiert zu ihren Gunsten. Sie müssen nichts tun, nur empfangen. Andere probieren es und fallen immer wieder hart auf die Schnauze, unschöne Dinge passieren ihnen. Als würde sie die Insel verstoßen.«

Wer mit der Insel auf einer Wellenlänge ist, darf bleiben. Charmanter Hokuspokus, denke ich. Doch was ich spüre, spricht eine andere Sprache. Seit ich hier bin, fühle ich mich angedockt an eine Energiequelle, die mir unbekannt ist. Meine tägliche Yogapraxis und die Meditationen tragen zur Leichtigkeit bei, gewiss. Ich bin entspannter und selbstbewusster. Außerdem hält sich mein Alkoholkonsum in Grenzen. Ich zögere das erste Bier länger hinaus und höre mit dem letzten früher auf. Wenn ich nicht trinken will, trinke ich nicht. Wenn mir eine Situation nicht passt, gehe ich weg. Wenn mir das jemand übel nimmt, ist mir das egal.

Abends im Hostelgarten setze ich mich zu einer Partie an einen runden Tisch, in meiner Hand eine Dose Kokosnusswasser.

»Cheers, guys«, sage ich zur Begrüßung.

Jarod sitzt bei seinem Bier, mustert mich mit beduselter Miene und sagt:

»You cheer with a coconut water? Fuck that shit, man.«

»I cheer with whatever I feel like cheering.«

Ich gehe in die Küche und treffe Daniel, einen 54-jährigen Schweizer mit dem durchtrainierten Körper eines 25-jährigen. Er verwirklicht hier seinen Traum und lernt Kitesurfen, vier Wochen ist er auf Maui. Daniel trinkt nicht, wir sind einander auf Anhieb sympathisch und stellen Teewasser auf den Herd. Drei junge Frauen bekommen das mit und stellen sich dazu.

»Tee ist eine gute Idee«, sagt eine, »machst du mir auch einen?«

Zur Runde gesellt sich bald einer, der beides kann. Trinken und Sport. Sean hat lange, rote Haare, trägt sein Basecap verkehrt und hat die Arme tätowiert. Ein Surferdude. Zunächst kommt er mir wie ein Angeber vor, einer, der vor den Mädels triumphieren möchte. Er organisiert Ultramarathons in Atlanta, erzählt Sean, schon an über 150 Langstreckenläufen habe er teilgenommen, die länger waren als die Marathondistanz von 42,195 Kilometer. Ich rechne nach, denn der Redner ist erst 31. Frühmorgens fliege er den Haleakalā-Vulkan mit seinem Paragleiter hinunter. Außerdem sei er ihn schon elf Mal hinaufgelaufen. Das sind 56 Kilometer und 3.000 Höhenmeter. Ich weiß nicht, wie viel davon ich glauben soll und frage nach, warum er tut, was er tut.

»Wenn du fragen musst, wirst du die Antwort nicht verstehen.«

Arroganter Gockel, denke ich. Ich bekunde mein Interesse, mitzumachen, falls er den Berg diese Woche noch einmal bezwingen möchte. Jetzt ist Sean derjenige mit dem ungläubigen Blick. Ob ich Lauferfahrung habe, will er wissen.

»Ich bin ein paar Marathons gelaufen«, antworte ich.

In Wien und geradeaus, nicht ganz mit dem Haleakalā zu vergleichen. Ich gehe zwar nicht davon aus, dass ich da jemals hinaufkommen würde, aber ich gehe ja auch nicht davon aus, dass das was wird.

Am nächsten Tag kommt Sean auf mich zu. Ich habe gerade den hinteren Holzzaun des Hostels gestrichen und meine Hände sind dunkelgrün. Er wolle es in den kommenden Tagen angehen, wann genau, könne er aber noch nicht sagen.

»Kommt darauf an, wie ich mich fühle«, sagt er lässig.

In meiner Welt trainiert man für einen Marathon ein paar Monate lang, erst recht für einen Ultramarathon auf den höchsten Berg der Insel. Sean läuft nach Tagesverfassung.

Am Donnerstag peilt er den Freitag an und am Freitagmorgen sagt er, die Beine tuen ihm weh, heute wohl doch nicht. Freitagnachmittag, ich liege gerade in der Hängematte und zupfe auf meiner Gitarre, kommt Sean breit grinsend in den Hinterhof des Hostels.

»Man, we are doing it tonight. Are you ready?«

Ich bin hundemüde. Ich war morgens schon laufen und danach beim Yoga. In der Mittagshitze habe ich wieder Steine durch die Gegend geschleppt und noch ein Rattennest freigelegt. Sean beeindruckt das mäßig, er habe schon an drei Checkpoints Snacks und Wasser für uns versteckt, damit wir bei dem Gewaltlauf nicht verdursten. Jetzt komme ich nicht mehr aus.

Um 1:30 Uhr läutet mein Wecker. Ich fühle mich wie erschlagen und bekomme die Augen kaum auf, um die Schlummertaste zu drücken. Es dauert 20 Minuten, bis ich mich aus dem Bett wälze und Sean aufwecke.

»Hey Sean, let's go.«

Zehn Minuten später laufen wir hinunter zum Strand. Das ist zwar die Gegenrichtung, aber wer von der Meereshöhe zum Gipfel möchte, muss auch dort starten. Was sind schon zwei Kilometer Umweg bei 56 Kilometern Gesamtstrecke? Die Wellen brechen im hellen Mondschein und der klare Himmel ist übersät mit Sternen.

»From Paia Bay to the top«, brüllt Sean dem Pazifik zu und gibt mir ein High Five. Verrückter Typ.

Um 2:35 Uhr starten wir gemütlichen Laufschrittes den Hügel hinauf, vorbei am Hostel, vorbei am Ortsschild von Paia und hinaus in die schwarze Landschaft der tropischen Nacht. Auf den Bäumen reflektieren Eulenaugen das Licht meiner Stirnlampe. Fledermäuse fliegen tief und knapp an uns vorbei. Orion leuchtet über uns, majestätisch aufgespannt wie ein Begleiter. Meine Verbindung zu diesem Sternbild inspiriert mich schon seit dem Atlantik. Orion erinnert mich daran, dass ich schon andere Herausforderungen bestanden habe. Das gibt Kraft und ich spüre sie mit jedem Schritt und jedem Höhenmeter, den wir dem mächtigen Vulkan näherkommen. Der Haleakalā liegt weit weg am Horizont, nur seine Umrisse nehme ich wahr am vom Mond hell erleuchteten Nachthimmel.

Links und rechts der Asphaltstraße reichern Eukalyptusbäume die Luft mit ihrem Aroma an. Ich zupfe ein paar Blätter ab, zerreibe sie in den Händen und atme tief ein. Gegen 5:00 Uhr überholen uns die ersten Vans, mit Mountainbikes auf den Dächern zum Runterfahren. Das ist die etwas stärker nachgefragte Art und Weise, sich den Vulkan anzusehen. Sean und ich unterhalten uns über die Natur, über das Laufen und über Frauen. Seine Glaubwürdigkeit stelle ich nicht mehr in Frage.

Um 5:30 Uhr erhellt sich das Schwarz hinter dem Vulkan langsam zu einem Dunkelblau. Ich verabschiede mich von Orion und begrüße bald die orangene Farbenpracht, die die Morgendämmerung nach und nach hinter den Gipfel schickt. Nach drei Stunden sind wir am Fuße des Haleakalā angelangt. Bald haben wir ein Drittel der Strecke hinter uns.

Noch ein paar hundert Höhenmeter, dann blinzelt die Sonne hinter dem Kamm hervor, die frische Morgenluft an meiner Haut ist plötzlich warm. Langsam spüre ich den *Run to the Sun* auch in den Gliedern. Noch 35 Kilometer bis zum Gipfel.

Gegen 8:00 Uhr machen wir fünf Minuten Pause am dritten Checkpoint. Wie ein Magier, der einen Hasen aus dem Hut zieht, holt Sean eiskaltes, herrliches Kokosnusswasser hinter einem Straßenpfeiler hervor.

Der Zauberer quatscht gerne, ja, aber er tut auch. Wie er diesen Lauf für uns organisierte, wie er Snickers und Frühstücksbrötchen für uns versteckte, nötigt mir hohen Respekt ab.

Wir haben mittlerweile 32 Kilometer zurückgelegt. Bei den vier Marathons, die ich bisher gelaufen bin, waren nach dieser Distanz meine Beine schwer wie Eisen. Obwohl ich nur geradeaus gelaufen bin und für den Wettkampf eifrig trainiert habe. Jetzt ist es anders. Ich bin überrascht, wie wundersam leicht ich mich immer noch fühle. Trainiert habe ich kaum, bin nur ein paar Mal den Strand auf und ab gelaufen. Erst vor drei Wochen musste ich in San Diego die Power-Yogaklasse verlassen, weil mein Kreislauf kurz vor dem Zusammenbruch stand. Außerdem stecken meine Füße nicht in Laufschuhen, sondern in einfachen Sneakers – mein einziges Fußwerk, das ich mithabe.

Ich finde nur eine Erklärung für das, was mein Körper hier leistet: Yoga. Seit zehn Tagen stärke ich meine Muskeln auf eine für mich völlig neue Art und Weise. Mir scheint, die Kraft sitzt jetzt tiefer und steht durch die lange gehaltenen Posen länger zur Verfügung. Durch die stete Dehnung sind meine Muskeln zudem flexibler geworden und verursachen weniger Schmerzen.

Nach 38 Kilometern passieren wir die Einfahrt zum Nationalpark, bezahlen zwölf Dollar Eintritt und treffen April, eine Freundin aus dem Hostel. Sie begleitet uns von nun an mit dem Auto bis zum Gipfel, wartet alle fünf Kilometer, hält Wasser, Müsliriegel und Bananen bereit. Dringend schon benötige ich die kleinen Zuckerschübe. Die Sonne steht mittlerweile hoch und drückt mir den Schweiß ins Gesicht. Immerhin, je höher ich laufe, desto kühler wird es. Noch 16 Kilometer.

Meine Waden werden immer schwerer, die Oberschenkel brennen und die Fußballen schmerzen mit jedem Schritt. Ich bin alleine, Sean hat sich nach vorne abgesetzt, jeder läuft in seinem Tempo. Wolken ziehen auf, über 2.000 Meter sind wir dem Himmel schon nähergekommen. Kein Fernblick mehr auf Paia Bay, wo wir vor sechseinhalb Stunden gestartet sind. Noch nie bin ich so lange und so weit gelaufen, ich jogge auf unbekanntem Terrain und frage mich, wie mein Körper auf den letzten zehn Meilen reagieren wird.

Dann wird es brenzlig. Mein Rücken glüht, meine Beine sind bleischwer, jeder Schritt artet in Arbeit aus. Ich muss mich immer mehr konzentrieren, um eine runde Laufbewegung auszuführen. Dem Gipfel komme ich in so erschöpfender Langsamkeit näher, dass die mentale Herausforderung bald größer ist als die physische.

Autos fahren vorbei – dieselben, die uns Stunden zuvor im Morgengrauen bergauf überholt haben, sind jetzt am Rückweg. Viele hupen, winken aus dem Fenster, halten den Daumen in die Höhe oder formen das Shaka-Zeichen – *Hang Loose.* Fremde spenden Energie. Jetzt überkommen mich die Tränen. Vor Erschöpfung, vor Schmerz, aber auch vor Demut, vor Dankbarkeit, vor Stolz. Dazu die überwältigende Schönheit der Natur, durch die ich mich hier bewege. Ich atme tief durch, um nicht aus dem Rhythmus zu kommen. Meine Beine schreien mittlerweile und ich muss immer öfter Gehpausen einlegen. Ich führe Selbstgespräche und wiederhole mantraartig:

»Akzeptiere den Schmerz. Arbeite damit.«

»Du kannst das. Du hast es in dir. Glaub an dich.«

»Atmen. Einfach immer nur atmen.«

Schluchzen. Nach Luft schnappen. Weitermachen.

Noch fünf Kilometer bis zum Gipfel.

Mir diese Distanz vorzustellen, ist zu viel für meinen Kopf – alleine der Gedanke daran bringt mich kurz vor den Kollaps. Stattdessen breche ich sie herunter in sichtbare Strecken und fokussiere meine Gedanken darauf. Ich laufe bis zur nächsten Kurve, dann gehe ich zwei Minuten in langen Schritten. Das dehnt die Muskulatur, schenkt den Sprunggelenken eine Pause und gibt mir Zeit zu atmen. Dann von vorne. Kurve für Kurve, Schritt für Schritt.

Ich sehe Nadia vor mir und ihre Worte hallen durch meine Gedanken. »Dein wahres Selbst ist so viel größer als du glaubst. Dein Potenzial ist grenzenlos, die Grenzen setzt dein Kopf.«

Mein Verstand will seit zwei Stunden abbrechen. Längst habe ich die Grenze überschritten, die er für vertretbar hält. Doch da oben sitzt noch ein anderer Teil von mir. Einer, der wissen möchte, wie die Geschichte ausgeht. Einer, der auf dem Gipfel des Haleakalā eine stärkere Version von mir vermutet. Einer, der die Grenze verschieben möchte.

Über die letzte Meile schleppe ich mich in Trance, kann nicht mehr klar denken, nur noch Gedankenfetzen blitzen durch meine verschwommene Wahrnehmung. Meine Augen fallen immer wieder zu vor Erschöpfung. Dann, hinter der nächsten Kurve, sehe ich Sean, der mir munter zuwinkt. Er ruft »Follow me!« und ich folge ihm. Dann läuft er hinter mir her und hält die letzten 50 Meter auf Video fest mit den Worten:

»Und hier sind wir – am Gipfel des Haleakalā, neuneinhalb Stunden später.«

Ich reiße die Arme in die Höhe und schreie aus vollem Hals, so laut, wie das meine letzten Reserven noch hergeben. April wartet am Gipfelhaus. Ich falle ihr in die Arme, knicke ein, kann mich kaum mehr auf den Beinen halten. Es ist 12:00 Uhr mittags.

Ich sitze noch eine Weile auf einer Steinmauer und blicke hinab in den Vulkankrater, bin überwältigt von Gefühlen. Ein paar Touristen stellen sich auf die Mauer und knipsen Fotos, werfen mir verwirrte Blicke zu. Ich kann selbst nicht glauben, dass ich das wirklich getan habe – 56 Kilometer, 3.000 Höhenmeter. In meinen New Balance von der Paia Bay zum Gipfel. Vor drei Tagen habe ich Sean ausgelacht, als er mir davon erzählt hat, habe gesagt, das sei verrückt. Jetzt ist das Verrückte ein Teil von mir.

Den späten Nachmittag dieses 8. Septembers verbringe ich am Strand, zurück in der Paia Bay. Ich hinke ins Wasser, lasse mich in die nächste Welle fallen, treibe durch die Brandung und betaste meinen Körper. Dann verbindet ein neuer Gedanke das heute Erfahrene mit dem gegenwärtig Erspürten. Mein Körper, was für ein loyaler Begleiter, was für ein Freund. Mit allem, was er hat, steht er mir bei meinen Abenteuern zur Seite, bringt mich den Haleakalā hinauf und besteht selbst dann, wenn mein Kopf es nicht mehr tut. Und was tue ich? Ich nehme das als selbstverständlich hin. Mehr noch, ich schände ihn, vergifte ihn mit Alkohol und ungesunder Nahrung.

An diesem Spätnachmittag steht mir das Meerwasser bis zur Hüfte, als ich meinem Körper verspreche, von nun an besser auf ihn Acht zu geben.

Am nächsten Morgen bin ich wieder auf der Matte. In der Vergangenheit konnte ich mich nach einem Marathonlauf nicht einmal aufs Klo setzen, ohne mich anzuhalten, weil die Beinmuskeln so brannten. Jetzt tun die sanften Dehnungen gut und lockern auf, auch mental hole ich mir neuen Treibstoff. Am Ende der Stunde liege ich am Rücken in Savasana, atme in der Endentspannung, als ich Wesentliches begreife.

Wir alle tragen beides in uns, gut und böse, stark und schwach, möglich und nicht möglich. Der eine Teil sieht Chancen, der andere Grenzen. Der eine nährt sich von dem grenzenlosen Potenzial, das in jedem von uns steckt. Der andere von der Angst, die Grenzen dorthin zu überschreiten. Der eine läuft auf den Gipfel, der andere gibt auf. Es ist diese Geschichte, die der Indianerhäuptling seinem Sohn erzählt:

»Mein Sohn, in jedem von uns tobt ein Kampf zwischen zwei Wölfen. Der eine Wolf ist böse, er kämpft mit Ärger, Sorgen, Gier und Angst. Der andere ist gut, er kämpft mit Liebe, Mut, Dankbarkeit und Vertrauen.«

»Welcher Wolf gewinnt den Kampf?«, fragt der Sohn.

»Der, den du fütterst.«

Mit jeder Entscheidung, die ich treffe, gebe ich einem der Wölfe Nahrung. Doch so oft irre ich umher, weiß gar nicht, welchem Wolf ich welche Art von Futter gebe. Oft palavern laute Stimmen durch meinen Kopf, aufgeregt und ängstlich, ich folge ihrem Rat und der Wolf beißt die Hand blutig, die ihn füttert. In Form von Gewissensbissen nach einer erschwindelten Yoga-Mitgliedschaft zum Beispiel. Herrschaftszeiten, wie kann ich rechtzeitig wissen, welche Entscheidung den guten Wolf füttert? Welcher Schritt hilft, in meine Kraft zu kommen und mein – wie Nadia sagt – »grenzenloses Potenzial« zu entfalten? Nun, der gute Wolf hat eine Stimme, es ist die Stimme des Herzens. Sie heißt Intuition.

Sie poltert nicht und fordert nicht, sie flüstert sanft und leitet. In der Stille wird sie hörbar, wenn Körper und Verstand ruhig sind. Mal kommt sie als lauwarmes Gefühl daher, mal schlägt mein Herz schneller. Dann wieder ist es ein Impuls, ein scheinbar loser Gedanke.

Ich frage mich, was ich mit meinen verbleibenden zwei Wochen auf Hawaii noch anstellen soll. Ich sehe mich alleine in meinem Zelt an einsamen Stränden, sehe mich Abstand nehmen vom Trubel. Spüre, dass es richtig ist, weil mir wohlig ist ums Herz. Sehe mich im Flugzeug sitzen nach Kauai.

WELTNAH ZU HAUSE

MACH DEIN DING

Schon als Kinder werden wir dazu erzogen, die Erwartungen der Eltern, der Lehrer, der Gesellschaft zu erfüllen. Dinge zu tun, damit wir uns beliebt machen und andere zu unterlassen, obwohl unser Herz danach verlangt. Wir verbringen so viel Zeit damit, anderen zu gefallen, dass wir ganz darauf vergessen, wer wir wirklich sind und was uns glücklich macht.

Du kannst es ohnehin nie allen recht machen, wirst auch nie jeden dazu bringen, dich zu mögen. Dafür sind wir Menschlein einfach zu unterschiedlich. Und überhaupt, was andere über dich denken oder sagen ist eine Projektion ihrer eigenen Realität auf dich, ihrer Sorgen, ihrer Zweifel. Es sagt mehr über sie aus als über dich. Mach dich immun dagegen, indem du dein Ding machst und dahinterstehst. Dann ziehst du die Menschen an, die auf deiner Wellenlänge sind *your vibe attracts your tribe*. Dein Selbstwertgefühl steigt und je mehr du davon hast, umso weniger tangiert dich die Meinung anderer. Du belohnst dich selbst.

Solange du niemanden verletzt oder einschränkst, tu, was sich für dich gut und richtig anfühlt. Wenn du dich bei der Sorge ertappst, was nun die anderen über dich denken, halte inne. Nimm deine Gedanken wahr. Beobachte, welches Gefühl sie in dir erzeugen. Dann sag zu dir selbst die folgenden Worte: »Ich spüre, wie ich mir Sorgen darüber mache, was andere über mich denken. Das ist okay. Ich bin mir dessen bewusst und bereit, diese Gedanken loszulassen. Ich bin mir selbst treu. Was brauche ich? Woran glaube ich? Was fühlt sich richtig an? Ich bin einzigartig und will das auch würdigen. Ich vertraue mir selbst.«

20. BIS 26. SEPTEMBER 2017

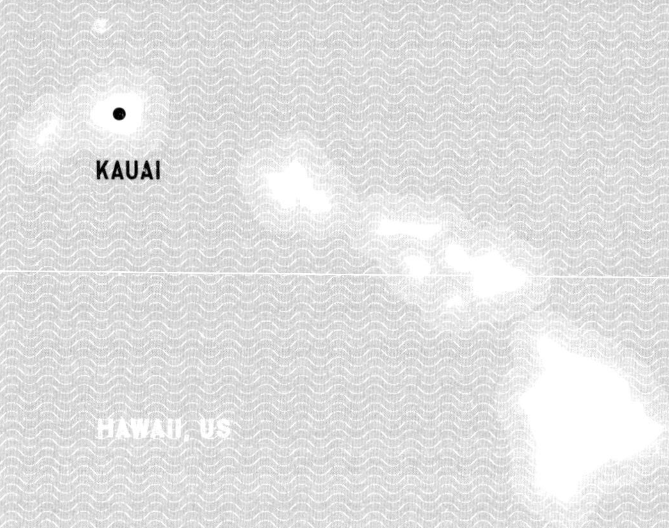

KAPITEL 11

WIE ICH LERNTE, MIT MIR SELBST ZU FEIERN

SECHS TAGE ALLEINE AUF KAUAI

»You don't always need a plan. Sometimes you just need to breathe, trust, let go and see what happens.«

Mandy Hale

★

Kauai ist bekannt als The Garden Island und liegt am nordwestlichsten Zipfel der hawaiianischen Inselkette. Als ich am Lihue Airport aus der Propellermaschine steige, riecht die Luft nach Abenteuer. Andy hat mir vom Napali Coast Trail erzählt, einer atemberaubenden Wanderung entlang der steilen Nordwestküste. Vom Flughafen sind es 60 Kilometer bis Haena, wo der Trail beginnt. Dorthin möchte ich trampen und am Weg mein Zelt aufschlagen, wo es mir gefällt. Aber zuerst brauche ich Proviant.

Vor dem Flughafen spreche ich eine Frau an, die sich gerade von einem Hawaiianer verabschiedet hat und in ihr Auto gestiegen ist. Ein Walmart sei der größte Supermarkt hier, sagt sie in freundlichem Ton, doch sie fahre nicht in diese Richtung. Der Mann, dessen Körperumfang von beharrlicher Nahrungsaufnahme zeugt, ist mittlerweile zurückgekommen und baut sich vor mir auf.

»Was willst du?«, schnauzt er mich an.

»Ich suche eine Mitfahrgelegenheit zu Walmart.«

»Mit ihr fährst du aber nicht.«

Die Dame ist längst um die Kurve.

»Ja, offensichtlich nicht«, ein Schmunzeln kann ich mir nicht verkneifen.

»Nimm ein Taxi!«

»Nein, danke, ich bevorzuge diese Art der Fortbewegung.«

»Mit meiner Tochter jedenfalls nicht, das steht fest. Hast du mich verstanden?«

Ich habe. Mag ich auch noch so weit von zu Hause weg sein, die Angst vor Fremden kennt keine Grenzen.

Während ich auf den Bus warte, blättere ich in der Touristenbroschüre. Luxushotels, Mietwagenfirmen und Helikopterfluganbieter werben um Aufmerksamkeit. Ich gehöre nicht zur Zielgruppe.

Mein Rucksack hat jetzt deutlich über 20 Kilogramm, nachdem ich ihn mit Vorräten für die kommenden Tage gefüllt habe. Alleine das Wasser wiegt fünf, dazu getrocknetes Obst, etwas Gemüse, Brot, Proteinriegel und Konservenessen. Essenziell im Marschgepäck sind die Tabletten zur Wasserreinigung. Denn auch das habe ich mir sagen lassen: Trinke auf Kauai niemals ungereinigtes Wasser aus Bächen – es sieht verlockend rein aus, aber in manchen lebt ein Virus, der dich töten kann.

Ich schleppe meinen Rucksack durch die Stadt zum Bezirksamt, um mir Campinggenehmigungen zu holen. Angeblich brauche ich die, habe ich am Infostand des Flughafens erfahren. Drei Dollar kostet eine pro Nacht und da ich für jeden Campingplatz eine andere Genehmigung brauche, muss ich jetzt schon entscheiden, wo ich die kommenden Nächte verbringen möchte. Das geht mir zwar gehörig gegen den Strich, aber da ich schon mal hier bin, kaufe ich fünf Stück. Nur für Notfälle, falls meine Idee mit dem Wildcampen am Strand nicht aufgehen sollte. Ich werde keine einzige der County Permits brauchen.

Am Schalter lerne ich Jill kennen, eine Frau in den Vierzigern mit vielen Lachfalten und gelockten, blonden Haaren. Ich frage sie nach dem besten Weg, um aus der Stadt rauszukommen, und sie fragt mich, wohin ich möchte.

»Ich weiß es nicht, einfach mal die Ostküste entlang in Richtung Northshore.«

Jill nimmt mich mit. Im Auto erfahre ich, dass sie seit drei Jahren auf der Insel lebt und es ihr großer Traum ist, eine freie Schule zu gründen. Ich frage sie, was das Wichtigste wäre, das sie ihren Schüler beibringen könnte.

»Dass wir unsere eigene Realität erschaffen«, sagt Jill, »mit unseren Gedanken und inneren Haltungen. Ich möchte jungen Menschen helfen, ihren eigenen Weg bewusst zu gehen.«

Wir sind eine halbe Stunde unterwegs, dann lässt Jill mich in der Nähe des Papa'a Beach aussteigen. Ich schleppe meinen Rucksack über schwarze Vulkanfelsen hinunter zur Küste, ducke mich unter Palmen und tiefgewachsenen Bäumen durch, bleibe mit meiner Gitarre hängen. Die musste mit, ebenso meine Yogamatte – egal, wie schwer der Rucksack ist.

Ich ziehe meine Schuhe und alles andere aus und laufe nackt ins Wasser. Niemand sonst ist hier. Nur ein Fischer, der ein paar hundert Meter weiter im flachen Wasser sein Netz auswirft und ein Sportlicher, der draußen am Beachbreak auf den Wellen reitet.

Ich sammle gerade Feuerholz im Sonnenuntergang, als der Fischer von vorhin vorbeigeht. Ob ich hungrig sei, fragt er mich und schenkt mir vier kleine Fische, zwei Maninis und zwei Nenues. Dann erklärt er mir, wie ich sie am Feuer zubereite, ich habe so etwas noch nie gemacht. Der Vegetarier in mir meldet Bedenken an, doch ich möchte sein Geschenk nicht verschmähen.

Mittlerweile ist es finster und das Brennholz knackt zwischen meinem Zelt und dem Pazifik. Ich lehne mich an einen Baumstamm und zupfe Pink Floyd auf der Gitarre – *Wish You Were Here.* Doch in Wahrheit wünsche ich mir nicht mehr, als ich schon habe – die Stille unverfälschter Einsamkeit.

Ich wache mit der Sonne auf, mache ein paar Yogaübungen, schwimme eine Runde, meditiere im Sand und frühstücke Nüsse und Gummibären. Um 10:00 Uhr stapfe ich zurück zur Straße, und als ich ankomme, bin ich schweißgebadet und meine Trinkflasche ist leer. Meine Idee, die sechs Meilen bis zum nächsten Strand zu wandern, verwerfe ich hiermit. Ich stelle meinen Rucksack in den Schatten, halte den Daumen raus und zehn Minuten später darf ich auf die Ladefläche eines Pickups aufspringen. Bei einer Tankstelle fülle ich meine Wasservorräte auf, von dort liegt der Secret Beach – ebenfalls eine Empfehlung von Jill – nur noch einen Kilometer weit entfernt.

Der Strand ist weitläufig. Ich finde einen versteckten Platz zwischen Felsen, baue mir mit der Zeltplane ein Sonnensegel und stelle eine Wasserflasche in die Hitze, um später, wenn es kühler wird, Tee trinken zu können.

Abends knistert wieder das Lagerfeuer und ich versuche mich erneut an der Gitarre. Dazwischen lese ich Anthony De Mello, seine letzten Meditationen in *The Way To Love* inspirieren mich seit Anbeginn meiner Reise zu lebensnahen Gedanken. Dann halte ich inne. In meinem Handy ist keine Sim-Karte, ich bin für niemanden zu sprechen und außer mir ist niemand hier, den ich kenne. Ich bin allein auf einer Insel, mitten am Pazifik. Ein seltsames, ja mulmiges Gefühl. Mein Herz hat mich in die unermessliche Weite der Einsamkeit geführt. Was morgen sein wird, weiß ich nicht. Was jetzt zählt, ist die wärmende Glut vor meinen Zehen, die geheimnisvollen Stimmen der im Nachtwind rauschenden Palmenblätter und die schäumende Gischt, die den schwarzen Ozean von den hell strahlenden Sternen abgrenzt. Ein federleichtes Gefühl von Freiheit durchströmt mich. Echte, unbedingte Freiheit.

Am dritten Tag lerne ich Ray kennen, einen jungen Einheimischen. Er sammelt mich von der Tankstelle auf und nimmt mich den ganzen Weg mit bis nach Haena. Von dort aus starte ich morgen meine Wanderung auf dem Napali Coast Trail. Als ich ihn frage, warum er einen Hitchhiker aufgabelt, antwortet er:

»Du siehst wie ein anständiger Junge aus und hast mich mit deinem Haena-Schild unterhalten. Ich musste dir helfen.«

Außerdem gebe es viel, das er wieder gutmachen müsse.

»Ich war ein böser Kerl«, erzählt Ray, »Ich bin in Häuser eingebrochen, habe Touristen die Sachen aus ihren Autos gestohlen und viele Drogen verkauft.«

Kurz bevor ihn sein Vater aus dem Haus schmeißt, kratzt Ray mit Gelegenheitsjobs die Kurve, kauft sich Schaufel und Gartenschere und folgt seiner Leidenschaft für die Pflege der Natur. Heute hat er Trimmer, Rasenmäher und Beschäftigte in seiner Gärtnerei.

»Aloha«, sagt Ray zur Verabschiedung, als er mich am Haena Beach aussteigen lässt. Mir fällt der Eintrag ein, den mir Yogalehrerin Nadia in mein goldenes Büchlein geschrieben hat, ein Geschenk meiner Schwester. Seit ich auf Reisen bin, gebe ich es Menschen, die mich inspirieren. Nadia hat darin den hawaiianischen Gruß Aloha übersetzt, seine Bedeutung hat große Ähnlichkeit mit dem indischen Namasté:

»Aloha and Namasté is a way of living and treating each other with love and respect. Its deep meaning starts by teaching ourselves to love our own beings first and afterwards to spread the love to others.«

Mein Wecker läutet um 5:00 Uhr. Ich bin wieder die halbe Nacht am Lagerfeuer gelegen und daher entsprechend müde, doch meine Neugier auf die bevorstehende Wanderung ist größer als die kreisrunde Schlummertaste auf meinem Handy. Knapp 18 Kilometer liegen vor mir, die Trittsicherheit und Schwindelfreiheit erfordern. An deren Ende – glaubt man den Erzählungen – muss einer der schönsten Strände liegen, die dieser Planet zu bieten hat. Wenn alles gutgeht, schlage ich am Kalalau Beach heute Abend mein Zelt auf.

Ich frühstücke ein paar Nüsse, packe zusammen und verstecke gut die Hälfte meines Gepäcks hinter einem Busch, morgen Abend möchte ich wieder hier sein. Was ich bisher vom Napali Coast Trail gehört habe, flößt mir so viel Respekt ein, dass ich überflüssiges Gepäck in Form von Yogamatte, Gitarre oder zu viel Kleidung lieber nicht mit mir herumschleppe. Bevor ich losgehe, wickle ich mein rotes Bandana um den Kopf. Ich rede mir ein, dass mir das mittlerweile recht abgewetzte Tuch in besonders anspruchsvollen Situationen Kraft gibt. Außerdem saugt es den Stirnschweiß auf.

An einem kühlen Bach fülle ich meine zwei Wasserflaschen auf, werfe in jede von ihnen zwei Reinigungstabletten und betrete wenige Minuten später andächtig den Eingang zum Kalalau Trail. Mal rascheln trockene Palmblätter unter meinen Schuhen, dann dämpft roter Sand meine Schritte ab. Dichter Dschungel umwächst den engen Pfad, der sich serpentinenartig bis nach vorne zu jener Kante schlängelt, hinter der eine Steilwand zur schroffen Felsenküste hinabfällt. Ein Absturz wäre mit dem Leben an den meisten Stellen nicht vereinbar.

Wanderschuhe haben den Vorteil, dass sie den Knöchel stützen und auch auf sandigem Boden einigermaßen Halt geben. Würde man Wanderschuhe tragen. Man trägt aber New Balance Sneakers, und so muss man seinen Fuß auf steileren Passagen sehr achtsam auf den Boden setzen, um nicht wegzurutschen.

Immer wieder bleibe ich stehen, weil ich vor lauter Staunen über die Umgebung sonst gegen eine Palme laufen würde. Hinter mir ragen bewaldete, fast senkrechte Klippen hoch in den Himmel. Vor mir erstreckt sich der Pazifik über mein gesamtes Blickfeld. Hier brechen keine Wellen, was darauf schließen lässt, dass sich der Abgrund unter Wasser bis in dunkle Tiefen fortsetzt. Eine sagenhafte Kulisse mit einer Kraft, vor der ich mich verneige. Weil sie mich bärenstark macht und ungeheuer winzig zugleich.

Wenn ich mich der Natur so verbunden fühle, kommt mir bisweilen Ungewöhnliches in den Sinn. Gerade habe ich mich gefragt, wie ich hierhergekommen bin, auf den Napali Coast Trail auf Kauai. Ich meine nicht die Verkehrsmittel, sondern jenen Strang an Ideen und Gedanken, deren durchdringender Charme mir irgendwo in der Magengegend ein behagliches Gefühl erzeugt. Oder war es umgekehrt? Hat erst mein Bauchgefühl mich zu der Idee angeregt, auf eine abgelegene Insel zu fliegen, mit mir zu sein und wandern zu gehen? Wie auch immer, ich kann nicht von der Hand weisen, dass meine Intuition einen wesentlichen Beitrag zu meiner Entscheidung geleistet hat. Ein guter Moment, um darüber nachzudenken, was Intuition eigentlich bedeutet.

Ich halte sie für die Stimme meines Wesens, das tief hinter der Fassade meiner erlernten Persönlichkeit liegt. Jener Teil von mir, mit dem ich geboren wurde. Der echte, unverfälschte, da nicht von außen konditionierte. Mein wahres Selbst. Man könnte auch sagen, meine Intuition schickt mir Liebesgrüße von meiner besten Version, die weit hinter den Grenzen meiner Vorstellungskraft liegt. Um mich dorthin zu leiten, sendet sie mir Antworten auf die Frage, was gut und richtig für mich ist – in Form von Impulsen, Ideen und Gefühlen. Nicht vom Verstand geleitet, sondern vom Herzen. Da diese Antworten für jeden Menschen unterschiedlich sind, darf jeder seine eigenen finden.

Doch meine Intuition spricht mit leiser Stimme und ist subtil in ihrer Sprache. Sie drängt sich nicht auf. So habe ich sie jahrelang überhört, irgendwie ist sie im polternden Rauschen meines hyperaktiven Egos untergegangen. Wie habe ich den Zugang wiederentdeckt? Indem ich beobachtet habe, wo ich mich wohl fühle und wo nicht. Wo bin ich natürlich und wo lüge ich mich an? Wie reagiert mein Körper auf dies und wie auf das? Dann habe ich damit begonnen, mehr von dem zu tun, das mir guttut. Ich habe den Katalysatoren mehr Aufmerksamkeit gewidmet und den Parasiten weniger. Dann habe ich darauf vertraut, dass das der für mich richtige Weg ist. Woran merke ich das? Indem Türen aufgehen und sich neue Möglichkeiten eröffnen. Dann brauche ich nur noch den Mut, mich darauf einzulassen. Zugegeben, das ist der schwierigste Teil.

Ich bin seit fünf Stunden unterwegs und habe ungefähr die Hälfte des Weges geschafft. Meine Reiseplaylist begleitet nun im Shuffle-Mode das Rauschen des Meeres und das Singen der Vögel. Jetzt gerade *The Doors.* Die Vegetation ist nicht mehr so üppig und der enge Weg ist noch ein bisschen enger geworden. Ich gehe auf grobem Schotter, links immerhin eine schwarze Felswand zum Anhalten.

Würde mir jemand entgegenkommen, müssten wir viel Geschick ins Ausweichmanöver einbringen, damit nicht einer von uns in den Steilhang fällt. Aber andere Wanderer kommen mir ohnehin nur selten unter die Augen. Ich mache mich lustig über ein Schild, das vor plötzlich abrutschenden Hängen warnt.

Eine halbe Stunde später kann ich nicht mehr vor und auch nicht mehr zurück. Ich hänge mit allen Vieren in einem Hang fest, unter mir roter Sandstein, der mir zunächst trittsicher erschien und jetzt wegbröckelt, wenn ich ihn nur schief ansehe. Mein Rucksack zieht gehörig nach unten und als ich mich an einem fußballgroßen Brocken festhalten will, löst er sich und rollt den dreißig Meter langen Steilhang hinunter. Ich blicke ihm nach und als der Stein den Abgrund erreicht und hinter der Kante verschwindet, überkommt mich die Panik.

Aus einem nur sehr schwer nachvollziehbaren Grund war ich davon überzeugt, dass ich auf dem richtigen Weg war. Zwar habe ich mich schon darüber gewundert, dass der Pfad plötzlich zu Ende war und ich einen kleinen Felsen erklimmen musste, um weiterzukommen. Aber da der Trail nirgendwo abzweigte und ich die Umgebung bereits erfolglos nach anderen Optionen abgesucht habe, sah ich keine Alternative. Und so manövrierte ich mich auf immer rutschigeren Untergrund, bis vor mir ein circa zehn Meter breiter Hang war. Steil genug, um abzurutschen. Gerade noch flach genug, um es trotzdem zu probieren. Denn auf der gegenüberliegenden Seite ist ein Hügel mit ein paar Felsen, die aussehen wie Stufen. »Dahinter muss der Weg weitergehen, dort muss ich hin«, sagt mein nur mehr bedingt zurechnungsfähiger Verstand. Mein Bauch sagt längst etwas anderes, aber umkehren, so kurz vor dem Ziel? Davon lässt sich mein Ego nicht überzeugen.

Zum Glück habe ich einen Gehstecken mitgenommen, mithilfe dessen ich mich austarieren und mit Minibewegungen zum stabilen schwarzen Felsen zurückhanteln kann. Dort angekommen, zittern meine Finger, die Beine vibrieren und mein Herz pumpt das Adrenalin bis zur Haarwurzel. Der Shuffle-Mode wählt *Change* von Tracy Chapman aus und als ich in die Ferne blicke und tief durchatme, singt die Gute:

»If you knew that you would die today,
saw the face of God and love,
would you change?«

Mehr Signale brauche ich nicht mehr. Ich gebe mich geschlagen und kehre um. Es ist 16:00 Uhr und bis zum nächsten Camp sind es noch fünf Meilen. Es fühlt sich an, als hätte ich bei einem Marathon in der Zielgeraden aufgegeben. Mein Stolz wimmert, aber wenigstens kann er das noch. Erst langsam realisiere ich, was passiert ist.

20 Minuten nach meiner Umkehr mache ich Rast an einer kleinen Wiesenfläche. Mein Blick schweift die Küste entlang und trifft drei Hügel weiter auf den Kalalau Beach. So nah und doch so unüberwindbar weit weg. Die Lust am Wandern ist mir gründlich vergangen, außerdem bin ich erschöpft und eher grantig. Ich will die Nacht hier verbringen und mache es mir in der Sonne des späten Nachmittags gemütlich.

Zehn Minuten später höre ich Schritte hinter mir, ein Wanderer geht vorbei in die Richtung, aus der ich gerade gekommen bin. Fast ist er wieder aus meinem Blickfeld verschwunden, da rufe ich ihm impulsiv nach und der junge Mann bleibt stehen.

»Hey. Kennst du den Weg zum Kalalau Beach?«

»Ja, ich bin ihn vor zwei Jahren schon mal gegangen.«

»Wie bist du über diesen krassen Hang gekommen?«

Er mustert mein Schuhwerk und lacht:

»Ach, beim letzten Mal hatte ich auch Sneakers an. Mit diesen Schuhen ist es ziemlich knifflig.«

Ob wir vom selben Hang sprechen und er mit knifflig das meint, was ich gerade erlebt habe?

Der Mann stellt sich als Andrew vor und lädt mich ein, mitzukommen. Ich zögere kurz, denn der Gedanke, zu diesem Steilhang zurück zu müssen, lässt mich schaudern. Immer noch ist in meinem Kopf kein Platz für die Vorstellung eines alternativen Weges, denn auch am Rückweg konnte ich keine Abzweigung entdecken. Doch jetzt sind wir zu zweit, Andrew gibt mir frischen Mut. Der 31-Jährige schlägt auf Hawaii ein bisschen Zeit tot, wie er nonchalant erzählt. Bald wolle er sich in Australien einen Campingbus kaufen und über den Kontinent fahren. Am Weg könne er vielleicht ein paar Chicks aufgabeln, um seinen Van mit ihnen zu teilen.

»Living life, man.«

Wir sind schon mindestens eine halbe Stunde unterwegs und ich frage mich, wann wir endlich zu dem Steilhang kommen, an dem ich zuvor gescheitert bin. Mein Kopf spielt mir spektakuläre Streiche, lässt mich immer noch daran glauben, die heikle Stelle doch noch überqueren zu müssen. Wenige Minuten später stehe ich vor einem großen Holzschild:

»Welcome to Kalalau«

Wir sind da. Irgendwo gab es eine Abzweigung, die ich auch dieses Mal übersehen habe. Nur, dass ich jetzt – dank Andrew – richtig abgebogen bin. Ich habe mich tatsächlich böse verlaufen und mein Verstand wollte das nicht einsehen, bis er nicht mehr anders konnte. Die verschwenderische Schönheit der Umgebung täuschte über die Lebensgefahr hinweg, in die ich mich so leichtfüßig, so nichtsahnend begeben habe. Es wäre mir nicht in den Sinn gekommen, dass der Grat zwischen einem Malheur und einer Katastrophe so schmal sein kann.

Hier ist er wieder, der Flow, der Fluss des Lebens. Wie habe ich Andrew überhaupt getroffen? Warum habe ich an genau jener Stelle Rast gemacht? Wäre er nicht dahergekommen, hätte ich das Ziel nie erreicht. Alles Zufälle? Oder ein roter Faden, der sich entspinnt, während ich einen Schritt vor den anderen setze, nichtsahnend, wohin der Weg mich führen wird. Wie auch immer, eines ist mir auf Kauai klar geworden. Wenn ich mit mir selbst, mit meinem Innersten im Einklang bin, harmoniere ich auch mit dem größeren Ganzen. Dann darf ich mich leiten lassen von meiner Intuition, von der Stimme meines Herzens, von einer Energie, die ich nicht erklären kann. Auch nicht muss. (Selbst-)Vertrauen genügt.

Noch ein paar Meter über roten Sand, einen Hügel hinab und durch ein kleines Waldstück. Was dann kommt, macht mich sprachlos. Ich stehe am Rand eines Sandstrandes, der so lange ist, dass ich sein anderes Ende kaum sehen kann. Zu trübe ist die Luft dazwischen von dem Salzwasser, das die Brecher in die Höhe wirbeln. Ich stelle meinen Rucksack unter einem Baum ab, steige die runden Vulkansteine hinab und vergrabe meine malträtierten Füße im Sand. Dann wate ich am Wasser entlang, bis ich nach hunderten Metern zu einer Felswand gelange. Ein Wasserfall plätschert herab und gereicht mir als Dusche. Hinter der Sandfläche wachsen Nadelbäume, Sträucher und Palmen, in deren Schatten ich mein Zelt aufschlage. Sonst ist kaum jemand hier.

Das Wort Paradies verlangt nach achtsamer Verwendung, sonst wird es inflationär. Doch jetzt soll es gelten, denn kein Terminus beschreibt das Naturwunder Kalalau Beach treffender. Zumal Paradies nicht nur einen Ort bezeichnet, sondern vor allem ein Gefühl zu diesem Ort. Weil das bereits Aufgegebene plötzlich doch noch wahr wurde, weil mein Herz pulsiert vor Dankbarkeit und mein Körper sich trotz der Strapazen quicklebendig anfühlt. Weil jede brechende Welle, jede vorbeiziehende Wolke und jeder Stern, der in der Abenddämmerung langsam zu leuchten beginnt, eine Bestätigung dafür ist, dass ich den richtigen Weg gegangen bin.

WERDE DEIN GRÖSSTER FAN

Die Autorin und Motivationstrainerin Louise Hay war eine Koryphäe in Sachen Persönlichkeitsentwicklung. Sie schreibt, dass es nur eine Sache gibt, die jedes Problem lösen kann: zu wissen, wie man sich selbst liebt.

Das ist nicht egoistisch, im Gegenteil. Wie will ich Liebe teilen, die ich selbst nicht habe? Jeder Ärger über jemand anderen ist eine Projektion des Ärgers, der in mir selbst steckt. Jede überhöhte Erwartung an meine Mitmenschen kommt daher, weil ich mir selbst nicht gut genug bin. Jeder Wutausbruch ist ein Hilferuf und jeder äußere Reiz, der ihn auslöst, weist mich auf eine Schwäche hin, an der ich arbeiten darf.

Diese Schwächen zu akzeptieren ist essenziell. Erst, wenn du annimmst, wer du bist, kannst du werden, wer du sein möchtest. Wahre Selbstliebe bedeutet die bedingungslose Anerkennung dessen, was du bist. Akzeptiere und schätze das Gesamtpaket. Deine Selbstliebe stellt keine Bedingungen, braucht keine Konditionen. Nur ein bisschen Übung. Achte darauf, wie du über dich selbst sprichst. Mach dir bewusst, wenn der Ton rau wird. Sei lieb zu dir. Verzeihe dir deine Fehler, du brauchst sie auf deiner Reise zur Selbsterkenntnis. Verbringe Zeit alleine. Schau auf dich. Treibe regelmäßig Sport, iss gesund, reduziere alles, was dir nicht guttut. Sei dankbar. Meditiere, um nach innen zu schauen und immer wieder Hallo zu sagen zu dem wundervollen Wesen, das du bist. Umgib dich mit der Natur und mit Menschen, die dir Kraft geben und dich ermutigen, deine beste Version zu sein. Nimm Herausforderungen an. Du trägst ein grenzenloses Potential in dir, lerne es kennen.

4. BIS 14. NOVEMBER 2017

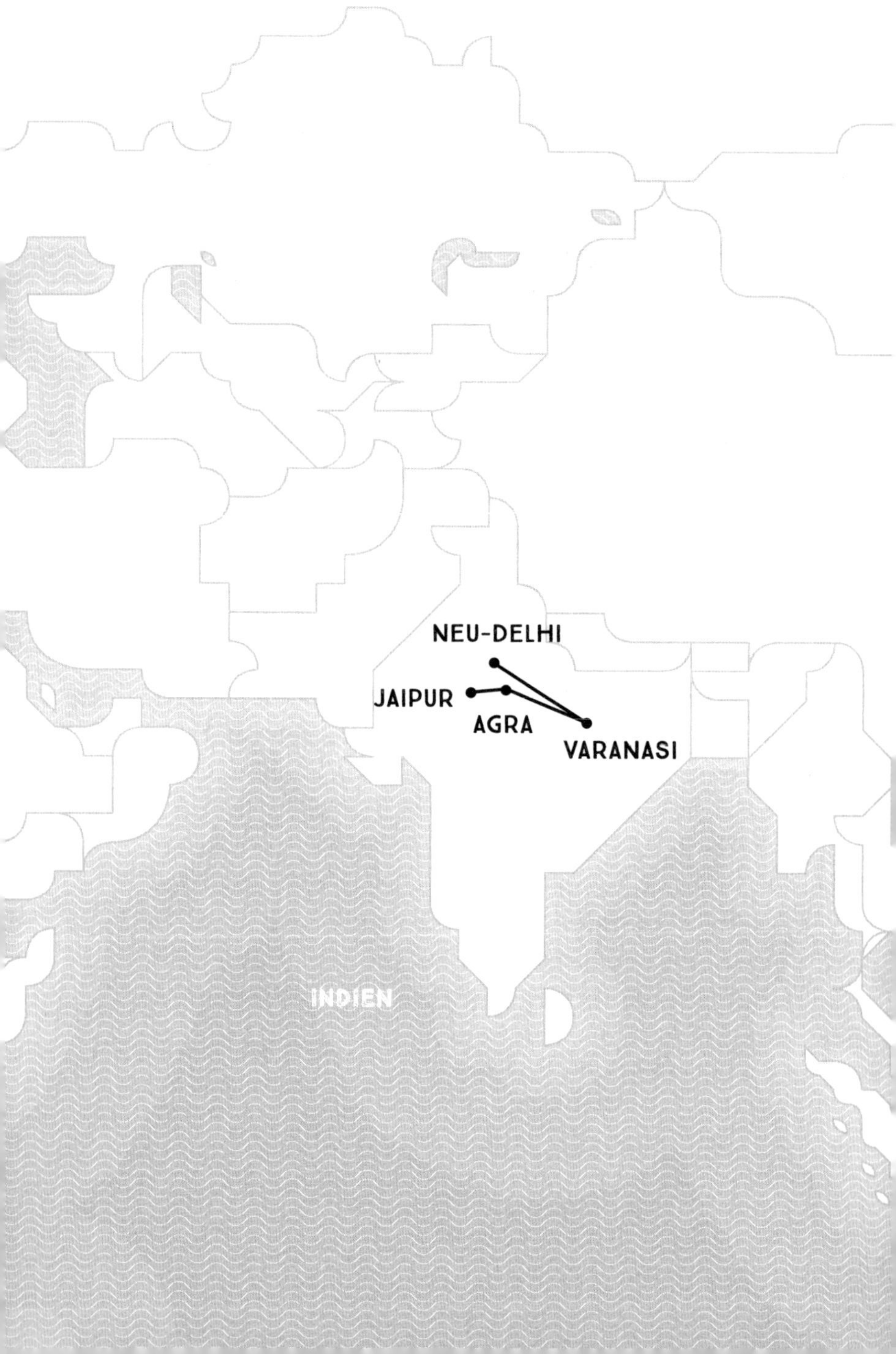

KAPITEL 12

ENTDECKEN AUF INDISCH

REISE DURCH DAS GOLDENE DREIECK

»There are no foreign lands. It is the traveler only who is foreign.«

Robert Louis Stevenson

★

Wer Indien in seiner schrillen Pracht lieben möchte, muss das Land sehen, wie es ist. Darf nichts erwarten und nichts verlangen, muss ihm das überwältigende Anderssein zugestehen. Muss die Welt, wie er sie kennt, anhalten und Raum schaffen im Kopf für das Undenkbare. Dann beschenkt einen der Subkontinent mit frischem Zauber und heilsamen Einsichten. Andreas Altmann, ein Virtuose der Reisereportage, hat es treffsicher formuliert:

»Indien ist ein gigantischer Spiegel. Jeder darf hineinblicken und sich anschauen. Wer das Land im selben Zustand verlässt, wie er es betreten hat, kam schon als Leiche.«

Drei Tage in Delhi. Ein Motorrad rast mit Dauerhupe an mir vorbei, ich kann gerade noch ausweichen. Dann der nächste Eilige aus der Gegenrichtung, für die enge Straße voller Körper viel zu schnell. Hier unversehrt durch die Gassen zu streifen, ist eine vielschichtige Aufgabe. Doch niemand scheint sich an den Rabauken zu stören, zu besonnen ist das indische Gemüt. Es erlaubt dem Seidenhändler vollkommene Gelassenheit im Angesicht einer Kuh, die ihm gerade vors Geschäft scheißt. Und stattet den Tuk-Tuk-Fahrer mit der nötigen Umsicht aus, um sein mit acht Männern völlig überbesetztes Gefährt durch den Höllenverkehr zu manövrieren. Aber vollbesetzt ist ein elastischer Begriff in einer Stadt, in der knapp 20 Millionen Menschen um Lebensraum rangeln. Delhi bietet den Anblick nackter Wildheit. Affen überqueren die Straße auf windig in die Luft montierten Stromkabeln, zwei Ziegen stehen angeleint an einem Hühnerkäfig, eine dritte wird gerade mit dem Hackbeil zerteilt. Die ausufernde Hektik klingt nach Hupkonzerten und Marktschreiern, die mich in den Laden ziehen, wenn ich ihre Waren nur eine halbe Sekunde zu lange ansehe. Der Gestank ist undefinierbar, Abgase, Urin und gegrilltes Fleisch sind jedenfalls dabei. Ich würde gerne stehenbleiben und einfach nur staunen, doch wer nicht im Verkehrsfluss bleibt, riskiert Verletzungen. Umherstehende Kühe bieten Schutz, die Heiligen rührt in Indien niemand an. Eine kaut gelangweilt am Dreck, dann erbarmt sich ein junger Mann und steckt ihr etwas Gelbliches zwischen die Zähne. Ob das seine Kuh sei, frage ich ihn.

»Nein, die Tiere gehören hier niemandem wirklich.«

»Gibt diese hier Milch?«, frage ich neugierig.

»Nein, das ist ein Bulle«, erklärt er mir und bricht in schallendes Gelächter aus. Ich kann nicht anders und lache mit ihm.

Petra, die mich in Los Angeles im weißen Mustang überrascht hat, begleitet mich. Sie beginnt gerade ihren Trip durch Asien, hat noch wenig Pläne und viel Zeit. Ich freue mich, sie wiederzusehen. Obwohl wir einander schon seit einigen Jahren kennen, haben wir uns erst vor circa einem Jahr angefreundet. Es kam, weil sie einen Blogartikel veröffentlichte, der mein Interesse geweckt hat. Eine Liste an hundert Erfahrungen, die sie in diesem Leben noch machen möchte. Auf ihrer Bucket List stand unter anderem, in Südafrika mit Haien zu tauchen, die Sterne in der Atacamawüste zu beobachten und im Hippie-Bus zu wohnen. Menschen mit solchen Sehnsüchten möchte ich kennenlernen. Schon länger sprechen wir darüber, eine Ecke dieser Welt einmal gemeinsam zu erkunden. Jetzt soll es sein. Ihre Reiselust und mein Abenteuergeist haben sich in der indischen Hauptstadt verabredet, um für ein paar Tage das Goldene Dreieck zwischen Delhi, Agra und Jaipur zu erkunden.

Abends sitzen wir in einem Restaurant auf dem Dach, blicken hinunter auf den Main Bazar und löffeln Garam Masala. Immer wieder lasse ich meine Gedanken durch die jüngere Vergangenheit schweifen und teile einige davon mit Petra. Einem vertrauten Menschen von fremden Erlebnissen zu erzählen, hilft mir bei deren Einordnung. Die vergangenen vier Wochen bin ich indonesische Vulkane emporgestiegen, habe auf einer rostigen Fähre das Meer von Java nach Borneo überquert, dort nach Regenwald gesucht und stattdessen Palmölplantagen bis zum Horizont gefunden. Indonesien hat mich mit allen Kräften eingestimmt auf die Unfassbarkeit Indiens. Nun bin ich im letzten Land meiner Reise angelangt. Knapp sechs Wochen habe ich noch Zeit, bevor am 17. Dezember mein Direktflug von Delhi nach Wien geht. Ich kann Weihnachten mit meiner Familie kaum mehr erwarten. Davor aber noch offenen Mundes eintauchen in das Beispiellose.

In der Nacht wechseln die Straßen Delhis ihr Gesicht. Die grellen Neonlichter leuchten nur kleine Bereiche aus, viele Ecken sind tiefschwarz. Da muss ich zweimal hinsehen, um zu erkennen, dass der Hund, der da im Unflat liegt, am Kopf keine Haut mehr hat. Mehrstöckige Ruinen mit finsteren Räumen, die weder Fenster noch Türen haben, sehen aus, als wären sie schon vor langer Zeit verlassen worden. Dann nehme ich die Umrisse eines Menschen wahr, der da im zweiten Stock in der Dunkelheit steht. In seinem Zuhause.

Hier wird überall gelebt. Der eine schlummert auf der Pritsche seiner Rikscha, der andere löffelt Reis am Randstein. Kinder streunen barfuß umher, ein Beinloser schleift sich auf einem Rollbrett über den Asphalt. Petra und ich schlendern noch ein Stück weiter, dann lockt mich eine Stiege in einen hell beleuchteten, bunt verzierten Raum, der inmitten des Wirrwarrs wie eine stille Oase wirkt. Eine goldene Figur mit Elefantenrüssel steht im Andachtsraum. Ganesha verkörpert das Göttliche im Hinduismus. Mitunter, denn die Inder beten zu tausenden Gottheiten. Mindestens. Auch das macht sie sympathisch. Sie sind nicht dem monotheistischen Irrsinn anheimgefallen, sondern räumen ein, dass das Überirdische viele Gesichter hat. Und ebenso viele Wege, es anzurufen.

Eine Gruppe von zehn Männern trommelt im Kreis, singt schemenhafte Laute dazu und lässt sich von Räucherstäbchen benebeln. Ein Mann mit langen Haaren und orangenem Pyjama tritt näher und bedeutet Petra und mir, uns hinzuknien. Wir kommen seiner Aufforderung nach und er malt uns jeweils einen roten Punkt zwischen die Augen. Dann höre ich schmerzerfüllte Schreie auf dem Dach, mehrstimmig und mit einem gewissen Rhythmus. Es klingt nicht, als wäre jemand in Gefahr, aber warum gebrüllt wird, vermag ich nicht zu deuten. Ich will sehen, was sich abspielt und steige ein paar Stufen hinauf. Eine Horde Männer sitzt in engem Kreis am Flachdach, einer beschreibt eine einladende Handbewegung, kurz darauf sitze ich daneben und lasse mich anschreien. Ein Ritual, eine Art Gebet erlebe ich hier mit allen Sinnen, die Männer halten sich die Ohren zu, reißen die Münder auf und plärren sich gegenseitig ins Gesicht. Die Energie mutet gespenstisch an und dann doch so handfest, so laut. Mein Mund muss schon länger offenstehen, da setzt sich einer zu mir und bietet mir eine Zigarette an. Er breitet einen weißen Plastiksack für mich aus, auf den ich mich setzen darf. Wäre es nicht so finster, ich schwöre, ich könnte sehen, dass alle mich anstarren.

Besuch eines großen Sikh-Tempels. Ohne Schuhe, dafür mit buntem Tuch auf dem Kopf stehen Petra und ich in der Warteschlange eines Häuschens. Darin geben drei Männer mit langen grauen Bärten und Turbanen an die Anstehenden kleine Aluschälchen mit einem braunen, fetten Grießbrei aus. Einer erklärt, was damit zu tun sei, doch ich verstehe nur die Hälfte. Als er mir ein Schälchen reicht, begreife ich. Ich soll daraus probieren und tue, wie mir geheißen. Doch die Sache ist merkwürdig, es gibt kein Besteck und Grießbrei mit den Fingern zu essen, erscheint mir unpassend. Auch Petra weiß nicht weiter. Eine Frau kommt zu Hilfe, deutet lächelnd auf die Finger und bestätigt meine Vermutung, indem sie mit dem Kopf wackelt. Ich weiß noch immer nicht, was die komische Geste bedeutet, aber alle Inder tun es. Wie auch immer, ich belade zwei Finger mit dem Schleim und schlecke sie ab. Niemand sonst isst, ich komme mir blöd vor. Die andere Hälfte will zurückgebracht und gespendet werden – die Armen von der Straße sollen es kriegen. Was ich nicht verstanden habe, war die Reihenfolge. Der Brei soll zuerst durch den Tempel getragen und von den Göttern gesegnet werden. Dann wird die Hälfte gespendet und erst dann die andere Hälfte gegessen. Als ich mich wieder bei den Turbanmännern in die Reihe stelle und einem andächtig mein Schälchen überreiche, ist es vorbei mit dem Haussegen. Eine finstere, angewiderte Miene überzieht das Gesicht des Tempelhüters ob der Fingerspuren im fettigen Brei. Mit einer abfälligen Handbewegung und offensichtlich verärgert gibt er mir die Schale zurück. Ein Fettnäpfchen, im wahrsten Sinne des Wortes.

Mit dem Nachtzug nach Varanasi. Es gibt keinen heiligeren Ort in Indien als die Pilgerstadt am Ufer des Ganges. Shiva selbst soll den Fluss aus seinem göttlichen Haar entflochten haben, so eine der vielen Legenden. Wer hier stirbt, wird unsterblich, entkommt dem endlosen Kreislauf mühseliger Reinkarnationen und irdischen Leids, darf auffahren ins Absolute. Daran glauben die Hindus. Deshalb ist Varanasi ein Hotspot des Jenseitigen und ein Eldorado für steinalte Menschen, die bereits auf des Todes Warteliste stehen.

Wer seine Begegnung mit ihm hinter sich hat, wird an den Burning Ghats verbrannt, sofern es sich seine Familie leisten kann. Die unerwartete Leichenschau überfordert mich. Hier lodern mehrere Tote gleichzeitig, 24 Stunden am Tag, sieben Tage die Woche. Mit einem unbehaglichen Gefühl trete ich näher. Ich empfinde meinen Voyeurismus als pietätlos, doch wegsehen kann ich auch nicht. Auch Petra weiß nicht recht, wie ihr geschieht. Die Leichen sind in weiße Tücher eingewickelt, die bald in Flammen aufgehen und den Blick auf die verkohlenden Füße freigeben. Bevor die Beine schwarz sind, ziehen wir uns zurück. Als wir 30 Minuten später wieder daran vorbeigehen, ist von dem Menschen nichts mehr zu sehen. Wer er auch war und wie üppig sein Besitz, am Ende ist er Asche. Wie alle anderen.

Seltsamerweise riecht es nicht nach verbranntem Fleisch, sondern nach friedlichem Lagerfeuer. Das liege am Banyan-Baum, dessen teures Holz unter den Hingeschiedenen verheizt wird, erklärt uns Babajin, der hier herumsteht, als hätte er sonst nichts zu tun. Er arbeitet für ein Hospiz, erzählt er, um Karmapunkte zu sammeln. Noch einer, der direkt hinaufwill. Ich frage ihn nach dem Prozedere.

Zuerst wird die Leiche im Wasser des Ganges mit sieben Ölen gewaschen, um die sieben Chakren zu öffnen, die Energiezentren im Körper. Die Familie bahrt den Verstorbenen dann auf einem rechteckigen Metallgestell auf, das mit großen Holzscheiten gefüllt ist. Dann wandert ein Angehöriger mit nacktem Oberkörper, weißem Turban und einem Strohbüschel fünf Mal um die Feuerstätte – für jedes Element ein Mal. Erde, Feuer, Wasser, Luft und Äther. Letzteres kann auch als Raum verstanden werden oder – bei hinreichend Vorstellungskraft – als Weltseele.

So befreien die Hindus die menschliche Anima vom Körper – Zerstörung und Neuerschaffung in einem. Für das himmlische Abrakadabra reisen jährlich 2.5 Millionen Inder nach Varanasi. Wer sich die Reise mit Leiche und das mit 500 Euro zu Buche schlagende Ritual nicht leisten kann, verbrennt die Leiche zu Hause und bringt die Urne mit. Hauptsache, die Asche des Toten landet im Ganges.

Jetzt will auch Babajin Geld sehen. Seine gewieften Tricks verraten, dass er das nicht zum ersten Mal macht. 780 Rupien koste ein Kilogramm des kostbaren Banyanholzes, will er mir weis machen, umgerechnet zehn Euro. Eines solle ich spenden. Babajin beeilt sich hinzuzufügen, dass es schlecht fürs Karma wäre, würde ich seiner Forderung nicht nachkommen. Ich gebe ihm 300 Rupien, seine Arbeit soll belohnt sein. Wundersames Indien, so erfrischend einfallsreich, so mitreißend skurril.

Die Rauchschwaden der Feuerbestattungen und der Smog der Millionenstadt hüllen das Flussufer in Nebelschwaden und das Abendrot der tief stehenden Sonne wirkt inmitten des ausufernden Bestattungskults makaber. Auf den Flachdächern lassen Kinder Drachen steigen, Kühe versperren die schmalen Uferwege und dahinter tauchen zwei Männer ihre Köpfe in die Kloake des heiligen Ganges. Tauchen auf, tauchen unter, für sie ist es der Nektar der Unsterblichkeit. Weder giftige Bakterien schmälern ihren Badespaß noch die Asche der Leichen, in der sie sich waschen.

Ich esse Ananas am Dashashwamedh Ghat und gebe mir eine der hochheiligen Zeremonien mit Feuertänzern, Gebetsgesang und eifrig klatschendem Publikum. Ein Bub gesellt sich zu mir, vielleicht fünf Jahre alt. Seine Füße sind schwarz vor Schmutz. Ich schneide ihm ein Stück Ananas herunter, er isst es und lacht zufrieden. Dann will er noch eines, reflexartig bedeute ich dem Knirps, dass er schon eines gehabt hätte. Zwei Sekunden später realisiere ich, wie völlig daneben dieser Hinweis ist und gebe ihm ein zweites Stück und dann noch ein drittes. Dann stehe ich auf und kaufe ihm eine Flasche Cola. Er umklammert sie mit seinen Minihänden, schlürft friedlich und bittet um nichts. Steht nur da und sieht sich um, immer wieder lächelt er mich an. »You money?«, dann also doch noch, aber Geld gebe ich ihm keines. Nicht aus Gier, sondern weil ich nicht weiß, was ich damit fördere. Er nimmt meine Absage lachend zur Kenntnis, winkt zum Abschied, wir schlagen ein. Seine Augen funkeln, haben das Leben noch nicht verloren. Viele in seinem Alter starren nur noch in die Leere. Aus Gründen, die ich mir nicht einmal vorstellen kann.

Draußen schreien die Affen und die Angestellten des Gästehauses, in dem ich liege. Ich habe kaum Kraft, um aufzustehen, muss dennoch im Stundentakt aufs Klo hasten. Irgendjemand hat einmal zu mir gesagt: »Wenn du nicht mindestens einmal die Scheißerei hast, warst du nicht in Indien.«

Ich habe gehofft, er hätte übertrieben. Zwei Tage liege ich danieder und kuriere aus, was ein Mushroom Masala angerichtet hat. Petra liegt daneben, wir haben vom Selben gegessen. Vielleicht hat Babajin doch Recht gehabt, Karma is a bitch. Und die Matratze so schmerzhaft dünn, dass ich nach 16 Stunden im Bett nicht mehr weiß, auf welche Seite ich mich drehen soll. Ich habe mich an bescheidene Unterkünfte auf Reisen gewöhnt, doch nie habe ich meinen Sparefroh so bereut wie jetzt.

Prabu, der Besitzer des Gästehauses, entschuldigt sich mehrmals pro Tag für die fehlende Wasserversorgung, es liege an einem kaputten Ventil an den Tanks. Ich spare mir die Frage, warum er es nicht reparieren lässt. Irgendwie scheint er hier nichts wirklich auf die Reihe zu kriegen. Armer Mann, er wirkt bekümmert und vom Leben geschlagen. Es fällt mir schwer, ihm Vorwürfe zu machen, auch, wenn es nur wenig gibt, das ich momentan dringender bräuchte als ein funktionierendes WC. Eines gibt es im ganzen Haus, das jedes dritte Mal besetzt ist und mir den Schweiß auf die Stirn treibt.

Als ich Prabu frage, wann die Dusche wieder funktioniere, sieht er sich besorgt um und dann nachdenklich auf den Boden. Dann blickt er mich an, reißt die Augen auf und grinst, als wäre ihm gerade eine bahnbrechende Idee gekommen.

»I can bring you bucket«, verkündet er freudig und wackelt mit dem Kopf. »With water. Then you can shower. Good?«

Nein, ich kann ihm nicht böse sein.

Weltoffenheit verlangt nach steter Selbstreflexion. Obwohl mir im vergangenen Jahr so manch Absonderliches untergekommen ist, schleudert Indien mir unaufhaltsam Eindrücke entgegen, für deren Verarbeitung ich keine Werkzeuge habe. Das überfordert mich, deshalb greife ich zu Stereotypen, um mich zurechtzufinden. Daran geknüpft sind Vorurteile und Erwartungen, teils völlig überzogene. Deshalb ist Indien ein gigantischer Spiegel. In ihm darf ich mich anschauen. An ihm darf ich mich messen. An ihm darf ich wachsen.

Zwei Tage später sind Magen und Darm wieder reisetauglich. Der Bahnsteig in Varanasi ist überfüllt mit großen Kartons, Plastiksäcken und anderem Gepäck von hunderten Indern. Sandalen schleifen über den dreckigen Betonboden, ein Stromgenerator knattert am Nachbargleis. Die Frauen tragen aufwendig verzierte, bunte Kleider. Über dem Bahnsteig preist ein Monitor einen Zug an, der so modern aussieht, dass die Menschen ihn gutmöglich für ein Raumschiff hielten, würde er hier einfahren. Ein Hund ist auf Futtersuche und eine Kuh wandert die Gleise entlang. Ob es dem Karma des Zugchauffeurs wohl schadet, wenn er mit ihr verunfallt? Die Kuh kann sich entspannen, denn Zug wird hier noch länger keiner einfahren. Die Uhren in Indien ticken anders oder, präziser formuliert, spielen keine besonders große Rolle. Damit sind Zugverspätungen so normal wie Kühe auf dem Gleis.

Drei Stunden später als geplant sind wir auf dem Weg nach Agra, besser bekannt als die Stadt, in der das Weltwunder Taj Mahal steht. Das Sechserabteil, in dem Petra und ich zwei Betten gebucht haben, ist ohne uns schon voll. Drei Frauen und drei Männer spielen Karten, haben sichtlich Spaß und bitten uns höflich, auf der anderen Seite des Ganges Platz zu nehmen. Zur Schlafenszeit würden sie dann die Plätze räumen. Wir akzeptieren, wollen die heitere Zusammenkunft nicht stören.

Kurz darauf beginnt die Schlemmerei. Jeder der sechs packt aus seiner Tasche Plastikgefäße, zum Vorschein kommt Naanbrot, Currysauce mit Kartoffeln, Knabbereien und etwas Gelbes, das ich nicht benennen kann. Potluck auf Indisch. Wir werden eingeladen, doch lehnen ab. Zu groß ist meine Sorge, meinen immer noch flauen Magen wieder zu verstimmen. Doch ein Nein ist keine Kategorie, wenn dir ein Inder etwas zu essen anbietet. Ich kaue und schmecke und grinse unbeholfen. Die drei Paare haben sichtlich Freude daran, dass wir mitessen.

Ich nutze die Gelegenheit und frage, was das Kopfwackeln der Inder zu bedeuten habe, das ich in den vergangenen Tagen so oft gesehen habe. Es bedeute Ja, sagt Einer. Es bedeute Okay, sagt der Andere. Es bedeute Nein, sagt der Dritte. Ich frage, ob man es auch für Danke verwenden könne. Ja, könne man auch. Eine Universalgeste, die alles und nichts aussagt. Die einfach existiert, als Teil des kollektiven Ausdrucks, so unaufgeregt unwichtig, so unerklärbar, so indisch.

Morgens um sechs wache ich auf, weil einer der Männer unter mir seinen Rotz durch die Nase zieht. Ich liege in der mittleren von drei Etagen, Petra liegt in der obersten. Auch ein zweiter ist bereits wach und rülpst munter durch die Gegend. Dann, lautes Gelächter der Frauen, ich hebe meinen Kopf, blicke hinunter und stelle fest, die sechs sitzen schon wieder beisammen und packen gerade ihr Frühstück aus.

Sie schmatzen, rülpsen, rotzen, lachen und reden in orkanartiger Lautstärke. Alle gleichzeitig. So freundlich die sechs gestern waren, frühmorgens stellen sie meine Geduld auf die Probe. Meine Bitte um Rücksicht verhallt ungehört. Ich will meiner Empörung Luft verschaffen, doch lasse es sein. Mein Ärger würde für sie ohnehin keinen Unterschied machen, nur für mich. Also setze ich mich auf, bestelle einen Chai beim Teeverkäufer, stecke mir Musik in die Ohren und lese. Versuche notgedrungen, mir etwas von der indischen Gelassenheit abzuschauen.

Deepak, Bogesh und Anup – die drei Herren haben sich und ihre bunt gekleideten Ehefrauen zwischenzeitlich vorgestellt – wollen uns heute Abend zum Essen einladen. Es wäre ihnen eine Ehre, dürften sie uns die Gastfreundschaft erweisen. Wir nehmen an und Deepak gibt mir seine Nummer, als wir mit 22 Stunden Verspätung in Agra ankommen.

Ein Tuktuk bringt uns zur vereinbarten Adresse. Als wir aussteigen, warten unsere Gastgeber bereits vor einem Restaurant und heißen uns willkommen. Deepak bezahlt das Tuktuk, wogegen ich mich zur Wehr setze. Ich versuche ihm klar zu machen, dass das nicht in Frage käme, ich selbstverständlich selbst bezahlen möchte. Ich habe keine Chance. Noch nie hätten sie Ausländer zu Tisch gehabt und es sei ihnen eine besondere Ehre, uns ihre gastfreundliche Kultur vorzustellen. Alle drei bestehen mit Händen und Füßen darauf. Wenn Inder einladen wollen, dann laden sie ein. Punkt.

Wir sind die Paradiesvögel hier, alle im Restaurant mustern uns neugierig. Das Lokal ist schlicht, wir sitzen auf Plastikstühlen unter Neonlicht. Die Herren bestellen für uns mit, fragen nicht, was wir möchten, sie ordern ohnedies die halbe Speisekarte. Dazu eine Flasche Whisky.

Alle drei sind Unternehmer, adrett gekleidet mit Stoffhosen und tadellos gebügelten Hemden. Deepak betreibt eine Druckerpresse, Bogesh arbeitet mit Fahrzeugen und Anup im Transportwesen. Letzterer feiert heute Hochzeitstag. Ich gratuliere und frage, wie seine Frau es finde, dass er das Jubiläum mit Freunden zelebriert und nicht mit ihr. Das sei in der Hindu-Tradition so üblich, versichert er mir.

Gespräche über Frauen. Nur eine einzige hat ein gläubiger Hindu im Leben. Mehr könne man sich auch nicht leisten, scherzt Deepak. 40.000 Euro hätten ihre Hochzeiten gekostet, das ist in Indien selbst in der oberen Mittelschicht ein Vermögen. Auf der Hochzeit von Anups Tochter waren vierhundert Menschen, sie alle aßen für fünf Tage. Dazu der Schmuck, die kostbare Kleidung für das Brautpaar, alles muss passen und nur das Beste ist gut genug. Indische Hochzeiten sind Lebensereignisse, mehr gibt es im irdischen Dasein nicht zu erreichen. Ich erzähle aus Österreich, wo jede zweite Ehe geschieden wird.

»Wie kommt's?«, fragt Deepak.

»Gute Frage«, versuche ich mich an einer Antwort. »Vielleicht liegt es daran, dass wir uns vom Partner oder der Partnerin erwarten, dass sie uns glücklich machen und wenn sie das nicht mehr können, trennen wir uns. Auch die Lebensstile sind kurzlebiger geworden. Bei uns gibt es das Wort Lebensabschnittspartner.«

Wie erklärt man das einem Inder?

»Wozu soll das gut sein?«, fragt Bogesh, als hätte ich ihm gerade erzählt, dass wir unsere Autos rückwärtsfahren. Darauf fällt mir nichts Kluges ein.

Deepak richtet sich die Brille gerade, lehnt sich vor und spricht in mitfühlendem Ton: »Du wirst niemals lernen, wie du mit einer Frau glücklich sein kannst, wenn du sie andauernd wechselst. Das Problem wird bestehen bleiben.«

Deepak trifft einen wunden Punkt, seine Aussage geht mir nahe. Umso mehr, als sämtliche Ehen an diesem Tisch von den Eltern arrangiert wurden. Keiner der Herren hat das Antlitz der Holden vor dem Hochzeitstag gesehen. Dennoch seien alle drei glücklich. Sagen sie.

Deepaks Handy läutet, es ist Tochter Netalie. Ich soll mich mit ihr unterhalten und als ich frage, ob ich jetzt verheiratet werde, brechen die Männer in schallendes Gelächter aus. Netalies Englisch ist gut und Papa ist sichtlich stolz darauf, dass sich seine Tochter mit einem Ausländer verständigen kann.

Die Männer am Nachbartisch haben den Rummel um zwei aus fernem Lande längst bemerkt und lugen neugierig herüber. Es wird diskutiert, was der Unterschied zwischen Austria und Australia ist. Bogesh erklärt stolz, was er gerade gelernt hat, dass Österreich neben Deutschland liegt. Einer fasst Mut, steht auf und bittet Petra um einen Tanz. Es läuft zwar keine Musik, dafür singt der Beherzte.

Der gemeinsame Abend endet bei Anup im Wohnzimmer. Es war ihm ein Anliegen, uns noch seine Familie vorzustellen. Petra und ich sitzen jetzt auf der Couch und die Mischpoche hat sich drumherum artig im Halbkreis aufgestellt und blickt uns an wie zwei, die vom Himmel gefallen sind. Dann kommt Anup mit dem Hochzeitsalbum der Tochter und zeigt sichtlich stolz die Bilder her. Die Betroffene steht daneben, sagt aber kein Wort. Sie hat den Bräutigam am Hochzeitstag zum ersten Mal gesehen. Mit Verlaub, so sehen die beiden auf den Fotos auch aus. So unvertraut und distanziert, das Lächeln der beiden wirkt aufgesetzt. Das traue ich mich Anup allerdings nicht zu sagen.

In nur zehn Tagen hat Indien mich betört und verstört, hat mich bezaubert und ernüchtert. Hat mir Quicklebendiges und Mausetotes präsentiert wie kein anderes Land auf meiner Reise. Ich habe keine Schubladen für das, was ich hier erlebt habe, kein Gefäß, in das ich meine Eindrücke legen könnte. Doch der wunderliche Kram muss irgendwo hin, will verarbeitet werden. Genau wie die zehntausend anderen Bilder, die sich im vergangenen Jahr angesammelt haben und durch meinen Kopf schweben. Dafür soll nun Zeit sein, einen Monat habe ich noch bis zu meiner Heimkehr. Zeit für eine Yogalehrerausbildung in Goa. Für Stille, für Einkehr. Für Sonne, Strand und Namasté.

WELTNAH ZU HAUSE

ERWARTUNGEN LOSLASSEN

Erwartungen loszulassen bedeutet nicht, das Ziel aus den Augen zu verlieren oder gar aufzugeben. Es bedeutet, das Anhaften aufzulösen und Alternativen, die einem das Leben ungefragt zeigt, zu würdigen. Das braucht Geduld und Übung und geht nicht über Nacht. Aber es hilft uns in genau dem Ausmaß, in dem wir es praktizieren. Der erste Schritt ist, dir deiner Erwartungen an andere, an dich selbst und ans Leben bewusst zu werden. Dir schmeckt dein Essen nicht? Du musst deinen Kaffee haben? Die Verspätung deiner Freundin nervt dich? Betrachte die Szene nüchtern und beobachte, welche Gefühle sie in dir auslöst. Welche Gedanken kommen auf? Wie reagiert dein Körper? Sei neugierig, sei sensibel, spür hin.

Zweitens, akzeptiere dich selbst mit deiner Vorstellung davon, wie etwas oder jemand zu sein hat. Erweitere deine Perspektive. Welche Bedürfnisse mag der andere haben? Was ihn wohl beschäftigt? Frage dich dann, auf welchen persönlichen Erfahrungen, Gefühlen und Wünschen deine Erwartungen basieren. Richte den Fokus nach innen, anstatt die Ursache für die Misere außen zu suchen.

Drittens: Werde dir bewusst, dass die Möglichkeiten des Lebens omnipräsent sind, oft aber eben nicht in der Form daherkommen, wie wir uns das erwarten. Passieren nicht die besten Dinge ohnehin ungeplant, unerwartet?

Viertens: Warte nicht auf die Bestätigung anderer, bereue nicht. Lass los, atme tief durch, fokussiere deine Gedanken auf die Sonnenseite und mach weiter, wo du aufgehört hast. Spüre die Freiheit in Falcos Worten: *»Waunn ned, daunn ned.«* Sie wird dir Türen öffnen, wie du sie in deinen wildesten Träumen nicht erwartest.

14. NOVEMBER BIS 6. DEZEMBER 2017

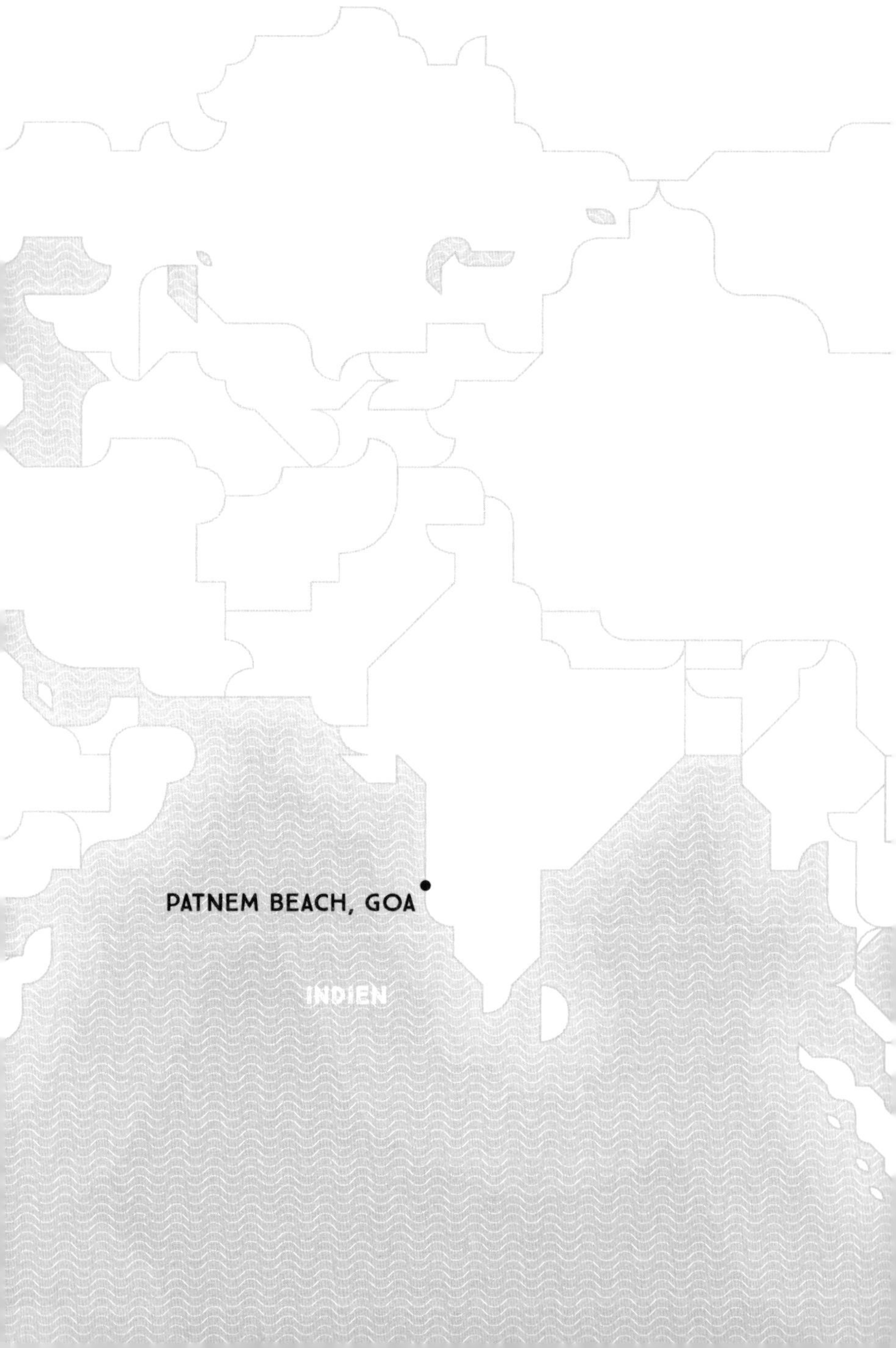

KAPITEL 13

NAMASTÉ OLÉ

YOGALEHRERAUSBILDUNG IN GOA

»Life is not about finding yourself.
Life is about creating yourself.«

George Bernard Shaw

★

Sand zwischen meinen Zehen. Weicher, von der Abendsonne gewärmter Sand. Eine Welle rauscht herein, jetzt Wasser an meinen Knöcheln, das sich sanft ins Meer zurückzieht. Bedächtig setze ich einen Fuß vor den anderen. Zwei Schritte einatmen, zwei Schritte ausatmen. So langsam, dass ich mich konzentrieren muss, um die Balance zu halten. Ich spüre die Brise auf meiner Haut. Meine Augen sind auf eine rote Fahne gerichtet, die circa hundert Meter entfernt im Strand steckt.

Wir zehn müssen für die anderen Strandbesucher aussehen wie ein paar Hippies auf LSD. *Mindful Walking* heißt die Meditationsübung, die uns Yogalehrer Shubham aufgetragen hat. Es geht nicht um das Erreichen der Fahne, sondern um die Wahrnehmung des Weges dorthin mit allen Sinnen. Damit ist die Fahne nicht Ziel, sondern egal.

Morgan hat an einem meiner Tiefpunkte einmal gesagt:

»You need more yoga in your life, sir.«

»Maybe. But I don't think that this is my thing«, war meine Antwort. Ungefähr dreißig Tage soll es dauern, bis neue Gewohnheiten entstehen. 31 Tage habe ich noch bis zum Ende meiner Weltreise. Die kommenden 21 werde ich am Patnem Beach in Goa verbringen, um den Umgang mit einem Werkzeug zu lernen, das Lebensfreude bringt und Gelassenheit. Das ich in den vergangenen drei Monaten kennen- und liebengelernt habe, weil es mir einen Weg aus meinem

Kopf zeigt, hin zum Herzen und zu innerem Waffenstillstand. Ich besuche ein Yoga Teacher Training. Nicht, um Yoga zu unterrichten. Sondern um tiefer zu graben und den Schatz der Balance zu heben. Um Yoga mit allen Sinnen zu erfahren.

Die Shiva Shakti Yogaschule ist mit einem Restaurant und einem Dutzend Bungalows verbunden, von denen ein kurzer Sandweg zum Strand führt. Als ich meinen Holzbungalow beziehe, fehlt das Mobiliar. Erst auf Nachfrage bringt der Rezeptionist Mistkübel, Plastiktisch, Sessel und Klopapier. Die Schule ist neu und das Team noch nicht eingespielt. Doch ich will gelassen sein, mich nicht beschweren über das, was fehlt. Lieber mich am Meer erfreuen, das ich von meinem Bett aus höre. Auch das ist Yoga.

Das Shala, der Übungsraum, liegt etwa hundert Meter im Hinterland. Daneben stehen ein paar Kühe und ein Tempelhäuschen. Die umliegenden Schulen haben ihre Yogaterrassen am Strand, sind aber auch deutlich teurer. Der Stil, der hier gelehrt wird, ist das traditionelle Yoga namens Hatha. Im Vordergrund der Praxis stehen Körperübungen, die Asanas, sowie Atemtechniken und Meditation. Dem zugrunde liegt eine Philosophie, die zur Selbstfindung animiert und zum gütigen Miteinander. Der Stundenplan ist entsprechend umfassend und beschäftigt unsere Gruppe zwölf Stunden täglich.

Schon am dritten Tag spüre ich meinen Körper von der Zehe bis zur Haarwurzel. Meine Atmung ist tiefer geworden und gleichmäßiger, meine Gedanken ruhiger. Und jedes Mal, wenn ich mich am Ende einer Asanaklasse auf dem Rücken liegend entspanne und mein Schweiß auf die Matte rinnt, fühle ich den Swing in mir.

Zuweilen komme ich mir komisch vor. Beispielsweise, wenn ich mir um 6 Uhr morgens den langen, dünnen Stiel eines weißen Plastikkännchens ins Nasenloch stecke, mich vorbeuge und dann den Kopf drehe. Damit das erwärmte Salzwasser auf der einen Seite hinein-

und auf der anderen wieder herausrinnen und so die Atemwege befreien kann. Nasenreinigung, olé.

Gerade zu Beginn ist auch das Singen von Mantras eine Disziplin, die mir viel Offenheit abverlangt. Gar so fremd, da ungewohnt, klingen sie in meinen Ohren. Und was ist das überhaupt, ein Mantra? Vielleicht eine Art Gebet, das so oft wiederholt wird, bis die Götter es erhören? Das ist nicht zwangsläufig so weltfremd, wie es klingt. Denn das Allumfassende schließt in der Yoga-Philosophie auch jeden Körper und jeden Geist mit ein. Daher sollen die Schwingungen der Mantras vor allem die eigenen Zellen zum Tanzen bringen, damit die Umgebung mit ihnen feiern kann.

Zunächst klingt das für mich wie lieblicher Märchenfunk. Doch ich gebe zu, was nach fünf Wiederholungen noch seltsam klang, beglückt mein Gemüt nach 20. Außerdem haben wir Spaß mit Shubham, er ist 22 Jahre alt und Yoga ist ein Teil von ihm. Seine selten entspannte Art ist ansteckend und sein gewinnendes Lächeln verhilft allen in der Gruppe zu mehr Heiterkeit.

Noch jemandes Lächeln habe ich liebgewonnen. Die Gespräche mit Astrid genieße ich gegen Ende der ersten Woche zunehmend. Ihre Eleganz und ihr hübsches Gesicht sind mir schon am ersten Tag aufgefallen, als wir beide am Strand lagen und einander noch nicht kannten. Doch weder habe ich den Wunsch noch die Absicht, hier eine Frau besser kennenzulernen. Ich will mit mir sein und mit Yoga. Deshalb bin ich hier.

Astrid kommt aus Zürich und ist DJ. Die 36-Jährige legt Hip-Hop auf und schreibt mit ihren Leidenschaften für Oldschool-Rap und Tiere zwei delikate Pluspunkte auf die Sympathieliste. Außerdem ist sie smart, ihre Ansichten inspirieren mich. Ich verfolge keinerlei Ziel, will nicht mehr wollen, als ich schon habe. Doch ertappe ich mich zunehmend dabei, wie ich in den Yogaklassen den Blickkontakt zu ihr suche. Und finde.

Im Schneidersitz am Strand, nebeneinander in einer Reihe. Immer noch ist es unbequem, aufrecht zu sitzen, aber meine Wirbelsäule gewöhnt sich langsam daran. Shubham leitet die Meditation an. Wir sollen die Wellen beobachten, eine nach der anderen, dabei atmen in ihrem Takt. Tausende Kilometer haben sie sich durch den Ozean geschoben, um vor meinen Augen zu brechen. Das Wesen der Meditation ist die Achtsamkeit, das bedingungslose Hiersein. Das Einatmen der Wunder, die einen umgeben und das Ausatmen der Dankbarkeit.

Ein Gespräch über unsere Erfahrungen beim Abendessen.

»Jede Welle war für mich ein Gedanke, der hereinrollt, bricht und wieder verschwindet«, sagt Geeta aus Kuala Lumpur, eine Frau ruhigeren Gemüts. »Eine Gedankenwelle nach der anderen zu beobachten, das hat Frieden in mir erzeugt.«

»Die Kraft einer Welle liegt in der Tiefe verborgen und offenbart sich erst, wenn sie auf ein Hindernis stößt«, sage ich. »Wie das Potenzial, das in jedem von uns steckt.«

Wir sprechen über Ziele und was sie bedeuten.

»Sie sind dazu da, um eine Richtung vorzugeben«, sagt Manuel, »aber ist es nicht die eigentliche Aufgabe, das zu leben, was dazwischen liegt? Dann nimmst du auch Gelegenheiten und Abzweigungen wahr, die dich vielleicht auf einen anderen Weg führen mit einem neuen Ziel und neuen Möglichkeiten.«

Manuel hat seine Zelte in Deutschland abgebrochen. Bald beginnt er mit seiner Frau auf Bali einen neuen Job in einem Hotel, obwohl ihm die Branche fremd ist. Er war mir auf Anhieb sympathisch.

»Aber das ist es, was wir in der Schule lernen«, wirft Ilana aus London ein. »Genau das erwartet die Gesellschaft von uns, dass wir unsere Ziele erreichen. Die besten Noten haben, den angesehensten Job, das meiste Geld. Aber oft sind diese Ziele nicht unsere eigenen.«

Ilana erzählt, dass ihr die Entscheidung, hierher zu kommen, nicht leichtgefallen ist. Denn sollte sie nicht in London sein und sich um einen neuen Job als Werbetexterin bemühen?

»Stattdessen sitze ich hier am Strand, mache den ganzen Tag Yoga und tue nichts von dem, was von mir erwartet wird.«

»Du tust, was dir Freude bereitet, führst wertvolle Gespräche und gewinnst Perspektiven, die dich weiterbringen«, sage ich. »Ich finde, das sind ein paar sehr gute Gründe, um hier zu sein.«

Am Abend vor unserem ersten freien Tag sitzt die gesamte Gruppe ums Strandlagerfeuer und zelebriert die vergangene Woche. Sarah, die junge Buddhistin aus Deutschland, und ich spielen abwechselnd auf der Gitarre und die Runde singt mit. Doch obwohl morgen kein Wecker um 5:45 Uhr klingelt, damit wir das Nasenfläschchen rechtzeitig zur Reinigung ansetzen, gehen die anderen bald schlafen. Es ist ungefähr 21 Uhr, da bleiben Astrid und ich zu zweit am Feuer zurück. Im Hintergrund rauscht das Meer und über uns funkelt das Universum. Wir sprechen über den Sinn des Lebens und dann sagt Astrid etwas, das ich sehr sexy finde.

»Ich glaube, wir sind deshalb hier, um etwas beizutragen zum Bewusstseinszustand der Menschheit. Indem wir an uns und der Welt wachsen und unser eigenes Bewusstsein erhöhen.«

Jetzt greife ich nach ihrer Hand und ihre schönen, dunklen Augen mustern wohlwollend die Geste meiner Zuneigung. Astrid trägt ein schwarzes Kleid und ein braun gemustertes Hippietuch ums dunkelbraune Haar, als ich sie zum ersten Mal küsse.

Am zehnten Tag unterrichte ich meine erste Yogaklasse. Die allgemeine Stimmung ist müde, die Hitze drückt, die Ventilatoren im Shala fallen immer wieder aus, das Teacher Training verlangt viel. Ich mache die allgemeine Erschöpfung zum Thema meiner Stunde und beginne mit einer Meditation, bitte darum, den Boden unter den Füßen zu spüren und die Geräusche der Raben und Kühe wahrzunehmen. Ich ermutige zu Dankbarkeit gegenüber uns selbst und dem Leben, das es uns erlaubt, in Goa Yoga zu praktizieren und darüber zu jammern, dass es heiß ist. Zehn Asanas leite ich an und am

Ende liegen wieder alle am Rücken. In Savasana, der Leichenpose. Ich gehe ringsum und verteile auf die Handflächen tropfenweise ein ätherisches Öl, das im vergangenen Jahr mein treuer Begleiter war. Es trägt den klingenden Namen *Believe* und hat mir in Höhen wie Tiefen gutgetan. Der Geruch verbindet die Pole, die scheinbaren Gegensätze. Ich erzähle kurz von meiner Reise und davon, wie mir die fordernden Zeiten neue Wege gezeigt haben und mir die Kraft antrainiert haben, sie zu beschreiten. Stark und schwach, heiter und traurig, gut und schlecht sind zwei Seiten derselben Medaille, sind untrennbar miteinander verbunden. Wenn mich heute einer nach schlechten Erfahrungen auf meiner Reise fragt, dann kann ich ihm keine einzige nennen. Harte Brocken? Ohne Frage. Situationen der Angst, die ich nicht zu bewältigen wusste, Momente ohne Antworten, ohne Sinn. Doch im Nachhinein weiß ich, dass ich aus ihnen gelernt habe, was ich zum gegebenen Zeitpunkt brauchte, um weiterzukommen. Ohne sie wäre ich nicht hier.

Bevor ich die Klasse schließe, stelle ich drei Fragen:

»Warum die Herausforderungen nicht gleich als Einladungen begreifen, um besser zu werden? Warum nicht gleich darauf vertrauen, dass wir ihren Sinn schon noch begreifen werden? Wie viel Sorgen und Leid würde uns das ersparen?«

Astrid setzt sich auf, öffnet ihre feuchten Augen und grinst übers ganze Gesicht. Diesen Blick werde ich noch lange in Erinnerung behalten.

Nach unserem ersten Kuss vor vier Tagen fühlte ich mich wie ein Teenager, der nicht weiß, ob das irgendetwas zu bedeuten hat. Ich glaube nicht, dass man für dieses merkwürdige Verhalten jemals zu alt ist, wenn Eros die Hormone steuert. Einige Liebkosungen später dann die Aussprache. Kein Sex, wir wollen einander nicht ablenken von der Einkehr, die wir uns hier von Yoga erhoffen. Was für ein frommer Vorsatz, was für ein ausgesprochener Topfen.

Ab der zweiten Woche treten Astrid und ich hauptsächlich im Doppelpack auf. Mich hat das bei anderen immer genervt, doch wie verblüffend egal mir das ist, wenn rundherum alles rosarot ist. Astrid holt mich von meinem Bungalow ab, wenn wir essen gehen und ich warte an ihrem auf dem Weg zum Shala. In den Pausen knotzen wir auf der Terrasse oder spielen derart mit den Wellen, dass der Rettungsschwimmer herüber schielt und ich immer ein paar Minuten warten muss, bis ich wieder aus dem Wasser kann.

Philosophieklasse am Ende der zweiten Woche. Nach und nach begreife ich, worum es im Yoga geht. Ich lerne über eine Lebensanschauung, die zu einem liebevollen Umgang mit der Welt anregt und zur Milde gegenüber sich selbst. Die einem dabei hilft, nicht immer mehr zu wollen und zu schätzen, was man hat. Die Asanas sind nicht Zweck der Übung, sondern Werkzeug, um einen Zustand des Gleichgewichts herzustellen. Die Atmung wird mit den Bewegungen verbunden und leitet so den Weg in immer tiefere Posen. Das aktiviert die Energiezentren und löst Blockaden auf, sodass die Lebensenergie fließen kann. Wichtig dabei ist die Balance zwischen linker und rechter Körperseite, zwischen weiblicher und männlicher Energiequalität, zwischen Entspannung und Anstrengung, zwischen Yin und Yang. Der Körper wird fester und flexibler zugleich, der Geist kommt zur Ruhe und die Seele findet Raum zur Entfaltung.

Hehres Ziel ist die Überwindung des Egos, des mit dem Denken und der materiellen Existenz identifizierten Selbst. Natürlich, die Zuschreibungen und Interpretationen des Verstandes machen die Realität erst verständlich. Wie sonst sollen wir miteinander kommunizieren und unsere Welt erschaffen? Doch auch Gier und Ichsucht haben dort ihren Ursprung. Stress und Groll entstehen im Kopf und jede Form der Sorge und der Angst. Mit Abwärtsspiralen, die den Verstand vom wichtigen Diener zum autoritären Herrscher machen und damit Wut, Neid, Hass und Gewalt zu plausiblen Instrumenten.

Samadhi, so nennen die Yogis den höchsten aller Bewusstseinszustände, müsse nicht zwangsläufig in einem Menschenleben erreicht werden. Der Glaube billigt zu, dass es hunderte dauern kann, bis der Strebsame erleuchtet ist. Soll sich einer davon nicht entmutigen lassen, denn beim Yoga geht es nicht darum, irgendwo anzukommen. Sondern einzig und allein um den Weg dorthin, um die Praxis. Darum, am nächsten Tag ein kleines Stück weiter zu sein als am vorigen.

Entscheidend – auch das gefällt mir am Yoga – ist die durchdringende Energie des Friedens, von Shanti auf Sanskrit, der heiligen Sprache der Hindus. Vor allem der Eintracht mit sich selbst und mit den eigenen Defiziten. Nicht bloßes Akzeptieren, obwohl bereits meilenweit voraus ist, wer das kann. Nein, mehr noch, respektieren und wertschätzen. Eben Frieden schließen mit dem Unbequemen, um es dann gewinnbringend einzusetzen. Dazu fällt mir Josh Waitzkin ein, der Wunderknabe war Weltmeister im Schach und im Tai Chi. In seinem sehr empfehlenswerten Buch *The Art of Learning* beschreibt er, wie er das geschafft hat.

»At the highest levels performers and artists must be true to themselves. There can be no denial, no repression of true personality or else the creation will be false.«

Dazu inspiriert Yoga durch Bewegung und Atmung. Versuche einmal, auf dem Rücken liegend die ausgestreckten Beine über den Kopf zu ziehen und mit den Zehen den Boden zu berühren. Das zieht und brennt wie Sau. Aber tu es hundertmal, atme entspannt in die Dehnung und eine innere Ruhe wird sich einstellen, die mich zutiefst fasziniert.

Om Shanti, Shanti, Shanti. Wer seinen Seelenfrieden gefunden hat, verliert jedes Interesse am Krieg. Welch mutigeren Beitrag kann ein Menschlein zum Weltfrieden leisten, zum Himmel auf Erden?

Verliebtsein trägt auch dazu bei. Als ich es nicht erwartet habe, es am wenigsten brauchte, ist es passiert. Rätselhaftes Leben. Am Himmel strahlt der letzte Vollmond meiner Reise. Astrid und ich haben eine Decke und zwei Meditationskissen mit, ein Räucherstäbchen und eine Kerze. Wir spazieren den Patnem Beach entlang und setzen uns hinter ein Holzhäuschen in den Sand. Die unbändige Kraft des Meeres im Rücken und die Mondenergie im Gesicht, dazwischen zwei Turteltäubchen, die die Finger nicht mehr voneinander lassen können. Seit einigen Tagen teilen wir uns mein Bett, Astrid hat mein Herz im Sturm erobert. Weil sie feinfühlig ist und lieb und unheimlich sexy. Weil sie Kleinigkeiten wahrnimmt, das scheinbar Unbedeutende – den traurigen Blick des Kellners oder den Mondschein, wie er sich auf dem Wasser spiegelt. Wir surfen die gleiche Welle und bereichern einander. Und können – gerade das soll zählen – miteinander still sein.

Ich atme tief ein, halte die Luft für 20 Sekunden an, dann wieder aus. Mein Brustkorb pulsiert, Astrid nimmt meine Hand, ich bin eins mit dem Augenblick. Nichts fehlt. Schwer zu sagen, wie lange wir meditieren. Aber was zählt die Zeit ohnehin, wenn der Moment alles ist?

Dreizehnmal war der Mond voll, seit ich meine Reise begonnen habe. Das erste Mal in Nizza, an Tag sechs von 402. Martin und ich waren mit einer Partie aus dem Hostel und ein paar Flaschen Wein an den Strand gegangen. Die Rezeptionistin der vergangenen Nacht war auch dabei. Der Norweger sah mich mit seinem abgedrehten Wikingerblick an und meiner muss ähnlich verheißungsvoll gewesen sein. Wir wussten, dass wir dasselbe dachten. Wortlos zogen wir uns splitternackt aus und stürzten unter dem Gejubel der Umherstehenden laut schreiend in die novemberkalten Fluten.

Nackt ins Meer bei Vollmond – so hat die Reise begonnen, so soll sie enden. Die erste Welle überspringe ich, auf die zweite klatsche ich obenauf, unter der dritten tauche ich durch. Das Wasser wirbelt mich herum, die Muskeln des Ozeans drücken mich nach vorne, ziehen mich zurück, tauchen mich unter. Ich lasse mich umher spülen, betrachte den Mond, denke an Martin, an die Anfänge, lache laut und sage Danke.

Danke, dass ich in den vergangenen 13 Monaten so viel Neues probieren durfte, wie nur irgendwie möglich war. Dass ich dadurch Leidenschaften in mir entdeckt habe, die mir zuvor nicht bekannt waren. Yoga zum Beispiel oder den Wunsch nach persönlichem und spirituellem Wachstum. Ich habe neue Fähigkeiten freigeschaltet, Spanisch zu sprechen beispielsweise oder Gitarre zu spielen. Oder länger als fünf Minuten in völliger Stille zu sitzen. Ich habe mir zum ersten Mal in meinem Leben die durchaus relevante Frage gestellt, wer ich wirklich sein möchte. Und wer lieber nicht mehr. Um das herauszufinden, fällt mir kein besseres Rezept ein, als neugierig zu sein auf das Leben und dem Abenteuer weltwach die Türe zu öffnen. Dabei aus dem Vollen zu schöpfen, indem ich Vorurteile über Bord werfe und auch den bizarrsten Sichtweisen und größten Rückschlägen lernwillig begegne. Auch die Paradoxie soll ihren Platz haben, warum den Pool an Möglichkeiten schon im Vorfeld begrenzen? Was nicht passt, darf später immer noch aussortiert werden. Aber offen soll ich sein und empfänglich, das schon. Dann erhöhe ich die Chancen um ein Vielfaches, den Funken einzufangen, der mein Seelenfeuer entfacht.

Was soll das überhaupt sein, die Seele? Stellen wir sie uns als Energiewesen vor, das nur eines möchte: Erfahrungen zu machen. Der Verstand will wissen, die Seele will erfahren. Um wachsen zu können und so ein immer höheres Bewusstsein zu erlangen. Warum? Weil das Leben mit jeder Nuance an Bewusstheit ein kleines Stück mehr Sinn ergibt. Weil ich dann meine Gedanken und ihre schöpferische Kraft besser darauf lenken kann, was ich in meinem Leben erfahren möchte und weniger auf das, was mir widerstrebt. Dann kann ich das Neue zur Gewohnheit machen, das Fremde zum Vertrauten, indem ich es so oft wiederhole, bis es ein Teil von mir ist. So werde ich zum Meister meines Lebens, zum Herren meines Schicksals. So erschaffe ich mich selbst.

Die Yogalehrerausbildung in Goa ist zu Ende. Heute Vormittag fanden die Prüfungen statt und gerade feierten wir eine Abschlusszeremonie am Strand. Ganz in Weiß gekleidet und mit einer bunten Blumenkette um den Hals. Morgen werde ich nach Südindien reisen, um das letzte Kapitel meiner Weltreise aufzuschlagen und Stille zu finden. Ich werde einen Ashram besuchen und ein Zen-Kloster, das mir Yogakollegin Sarah empfohlen hat.

Astrid und ich sind auf dem Weg ins Tattoo-Studio. Ich möchte mir ein Wort auf meinen rechten Innenfuß tätowieren lassen, das mich schon lange begleitet. Auch Astrid hat ihr Motiv gefunden. Ein kleines *now* wird in wenigen Stunden ihren linken Unterschenkel zieren. Ich bin traurig, dass die gemeinsame Zeit bald vorbei ist und glücklich, weil wir sie erleben durften. Hier ist es wieder, das paradoxe Gefühl der Ambivalenz, die zwei Seiten der Medaille. Mein Herz wäre nicht schwer ohne die verliebten Erinnerungen. Doch keine Sekunde möchte ich missen von dem Zauber.

Zürich ist nicht aus der Welt, wir wollen uns bald wiedersehen. Doch wie unsere Geschichte weitergehen kann, weiß ich nicht. Astrid hat in mein goldenes Büchlein geschrieben:

»If I am a part of your dream, you'll come back one day.«

Als ich das lese, ist Astrid bereits am Weg zum Flughafen. Meine Augen sind feucht. Auch alle anderen der Gruppe sind abgereist, mein Flug nach Madurai geht erst morgen früh. Ich sitze alleine in der Dunkelheit auf einer Holzliege am Strand und betrachte die Wellen, die unbeeindruckt auf die Küste schwappen. Der Mond hat wieder abgenommen, leuchtet aber noch hell genug, sodass ich klar erkennen kann, was seit heute Nachmittag auf meinen Innenfuß tätowiert ist. Ein Wort, das Jaime mir geschenkt hat, der Schamane aus Kolumbien. Es war seine Antwort auf meine Frage nach der großen Vision seines Lebens. *Mejorar.* Besser werden.

MACH DICH ZU DEINER BESTEN VERSION

Nimm dir einen Abend lang Zeit und sperre die Welt aus. Dreh dein Handy ab und Musik auf, die den Fluss deiner Gedanken fördert. Klassische Musik eignet sich hervorragend, meditative Klänge sind auch gut. Nimm dir ein Blatt Papier zur Hand oder dein Tagebuch.

Lasse deine Gedanken in die Zukunft schweifen und mach dir ein Bild von deiner besten, schönsten, großartigsten und glücklichsten Version, die du dir vorstellen kannst. Wie möchtest du leben? Mit wem möchtest du leben? Wie sieht deine ideale Beziehung aus? Wie willst du dich ernähren? Was soll alles möglich sein?

Schreibe alles auf und mache dir mit jedem Wort ein Stück mehr bewusst, dass du alles erschaffen, erleben und damit sein kannst, was du möchtest. »If you can dream it, you can do it«, hat Walt Disney gesagt. Und – wichtig – habe absolute Gewissheit darüber, dass du dein Traumleben in seiner ganzen Fülle verdienst. Weil du es wert bist, weil du du bist. Schreibe deine Leidenschaften auf, deine Interessen. Was würdest du auch tun, ohne dafür Geld zu bekommen? Was lässt dein Herz schon vor dem Frühstück schneller schlagen? Wenn dir nichts einfällt, probiere so viel Neues aus, wie du kannst. Gehe auf Reisen, plane nicht alles durch, sondern lass dich von der Welt inspirieren und vom Leben leiten. Trau dich, du hast es in dir.

Leite neue Gewohnheiten aus dem Gelernten ab, die dich weiterbringen. Schließe einen mündlichen Vertrag mit dir selbst ab und praktiziere in den nächsten dreißig Tagen konsequent genau das, von dem du weißt, dass es dir helfen wird, deiner besten Version näher zu kommen. Bewerte dann die Situation erneut. Diese Reise hat kein Ende. Je mehr du bist, umso mehr kannst du sein.

MADURAI & KODAIKANAL
INDIEN

KAPITEL 14

STILLE ZUM SCHLUSS

RENDEZVOUS MIT DEM UNERKLÄRBAREN

»Wisdom is knowing I am nothing. Love is knowing I am everything. And between the two my life moves.«

Nisargadatta Maharaj

★

»Wir alle wollen etwas vom Leben, das uns glücklich macht und uns erfüllt«, sagt Hary Om Ananda. Ich bin erst vor einer Stunde im Ashram angekommen und nach einer durchreisten Nacht hundemüde, aber die Nachmittagsklasse des Gurus wollte ich mir nicht entgehen lassen.

»Aber wir wissen nicht, wo wir nach dieser Erfüllung suchen sollen«, fährt der Mann mit weißem Bart und oranger Kleidung fort. »Wir suchen in der Außenwelt, aber dort können wir es nicht finden. Wenn wir unser Glück von äußeren Faktoren abhängig machen, wird es nie lange halten. Wahre Glückseligkeit liegt in uns selbst. Um sie zu finden, meditieren wir.«

Der Sivananda Ashram in der Nähe der südindischen Stadt Madurai ist umgeben von Feldern, Wiesen und Wäldern. Dieser Ort ist mir irgendwie passiert, ein Tipp meiner Mutter hat mich darauf gebracht. Die kommenden vier Tage werde ich mit der Einkehr verbringen, möchte mich weiter vertraut machen mit den Werkzeugen jener, die so kurios über den Dingen stehen. Yoga ist hier fast alles. Vier Stunden pro Tag werden Atemübungen und Asanas praktiziert, immer dieselbe Übungsabfolge. 20 Minuten Atmen im Schneidersitz, danach zehn Sonnengrüße zum Aufwärmen, dann ein dreiminütiger Kopfstand gefolgt von elf Standardposen.

Schon frühmorgens um sechs bittet Hary Om zur ersten Meditation im Tempel und um 20 Uhr zur letzten. Dazwischen gibt es zwei

Mahlzeiten, täglich eine *Lecture* mit dem Meister und Zeit für das Selbststudium. Wer den Ashram verlassen will oder an einer Übung nicht teilnimmt, muss um Erlaubnis fragen. Wer zu oft ausbleibt, wird gebeten, die Einrichtung zu verlassen. Der Weg zur Erleuchtung ist die Disziplin, so scheint es.

Die Schlafsäle von Frauen und Männern sind getrennt, Sex ist im Ashram strikt verboten. Ich denke oft an Astrid, ihr würde es hier gefallen. Mit dem Zölibat hätten wir dann allerdings ein Problem.

Abendmeditation, ich kann das Bett kaum noch erwarten. Rund siebzig Leute sitzen auf Bambusmatten, die auf grauen Steinfliesen ausgebreitet sind. Vor uns eine Art Bühne, an deren hinteren Wand zwei Bilder der Obergurus stehen. Auf ihr sitzen drei Menschen, das gedimmte Licht im Tempel lässt nur ihre Umrisse erkennen. Ich erkenne Hary Om, links von ihm eine Frau, rechts ein Mann mit Trommel. Noch ein paar Anweisungen des Meisters und dann ist alles still. Nichts muss mehr, nur mein Atem soll noch fließen. Mein Hirn ist nach dem langen Tag bereits im Standby-Modus, das hilft. Denn ich will zurück in diesen friedlichen Raum in mir, der unabhängig ist von der Nervosität meiner Gedanken. Wer einmal dort war, will wieder hin. Um für ein paar Minuten Urlaub zu machen vom täglichen Tohuwabohu.

Den nächsten Tag beginne ich, wie ich den vergangenen beendet habe. Es ist noch finster, als ich um 5:50 Uhr den Tempel betrete. So früh bin ich noch derbe ungelenkig und schon nach wenigen Minuten im Schneidersitz schmerzen Knie und Hüftgelenke. Ich habe einen Polster mit, ohne ihn wären die eineinhalb Stunden des Sitzens eine Qual. Ich schließe meine Augen, und als ich sie 30 Minuten später wieder öffne, ist es hell und zwischen den Bäumen hängt der Morgendunst. Immer mehr Vögel zwitschern, dann werden Trommeln und Schellen verteilt – Mantra-Chanting ist angesagt. Rhythmus und Tonlagen wechseln selten und auch die Wörter scheinen einander ähnlich zu sein. Aus der Yogalehrer-Ausbildung kenne ich ein paar Begriffe auf Sanskrit. Hier wird den vielen Gottheiten gehuldigt und ein großer Wunsch nach oben gesendet. Auf dass alle Menschen in Frieden und Freiheit leben. So weltfremd erscheint mir dieser Gedanke, weil mein Kopf sich nie damit beschäftigt hat, dass es vielleicht auch anders ginge. Eine Welt ohne Abschlachten, ohne Angst voreinander, ohne Selbstsucht oder Allmachtsphantasien. Zum Himmel schreiende Naivität? Oder hehres Gesamtziel der Menschheit?

Bevor uns Hary Om Ananda in den Vormittag entlässt, gibt er uns noch einen Denkanstoß mit.

»Wenn du eine Banane essen möchtest, was musst du zuerst tun? Du musst sie schälen. Wenn du dein wahres Selbst erfahren möchtest, was musst du zuerst tun? Die Schale deines falschen Selbst herunterziehen, die Schale deines Egos. Das Schälwerkzeug ist die Meditation. Lange, tiefe, regelmäßige Meditation.«

Verstanden. Wer nach Selbsterkenntnis strebt, sollte Sitzfleisch mitbringen.

11 Uhr, Karma Yoga. Das klingt romantischer, als es ist. Gemeinsam mit einem Schotten und einem Japaner bin ich dazu eingeteilt, den Schlafsaal der Männer mit ungefähr dreißig Betten zu putzen. Ich kehre den Boden, wische feucht nach und höre währenddessen einen Song von Erykah Badu in der Dauerschleife, der Astrid und mir in Goa so manche Stunde versüßt hat.

12 Uhr. Ich sitze am Boden und versuche, das Mittagessen in meinen Mund zu bekommen. Besteck steht mir hierfür nicht zur Verfügung, was bei der gebotenen Mahlzeit von Reis und flüssigem Curry nach einigem Geschick verlangt. Ich forme mit meinen Fingern eine Schaufel und lade auf, am Weg zum Mund rinnt die Hälfte durch die Finger, die andere Hälfte schlecke ich ab. Mahlzeit.

Ich will mich mit meiner Sitznachbarin unterhalten, aber ihre Antworten fallen knapp aus. Auch sonst spricht niemand. Beim Essen sei Funkstille angesagt, erfahre ich. Jeder darf sich voll und ganz der Nahrungsaufnahme widmen. Das hat seinen eigenen Charme.

Am Nachmittag sitze ich alleine im Tempel. Drei Stunden Freizeit bieten sich an, um herauszufinden, wie gut die Meditation als Methode taugt, um die 10.000 Bilder der vergangenen 13 Monate zu verarbeiten.

Im Schneidersitz auf dem Polster und mit möglichst geradem Rücken versuche ich mich auf tiefe, gleichmäßige Atemzüge zu konzentrieren. Dann einatmen und die Luft anhalten, das Pochen des Herzens in der Spitze des Zeigefingers spüren, der den Daumen berührt. Nach 20 Sekunden langsam und gleichmäßig ausatmen. Wie etwas so Selbstverständliches so spektakulär sein kann. Noch eine Atemübung, dann klopfen Gedanken an die Tür und fragen: »Dürfen wir schon?«

Der Fokus auf die Luft, die durch meine Kehle strömt, erlaubt es mir, den Pförtner zu spielen und bewusst zu entscheiden, ob und wenn ja, welche Gedanken ich hereinlasse und welche nicht. So kenne ich das nicht. Ich bin es gewohnt, dass sie mit lautem Getöse und der Rücksichtslosigkeit eines Raubritters mein Bewusstsein überfallen. Jetzt nicht, jetzt herrscht blankes Benehmen. Die täglichen Yogaübungen wirken wie eine Sittenkur für den Verstand.

Ungefähr 20 Minuten vergehen, dann darf ich wieder eintauchen in dieses beschauliche Gefühl der Schwerelosigkeit. Mein Kopf ist leer und die Atmung von einer empfindsamen Ruhe. Füße, Knie und Unterschenkel nehme ich nach konsequenter Regungslosigkeit nicht mehr als einzelne Körperteile wahr. Auch meine Finger scheinen miteinander verschmolzen zu sein. Stille.

Dann öffne ich die Türe meines Verstandes und beobachte, welche Gedanken den Raum betreten. Ich rutsche einen matschigen Hang in Kolumbien hinunter, Wanderung zur Ciudad Perdida, der verlorenen Inkastadt. Nächstes Bild, »Bergfest« mitten auf dem Atlantik. Peter Cornelius singt *»Reif für die Insel«* und alle singen mit. Dann zieht sich mein Magen zusammen und das Erlebins in Tijuana poltert auf die Bühne.

Ein Bild nach dem anderen nehme ich wahr. Ich würdige es mit meiner Einatmung, halte die Luft an und lasse den Film ablaufen, der zu diesem Bild in meinem Kopf entsteht. Dann lasse ich es los mit der Ausatmung, umhülle das Erlebte mit Dankbarkeit und mache es damit zur Erinnerung. Mit jedem Gedanken, den ich auf diese Weise verarbeite, entspannt sich mein Verstand ein kleines bisschen mehr. Wird zufriedener, wird leiser.

Ich spreche wenig dieser Tage. Zwar treiben sich hier freundliche Menschen herum mit interessanten Geschichten, aber mein Hunger nach neuen Bekanntschaften ist gesättigt. Jetzt will ich den Mund halten. Lieber unter einem Baum auf einem Stuhl sitzen und meinen Blick über eine weite Wiese und ein paar ferne Hügel schweifen lassen. Die warme Brise auf meiner Haut spüren, den Schmetterlingen beim Fliegen und einem Affen beim Klettern zusehen. Meinen Gedanken freien Lauf lassen. So oft war ich ungeduldig, wollte schneller weiterkommen, war verärgert und genervt über den Schlendrian der Einheimischen und – natürlich – über mich selbst, auch launisch, manchmal gar aggressiv. Jetzt, da das Ende naht und all die Kinkerlitzchen nichtig sind, wird mir die perfekte Harmonie all dieser Erfahrungen bewusst. So wichtig waren die schweren Gefühle im Prozess, so viel durfte ich aus ihnen lernen. Oder, weil ich noch nicht bereit dafür war, eben nicht.

Lecture mit Hary Om Ananda. Der Erwachte sitzt auf einem Plastikstuhl und spricht mit ruhiger Stimme zu uns zwanzig, die wir um ihn herum im Halbkreis auf dem Boden sitzen. Buddha soll einmal gesagt haben:

»When the student is ready the teacher will appear.«

Ob ich ready bin, kann ich nicht sagen. Nur, dass die Worte des Gurus nun bei mir Anklang finden. Noch vor wenigen Monaten hätte ich sie als leeres Geschwafel, als esoterischen Hokuspokus abgetan. Jetzt ergeben sie Sinn.

»Es gibt tausende Definitionen von Gott«, sagt Hary Om. »Die hier am meisten geschätzte ist Stille.«

Ähnlich hat das im 13. Jahrhundert der persische Poet Rumi formuliert: »Silence is the language of God. All else is poor translation.«

Andere Themen sind greifbarer. Ein üblicher Lebensstil sei es, das zu geben, was man hat.

»Geld, Glück, Ärger. Du teilst, was du hast, fühlst oder bist«, sagt Hary. So weit, so klar. Aber da gebe es noch ein höheres Level.

»Du gibst, was du erfahren möchtest. Wenn du Respekt willst, gibst du Respekt. Wenn du geliebt werden willst, schenkst du Liebe. Das ist das Gesetz des Karma, das Gesetz der Anziehung.«

Eine junge Frau möchte wissen, wie sie mit all dem Ärger umgehen kann, den sie in sich verspürt.

»Was passiert, wenn du dich ärgerst?«, fragt der Meister rhetorisch. »Dein Blutdruck und deine Atemfrequenz erhöhen sich. Deine Atmung zu kontrollieren, indem du deinen Fokus auf sie richtest, hilft dir, deinen Ärger loszulassen. Unterdrücke ihn nicht, atme ihn weg.«

Der Alte wirkt so selbstbewusst, wenn er das sagt, dass ich ihm bei aller Skepsis glauben möchte. Die Besonnenheit eines Yogis wurzelt in seiner Atmung.

Die Abendsonne strahlt ins Shala und spiegelt sich auf den Steinkacheln. Irgendwann zwischen Cobra-Pose und der sogenannten Heuschrecke scheint sie mir ins Gesicht. In mir rauscht der Karneval, bis in die Fingerkuppen spüre ich das Kribbeln friedvoller Energie. Meine letzte Asana-Klasse im Sivananda Ashram, die letzte Yogastunde meiner Weltreise.

Wieder einmal blüht mir der Abschied von einem Ort, den ich liebgewonnen habe. Nur vier Tage war ich hier, und obwohl ich die meiste Zeit alleine verbracht habe, sind mir die Menschen hier ans

Herz gewachsen. Das dürfte auch mit meinem Vortrag zusammenhängen, den ich an einem der Abende im Tempel gehalten habe. Ich erzählte rund 70 Menschen von meinem Segeltörn von Portugal nach Teneriffa, als mich die Seekrankheit an den tiefsten Punkt meiner Reise geschleudert hat. Ich teilte meine Einsichten, die mir diese stahlharte Erfahrung geschenkt hat. Zitierte Wayne Dyer, »there is a time for everything«, erzählte von der Magie der darauffolgenden Nacht und motivierte dazu, Unbehagen und Schmerz als Chance für Wachstum zu begreifen. Die Blicke der Zusehenden verrieten mir, dass ich sie mit meiner Botschaft berühren konnte. Ihre wertschätzenden Worte danach berührten dann mich.

Nach der letzten Abendmeditation brechen wir die Regeln. Nach 10 Uhr herrscht eigentlich Nachtruhe, doch der Spanierin Duna und dem Israeli Meiron lag daran, mich noch in kleiner Runde zu verabschieden. Jetzt sitzen sieben aus aller Welt bei Kerzenschein und Räucherstäbchen auf einer abgelegenen Steinmauer und erzählen sich flüsternd Geschichten.

Am nächsten Morgen beim Chai Tee umarme ich alle noch einmal. Das ist im Ashram zwar nicht erlaubt, aber ich vergesse kurz darauf. Zu kalt erschiene mir ein bloßer Händedruck. Eine Runde von 20 Menschen winkt zum Abschied, als ich ins Taxi steige. Unterwegs lese ich den Eintrag von Meiron in meinem goldenen Büchlein. Er hat ein Gedicht für mich niedergeschrieben. Ein Auszug:

With your deep inner fire, you were here to inspire.
So I'll just tell you this, your journey exists.
And it leaves back behind, little traces of bliss.

Ich habe keine Worte für das, was Meiron mit seinen in mir auslöst. Es gibt Phänomene, die lassen sich nicht beschreiben oder erklären. Nur erfahren.

Geplärre aus einem Lautsprecher, stinkende Motoren, knatternde Tuktuks und laute Inder, ein Markt neben einem Busbahnhof. Dann holpert der klapprige Bus über Bodenkrater und Temposchwellen in Richtung Kodaikanal, in Richtung Zen-Kloster. Zwischen der Stille liegt der Lärm. Ich bräuchte ihn nicht mehr, bin genug gereist, genug geholpert. Es verstimmt mich nicht, doch es fällt mir auf. Die Heimat ruft und meine Stimmung ruft zurück.

Kurzer Halt. Ein junger Mann bettelt mit einem Plastikbecher, so leer wie seine Augen. Er starrt mich an, ich sage Nein. Bin nicht mehr zugänglich, will meine Ruhe haben. Er ist hartnäckig, doch ich tue beschäftigt, schreibe Notizen auf und ignoriere ihn, bis er geht. Dann überkommt mich ein dreckiges Gefühl der Reue. Als wäre ich gerade wieder zu mir gekommen, rufe ich ihm nach, winke ihn herbei und reiche ihm einen Schein durchs Fenster. Wie nah das Schöne doch am Schäbigen liegt, das Mitfühlende am Ignoranten, das Gute am Schlechten. Ich bin beides, trage beides in mir. Auch tausend Stunden meditieren werden daran nichts ändern.

Das Bodhi Zendo liegt auf rund 1.800 Metern Seehöhe und ist umgeben von Wäldern. Als ich ankomme, hüllt kalter Nebel die Berglandschaft in eine mystische Herbststimmung. Im quadratischen Innenhof des Klosters steht ein majestätischer Baum mit runder Krone. Das Gras, das unter seinen Ästen wächst, ist ungewöhnlich weich. Runde Steine umrahmen Blumenbeete und in einem kleinen Teich schwimmen Koikarpfen.

Die Rezeptionistin führt mich in mein Zimmer, das wenige Gehminuten vom Haupthaus entfernt liegt und dem Minimalismus Ausdruck verleiht. Ein Einzelbett mit dicker Stoffdecke, ein Nachttisch, ein kleiner Holzschreibtisch und ein metallener Schrank. Der Duschkopf hat die Form eines roten Kübels. Der Zen-Meister würde sagen: Alles ist genau so, wie es ist.

Um 18 Uhr begebe ich mich zu meinem ersten Zazen, dem Sitzen in Stille. Rund 30 Menschen nehmen im quadratischen Saal auf grauen Sitzpolstern Platz. An der Rückwand steht ein kleiner Holzbuddha auf einem Altar. Verneigung vor dem Erleuchteten. Nicht etwa, weil der Buddha es verlangt, sondern weil die demütige Geste helfen soll, etwas Größeres zu würdigen als sich selbst. Um den Ich-Wahn loszuwerden. Buddha sitzt als Symbol, ebenso gut könnte El Capitan dort stehen, die Gummiente, mit der ich seit 13 Monaten um die Welt reise. Den Buddha würde es nicht stören. Er verlangt nicht nach Unterwerfung, spielt sich nicht als Herrgott auf, ist kein Allmächtiger, kein autokratischer Herrscher, der richtet über Gut und Böse. Nein, er sitzt nur. Und meditiert.

Ursula, die gute Fee des Klosters, schlägt den Gong. Auf die Plätze. Ein zweiter Gong, fertig machen zum Nichtstun. Der dritte Gong läutet den ersten Teil der einstündigen Meditation ein. Totenstille durchdringt die Dunkelheit, hin und wieder höre ich das Schluckgeräusch eines Sitznachbarn. Eine gespenstische Atmosphäre, dennoch von einer seltenen Reinheit und Harmonie. Ich soll meine Atemzüge zählen, so der Tipp eines Erfahreneren, und die Luftströmung an der Nasenspitze erfühlen. In voller Konzentration bis zehn zählen und jedes Mal, wenn ich mich bei einem Gedanken ertappe, wieder bei null anfangen. Ich schaffe es bis zwei, bevor ich Astrid am Strand von Goa küsse. Dann meine Mutter, wie sie mich in wenigen Tagen in den Arm nimmt. Ich geistere durch Vergangenheit und Zukunft, die nirgendwo existieren außer in meinem Kopf. Der gegenwärtige Moment ist alles, was ist. Denn alles, was jemals sein wird, erfahre ich im Jetzt. Mir dessen bewusst zu werden, darum geht geht es hier und nicht darum, bis zehn zu zählen. Vielmehr um die Praxis, Gedanken und Gefühle wahrzunehmen, wenn sie auftauchen und sie durch den Fokus auf die Atmung wieder loszulassen. So machen das die Zen-Buddhisten. Um die Identifikation mit ihren Gedanken aufzulösen und jenen Bewusstseinszustand zu erfahren, der hinter der Dualität des Verstandes liegt. Jenseits von gut oder schlecht, arm oder reich, hell oder dunkel. Wo alles eins ist, weil alles vom Selben kommt. So bekommen sie Einblicke in ihre Buddha-Natur, die unsterbliche Essenz, die aller Schöpfung innewohnt. Mit dem Verstand ist das freilich nicht zu erklären.

Der Gong ertönt, die ersten 25 Minuten sind um. Jetzt schweben alle über die große Steinterrasse, im dunklen Nebel sind nur menschliche Umrisse zu erkennen. Walking Meditation heißt die unheimliche Darbietung. Fünf Minuten lang setze ich in Zeitlupe einen Fuß vor den anderen, hinunter in den Zen-Garten. Ich fühle das weiche Gras unter meinen Schuhen und umrunde den Karpfenteich. Dann schlägt Ursula zwei Holzstäbe aufeinander, das Signal zur Rückkehr ins Zendo. Wieder Platz nehmen und noch einmal 25 Minuten leer werden, es zumindest versuchen. Nasenspitze, Luftströmung und ein mentaler Kramladen, der aus allen Nähten platzt.

Der nächste Gong klingt wie ein Befreiungsschlag. Ende der Abendmeditation, jetzt noch aus dem Gebetsheft lesen. Dreißig Andächtige sagen Verse auf und zu jeder Silbe schlägt Ursula die Trommel. Am Schluss noch die rituelle Verneigung, dann verlassen wir lautlos den Saal und schwingen zum Abendessen. Keiner spricht, von 17:30 Uhr bis 7 Uhr früh ist Ruhe angesagt. Das sagt mir zu. Nach Unterhaltungen ist mir in diesen Tagen kaum mehr zumute.

Eine Stunde lesen. Ich habe mir *Zen Heart, Zen Mind* aus der gut sortierten Klosterbibliothek geholt. Anfängerlektüre. Ama Samy selbst hat es geschrieben, der Gründer des Bodhi Zendo.

»Dein Bewusstsein ist grenzenlos, wie der Raum, durch den Wolken schweben und Vögel fliegen«, schreibt Ama Samy. »Gedanken und Gefühle sind wie diese Wolken und diese Vögel im unermesslichen Raum deines Bewusstseins. Versuche nicht, sie zu unterdrücken. Lass sie kommen, lass sie ziehen.«

Was anfangen mit so viel Luft? Atmen. Mehr nicht. Zazen, die Meditation, ist keine Technik, die man erlernen oder meistern muss. Sondern ein Weg des Seins und des Sein-Lassens, des wertschätzenden Ergebens vor dem, was ist. Des Ja-Sagens zum Leben. Zen muss nicht verstanden, nur praktiziert und folglich gespürt werden. Jeder kann es tun, muss nichts wissen, nichts können. Muss sich keiner Moral und keinem Dogma unterwerfen, muss weder ans Jesukind noch an Allah glauben und schon gar nicht an Buddha. Soll nur hier sein mit allen Sinnen. Was für eine Liebeserklärung ans Leben.

20 Uhr, noch einmal 30 Minuten sitzen. Nach zehn Minuten nickt mir vor Müdigkeit der Kopf nach vorne. Wieder aufrichten, wo war nochmal die Nasenspitze? Lebhafte Gedanken ans Mittagessen. Eine Deutsche in ihren Vierzigern hat mir gegenübergesessen, ein paar graue Haare hatte sie schon. Seit drei Jahren ist sie auf Reisen, seit fünf Wochen im Kloster. Ich fragte sie, ob sie glücklich sei. Sie antwortete knapp: »Nein«, dann legte sie nach. »Es macht keinen Unterschied ob ich zu Hause unglücklich bin oder auf Reisen, also kann ich genauso gut reisen.« Ich wusste nicht, was ich darauf antworten soll. Dann versuchte ich es mit: »Reisen kann uns zeigen, was wir brauchen, um glücklich zu sein.« Die Zermürbte schien damit nicht viel anfangen zu können, vielmehr dürfte sie ihr Unglück als grundsätzlich gegeben ansehen. Es erschien mir unpassend, nach der Ursache zu fragen. Dann schaltete sich Terry ins Gespräch ein. Der blonde, bärtige Holländer ist ungefähr in meinem Alter und strahlt eine innere Ruhe aus, die mich anzieht. Er fragte mich, was mich gerade glücklich macht. »Vieles«, begann ich meine Antwort.

»Ich bin glücklich, meinen Weg hierher ins Kloster gefunden zu haben. Ich bin glücklich über dieses wundervolle Gedicht von einem Israeli namens Meiron gestern Abend im Ashram. Und ich kann dir nicht sagen, wie glücklich ich darüber bin, in sechs Tagen mit meiner Familie Weihnachten feiern zu dürfen.«

Dann fragte ich Terry, was ihn glücklich mache.

»Es ist, was es ist«, sagte er. »Wenn ich glücklich bin, bin ich glücklich. Wenn ich es nicht bin, bin ich es nicht. Beides ist ok.«

Damit habe ich nicht gerechnet.

Eine Stunde Morgenmeditation. Danach darf, wer möchte, zum Dokusan. Ama Samy nimmt sich Zeit, um Fragen unter vier Augen zu beantworten. Ist der eine fertig, tritt der nächste ein und nimmt dem Zen-Meister gegenüber auf einem Stuhl Platz. Ama Samy ist groß, trägt Brille, schwarzes, schütteres Haar und einen grauen Vollbart. Ich frage ihn, wie ich diese positive Energie, die ich nun am Ende meiner Weltreise in mir verspüre, mit nach Hause nehmen kann. Wie ich es schaffe, dass sie auch im Alltag einer modernen, westlichen Welt gedeiht. Und wie ich sie mit anderen teilen kann. Ama Samy antwortet mit tiefer, gelassener Stimme und einem sanften Lächeln:

»Take one step at a time. Don't have the illusion to change the whole world, that's very difficult and it's easy to get lost. Light a candle in the darkness and enjoy what you see as you walk with it. Then see what happens.«

Der Tagesablauf im Kloster ist immer derselbe. Nach dem frühmorgendlichen Zazen gibt es Frühstück, danach ist Samu angesagt, Dienst an der Allgemeinheit. Es geht um körperliche Arbeit in Achtsamkeit als simple, spirituelle Praxis. Ich bin zum Kloputzen eingeteilt. Gemeinsam mit Terry, dem sympathischen Holländer vom Mittagstisch. Acht Klos und drei Badezimmer, genauer gesagt. Nicht, weil deren tägliche Reinigung aus hygienischen Gründen angebracht wäre, sondern weil es einen auf den Boden holt. Wer oder was man auch ist oder – um in der Denkschule des Zen zu bleiben – glaubt zu sein, hier spielt das keine Rolle. Wie weit du auch gereist bist, geographisch, intellektuell, spirituell, wenn du im Kloster zum Kloputzen eingeteilt bist, dann putzt du das Klo.

Unterhaltung mit Terry. Der junge Mann wirkt unheimlich entspannt, residiert in seiner Mitte. Er redet wenig, hört lieber zu. Wenn er spricht, dann unaufgeregt und in ruhigem Ton. Vor einem halben Jahr habe er ein Awakening gehabt. Was das genau sei, frage ich ihn.

»Wenn du zum ersten Mal in deinem Leben begreifst, erfährst und spürst, dass du mehr bist als dein Körper und dein Verstand. Unendlich viel mehr.«

Ich frage Terry, wie er zu seinem Gleichmut gekommen ist, der da gestern in seiner Bemerkung über das Glücklich-Sein mitgeschwungen ist.

»Ich verwerfe das Konzept von Glück und Unglück. Wenn ich mich traurig fühle, heißt das nicht, dass ich auch traurig sein muss. Ich nehme die Emotion wahr, ich fühle sie, aber ich identifiziere mich nicht damit. Dasselbe gilt für die Freude.«

Terrys Antworten klingen so unverschämt einfach, aber so recht einleuchten wollen sie mir noch nicht. Man versteht immer jene Wahrheit, für die man innerlich bereit ist. Ich hole meine Yogamatte und gehe in den hinteren, deutlich größeren Zen-Garten. Eine Umgebung wie hingemalt. Hohe Bäume, dazwischen liebevoll angelegte Beete mit allerlei Pflanzen, umrahmt von runden Steinen. Kleine Holzbänke laden ein zum Verweilen, zum Atmen der Bergluft, zum Hören des Vogelgezwitschers. Ein Ruf, eine Antwort, es klingt wie Kommunikation. Heute scheint die Sonne, im Schatten der Bäume ist es kühl genug, dass ich auf meiner Matte nicht ins Schwitzen komme.

Nach den Asanas drücke ich Liegestütze in den Boden. Langsam und konzentriert, spüre jede Bewegung in meinem Körper. Einatmen runter, ausatmen hoch. In den Satzpausen zähle ich die Atemzüge und fühle die Nasenspitze. Wie war das früher, im Fitnessstudio? Bin ich da wegen des Trainings an sich hingegangen, wegen der Liegestütze oder der Klimmzüge? Oder eher, weil ich mir vom Training ein Resultat erwartete? Ein gutes Gefühl danach, einen athletischen Körper, die Zuneigung der Frauen. Wieviel davon war Ego, wieviel Bewusstsein? Oft war ich mit meinen Gedanken woanders. Bei der nächsten Übung, bei der Sauna oder dem Bier mit Freunden danach.

Zen ist, meine ganze Aufmerksamkeit dem zu widmen, was ich gerade tue. Mich in jedem Augenblick auf den Liegestütz zu konzentrieren. Die Muskelbewegung zu inhalieren, die Anstrengung auszuatmen, ohne gleich wieder an die nächste Pause zu denken.

Liebe den Weg und es ist egal, ob du ankommst. Auch das ist Zen. Essenziell dabei ist der Anfänger-Geist, die hundertste Wiederholung einer Tätigkeit so zu vollbringen, als wäre es das erste Mal. Wie ein blutiger Anfänger des Lebens, wie ein Kleinkind, das die Welt entdeckt ohne Interpretation, ohne Erwartung, ohne Beurteilung. Dessen Geist noch leer ist, noch nicht konditioniert, noch nicht gespannt vor die Zügel der Gesellschaft. Wenn keine vorgefertigten Muster, keine mentalen Schubladen und keine Vorurteile bestehen, nur dann kann einer die Realität so wahrnehmen, wie sie wirklich ist. Mit all ihren Chancen, all ihrem Potenzial. Der Verstand muss leer sein, bevor er voll werden kann. Ob das je mehr sein kann als ferne Utopie? Ich müsste wohl noch Jahre hier verbringen, um das herauszufinden.

So wie Ursula. Die 75-jährige Deutsche schlägt den Gong vor den Meditationen, führt neue Gäste ein und sorgt dafür, dass alle die Regeln einhalten. Die Gute war Anwältin, seit zehn Jahren ist sie im Ruhestand. Seitdem kommt sie sechs Monate pro Jahr ins Bodhi Zendo. Sie trägt Brille und einen praktischen Kurzhaarschnitt. Anfangs attestierte ich ihr ob ihrer geschäftigen Art als Aufseherin ein gewisses Maß an Schrulligkeit, doch ich habe die Dame falsch eingeschätzt. Sie ist weltklug und parliert wie eine, die Kunde hat vom Gang des Lebens. Wir verabreden uns zu einem Spaziergang.

In den letzten Kriegsjahren wurde Ursula in eine Familie von Kaufleuten hineingeboren. In ihrer Familie gab es für Spiritualität keinen Platz. Was nicht erklärbar war, hatte keine Gültigkeit, erzählt Ursula. Sie wollte hineinpassen, entschied sich für ein Jusstudium in Köln, heiratete einen Anwalt, lebte »ein streng rationales Leben.« Irgendwann wurde die Ehe zu einer Zweckgemeinschaft, Ursula blieb trotzdem 40 Jahre. Dann wurde ihr Vater schwer krank und sie pflegte ihn noch acht Jahre, bis er starb. Erst sein Tod und ein schwerer Skiunfall, der sie ein Jahr lang aus ihrem Alltag warf, brachte die Wende. Sie kündigte ihren Job, trennte sich von ihrem Mann und begann ein zweites, ein spirituelles Leben. Da war sie 59. Ob sie es bereue, dass sie das nicht früher gemacht hat, frage ich Ursula. Sie lächelt.

»Weißt du, alles passiert zu seiner Zeit. Die Welt ist so voller Wunder und ich bin sehr dankbar, dass ich das alles mit 75 noch so intensiv erleben darf.«

Mehrere Stunden täglich arbeitet Ursula mit viel Hingabe an ihren Koans. Das sind paradoxe Anekdoten und Rätsel ohne rationale Lösung, die im Zen-Buddhismus dafür verwendet werden, um Wege aus dem logischen Denken zu zeigen und damit hin zu dem, was dahinter liegt. Es sind Fragen wie »Wer warst du vor der Geburt deiner Eltern?« oder »Tausend Meilen entfernt brennt ein Feuer. Wie löschst du es?«

Mit Intellekt sind sie nicht zu beantworten. Mit fernöstlicher Mystik und Meditationen schon eher. Ob Ursula noch eine große Vision hat?

»Meine Visionen sind kurzfristiger geworden, dafür hat die Gegenwart heute so viel mehr Bedeutung als früher. Wenn ich aufwache, bin ich neugierig darauf, was der Tag für mich bereithält. Wenn wo der Schuh drückt oder jemand anders negative Gefühle in mir erzeugt, dann sehe ich genauer hin und frage mich, was ich da noch verbessern kann.«

Ursula hat nie aufgehört zu lernen.

Meine Weltreise liegt in den letzten Atemzügen. Morgen fliege ich nach Hause. Noch eine letzte Morgenmeditation, noch ein letztes Mal zu Ama Samy. Ich frage ihn, was Zen für ihn bedeute. Der Meister lacht, als hätte ich einen Witz gemacht.

»Zen bedeutet, die Welt anzunehmen. Zu sehen, wer du wirklich bist. Zen bedeutet, heim zu kommen.«

Die vergangenen 402 Nächte verbrachte ich auf 119 verschiedenen Schlafplätzen in 13 Ländern und auf vier Kontinenten. Ich schlief in den Schlafsälen von 44 Hostels und schlummerte in neun verschiedenen Gästehäusern. Ich habe 23 Sofas gesurft und 53 Nächte auf Booten verbracht, 22 in einem Strandbungalow, 18 in Zelten, 13 im Dschungel, acht in einem besetzten Haus und acht in Hotels. Weitere fünf Nächte schlief ich in einem Zen-Kloster, vier in einem Ashram, vier in Zügen und drei in einem selbstgebauten Unterschlupf im Wald.

Morgen schlafe ich in meinem Kinderzimmer, in meinem Elternhaus. Dort, wo ich 17 Jahre meines Lebens verbracht habe. Wo die Maine Coon meiner Mutter zu mir auf die Couch kuscheln kommt. Wo mein Vater um die Ecke wohnt, guten Whisky einschenkt und Mozart aufdreht. Wo meine Schwester mich anstrahlt und meine Freunde mich willkommen heißen. Wo meine gemütliche Wohnung auf mich wartet und mein Job als Innenpolitikjournalist. Da, wo Heimat ist.

Vor ein paar Tagen schrieb mir eine Freundin:

»Genieß noch die letzten Tage deiner Reise. Der Alltag kommt schnell wieder.«

Ein gutes Jahr um die Welt, nur, um dann dort weiterzumachen, wo ich aufgehört habe? Um zurückzukehren in den Alltagstrott, von dem so viele sprechen? Was wäre meine Reise dann wert gewesen, außer ein paar gute Geschichten?

Das Leben an sich ist eine Reise. Sofern mein Flugzeug sicher in Wien landet, geht sie weiter. Auch in Zukunft wird mir das Leben in jedem Augenblick die Frage stellen, wer oder was ich sein möchte und mit gnadenloser Hartnäckigkeit nach einer Antwort verlangen. Damit bemisst sich der wahre Wert meiner Weltreise nicht an der Skurrilität meiner Schlafplätze oder an den Stempeln in meinem

Reisepass, sondern daran, wie sie die weitere Reise beeinflussen wird. Nicht die Ungewöhnlichkeit meiner Erfahrungen zählt, sondern was ich aus ihnen mache. Wie ich meiner Heimat begegne, ob ich das Gelernte im Alltag anwenden kann, wie ich künftig mit meinen Gaben und meinen Defiziten umgehe, wie ich die Wonnen schätze und an den Herausforderungen wachse. Wie ich meine Erkenntnisse teilen und andere zu mehr Lebensfreude und Leichtigkeit inspirieren kann. Wie ich lebe.

Dafür stehen mir neue Werkzeuge zur Verfügung. Zu ihnen zählt ein Verstand, der frische Referenzen für die Einordnung meiner Sinneswahrnehmungen gewonnen hat. Und ein Herz, das eine Verbindung gefunden hat zu etwas grenzenlos Größerem. Das gereift ist am Leben, das leichter geworden ist und offener. Das der Welt um ein paar Pulsschläge nähergekommen ist.

EPILOG

»Two roads diverged in a wood, and I – I took the one less traveled by. And that has made all the difference.«

Robert Frost

★

Karlstetten, Niederösterreich. Ich sitze auf der Couch meiner Mutter, sie hat mir gerade Kräutertee gebracht. Durch die Finger meiner Hand schweift das flauschige Fell von Georgie, ihrer Maine Coon Katze. Meine Füße sind in eine warme Decke gewickelt und im Kamin flackert das Holz. Die hölzerne Wanduhr meiner Urgroßmutter schlägt ihren Gong, wie sie das die vergangenen 20 Jahre getan hat. Als wäre nichts gewesen. Immer, wenn ich Heimweh hatte, war dieses Bild in meinen Gedanken. In zwei Tagen ist Weihnachten. Ich bin zurück in meiner Komfortzone.

In den ersten Tagen zeigt sich mir meine Heimat als Collage spektakulärer Wahrnehmungen. Schneeflocken und Winterluft, das frische Wasser aus der Leitung und die Käsespätzle, die Mama am Abend meiner Heimkehr gekocht hat. Der frühe Sonnenuntergang und seine Orangetöne, die über der Winterlandschaft kälter aussehen. Meine Füße sind die meiste Zeit über kalt. Aber sie zu wärmen war seit langer Zeit nicht mehr so einfach.

Zum Ende des Jahres sehe ich viele meiner Freunde zum ersten Mal wieder, die mir ein so ergreifendes Gefühl von Willkommen schenken. Am 2. Jänner steige ich in den Nachtzug nach Zürich. Astrid holt mich vom Bahnsteig ab und als wir einander in die Arme fallen, überschlägt sich mein Herz. Auf diesen Moment habe ich mich seit unserem Abschiedskuss in Goa gefreut. Immens neugierig darauf, wie das Wiedersehen werden würde, in ihrer Heimat und in meiner.

Die kommende Woche werden wir bei Astrid verbringen, um danach gemeinsam nach Wien zu fliegen. Um herauszufinden, ob wir das nächste Kapitel gemeinsam aufschlagen wollen. Am 4. Jänner frage ich Astrid bei einem Spaziergang im Regen, ob sie meine Freundin sein möchte. Ein intuitiver Akt, ein Bauchgefühl. Anders als früher, als meine Bindungsängste bei jeder Form von sich anbahnendem Commitment die Alarmglocken läuteten, bin ich jetzt ohne Zweifel. Wir beginnen eine Fernbeziehung über eine Distanz von 730 Kilometern.

Als ich am 10. Jänner mein Büro betrete, scheint alles wie früher. Meine Kollegen empfangen mich herzlich, doch für Reisestorys bleibt nicht viel Zeit, die Geschichten des »echten Lebens« rufen. Ich möchte mich schnell wieder einer Aufgabe widmen, wieder ein Gespür bekommen für das Handwerk und vor allem für die Inhalte. Während meiner Reise habe ich kaum österreichische Nachrichten konsumiert. Bewusst nicht, ich wollte auch in medialer Hinsicht einen Respektabstand zur Heimat gewinnen. In den vergangenen zwei Wochen habe ich versucht, mich einzulesen in die völlig veränderte Politlandschaft. Am dritten Tag führe ich mein erstes Interview seit meiner Rückkehr. Mit Christian Kern, der noch vor wenigen Monaten Bundeskanzler einer sozialdemokratisch geführten Koalitionsregierung war. Doch bei den Nationalratswahlen im vergangenen Oktober hat sich die Mehrheit für einen Rechtsruck entschieden. Die FPÖ sitzt jetzt an den Schalthebeln der Republik. Mehr als ein Jahr lang durfte ich erfahren, was Offenheit, Neugierde und Vertrauen für Kettenreaktionen an herrlichen Momenten, berührenden Begegnungen und aufrichtiger Menschlichkeit zur Folge haben. Jetzt wird meine Heimat regiert von Menschen, die andere Erfahrungen gemacht haben. Jetzt berichten wir vermehrt über Vorurteile, Ausgrenzung und eine Spaltung der Gesellschaft, über Angst vor der Welt. Nüchtern, ausgewogen und objektiv, so der Anspruch. Natürlich, Journalisten müssen den Mächtigen auf die Finger schauen, sollen durch distanzierte Berichterstattung bei Aufklärung und Meinungsbildung helfen. Aber oft habe ich das Gefühl, wir drehen uns im Kreis. Berichten zwar über die Symptome der Probleme, selten aber über ihre Wurzeln. Ich meine nicht Gesellschaftssysteme, Religionen oder politische Parteien. Sondern das allem zugrundeliegende Bewusstsein, mit dem wir die Welt wahrnehmen und gestalten. Was wäre alles möglich, würden wir dort ansetzen?

Im Februar reduziere ich meine Arbeitszeit um 20 Prozent. Früher wäre mir das wie ein Schuss ins Knie vorgekommen. Will einer Karriere machen, sollte er Arbeitseifer zeigen. So erwartet das die Leistungsgesellschaft. Doch weniger zu arbeiten fühlt sich richtig an. So habe ich mehr Zeit für Astrid und Projekte, die mir am Herzen liegen. Entgegen meiner ursprünglichen Intention beginne ich, Yoga zu unterrichten. Aus ein paar netten Sessions mit Freunden wird ein wöchentliches Format namens *Namasté Olé*. Außerdem möchte ich einen Traum verwirklichen, der mich begleitet, seit ich die Idee zu dieser Reise hatte: dieses Buch zu schreiben.

Das niedrigere Gehalt mache ich wett, indem ich weniger Geld ausgebe, weniger konsumiere. Mehr als ein Jahr reichte ein Rucksack für alle meine Besitztümer und ich stelle fest, dass Vieles von dem, was mir früher wichtig war, an Bedeutung verloren hat. Anderes hat dazugewonnen.

Das Reisen befreite mich vom Rahmen meiner vertrauten, da gelernten Kultur und setzte andere Lebensphilosophien, Werte und Überzeugungen ins Rampenlicht. Das veranlasste mich zur Überprüfung meiner eigenen. Denn jede Seele wünscht sich einen Rahmen, in dem sie sich und ihr Potenzial entfalten kann. Ein Feld, in dem sie ihre Wirklichkeit durch freien Willen erschaffen und mit offenem Herzen erfahren kann. Ich möchte mein Spielfeld gerne so gestalten, dass beide Versionen von mir ihren Platz finden – die weggereiste und die heimgekehrte, die alte und die neue. Wo sie einander nicht begrenzen, sondern bereichern können. Wo ich das Heimgebrachte kultivieren kann, ohne abzuheben. Ich setze meine regelmäßige Yogapraxis fort, integriere die Meditation in meinen Alltag, entwickle eine Morgenroutine und großes Interesse an Spiritualität als Brücke zwischen innen und außen. Mein Job sorgt für die Bodenhaftung. Meine wöchentlichen Fernsehreportagen bringen mich den handfesten Realitäten von Menschen näher, die ihre eigenen Sorgen haben und ihre eigenen Arten, damit umzugehen. Das erdet. Phasenweise fühle ich mich, als könnte mich nichts aus der Bahn werfen. Dann bin ich glücklich über meinen abwechslungsreichen und spannenden Job, über die heile Welt, in der ich leben darf und erfreue mich all der Annehmlichkeiten, die sie mir bietet. Und doch ist der Grat zum Jammertal oft ein schmaler. Wenn die Erwartungen hoch sind und die Launen im Keller, wenn mir mein großes Los allzu selbstverständlich erscheint. Dann hilft es, kurz innezuhalten, das größere Bild zu sehen und die Welt hinter meinem Horizont ins Bewusstsein einzuladen. Dann scheint ein anderes Licht auf die Bühne meiner Wahrnehmung. Ein demütiges, ein dankbares. Dieses Licht möchte ich konservieren in einer Dose, in die ich mit beiden Händen jedes Mal greifen kann, wenn mich das Leben überfordert.

Wenn ich lieber weg wäre als hier. Wenn ich mich nach Freiheit sehne, nach Unabhängigkeit, nach Reisen. Wenn ich mich frage, was ich hier eigentlich tue. Dann will ich mich losreißen, will ausbrechen aus dem Konsumwahn, dem Leistungsdruck, dem Gegeneinander. Will die Moralkeule der Gesellschaft und ihre Engstirnigkeit hinter mir lassen, will kein Schaf sein in der Herde. Will wieder das, was ich gerade nicht habe.

Immer wieder scheitere ich grandios an Lektionen, von denen ich dachte, sie längst begriffen zu haben. Das frustriert mich. Mein Job fordert mich phasenweise kräftig heraus und auch meine in den ersten Monaten zauberhafte, später kontrastreichere Beziehung mit Astrid führt mir vor Augen, wie viel ich immer noch lernen darf. Gleichzeitig fehlt uns die gemeinsame Perspektive an einem gemeinsamen Ort. Im Juni, ein halbes Jahr nach meinem ersten Besuch in

Zürich, trennen wir uns. Irgendwie wollten wir das zwar beide nicht, aber irgendwann ist die romantische Vorstellung dann doch der Realität gewichen. Ich versuche, mich vom Trennungsschmerz abzulenken, alte Muster kehren zurück. Ich trinke wieder regelmäßiger Alkohol und schiebe die Schreibarbeit vor mir her. Meine Motivation, irgendetwas anzupacken, hält sich in Grenzen.

Die Reise endet nicht mit meiner Rückkehr. Auch in der Heimat ist die Komfortzone ein dehnbarer Begriff. Jeden Tag darf ich dazulernen, meine Schwächen sehen und die Willenskraft aufbringen, an ihnen zu arbeiten. Oder eben nicht. So oder so, der Fluss des Lebens strömt weiter. Manch alter Freund geht, manch neuen lerne ich kennen. Im Juni werde ich zum Veganer und am 1. September 2018 schwöre ich dem Alkohol für ein Jahr ab. Ich will herausfinden, ob mein Leben dadurch an Qualität gewinnt und wenn ja, wie es sich anfühlt. Zwei Entscheidungen, die mich weiter hinausführen aus dem Mainstream des allgemein Akzeptierten, die für Kopfschütteln sorgen bei Einigen. Was ich im Prolog dieses Buches schrieb, soll auch für den Epilog gelten. Jedem Menschen seine Wahrheit. Jede will ich respektieren. Vor allem meine eigene. Zugrunde liegt uns die gleiche.

Ich denke oft an den 25. Oktober 2015 zurück. An jenen Tag, an dem Martin mir schrieb. Als diese Geschichte nichts war als eine absurde Idee. Was, wenn ich sie verworfen hätte? Was wäre mir alles erspart geblieben? Was hätte ich alles verpasst?

DANKE

Ich danke von ganzem Herzen meinen Eltern und meiner Schwester, die immer an mich geglaubt haben und für mich da sind. Ich liebe euch. Danke an meine Lektorin Stefanie Jaksch für ihren gefühlvollen Umgang mit meiner Geschichte und an Kremayr & Scheriau für das Vertrauen. Ich danke Martin Løken in tiefer Freundschaft für die gemeinsamen Abenteuer und seine Ideen zu dieser Reise. Danke an Astrid, für alles. An meine Wegbegleiter und Freunde Alan, Morgan, Benjamin, Stefan, Romana, Martin T., Inka, die Alumnis, Bigi Handlos und alle, die hier nicht erwähnt sind. Danke an meine Chefin Waltraud Langer für ihr Verständnis und ihre Unterstützung. Weiters gebührt mein Dank all meinen Lehrern – vor meiner Reise, währenddessen und danach. Tausend Dank für dieses Leben und jeden Menschen, der es bereichert.

LITERATURLISTE

Andreas Altmann *Triffst du Buddha, töte ihn*
Marcus Aurelius *Meditations*
Richard Branson *Losing my Virginity*
Brené Brown *Daring Greatly*
Dale Carnegie *Wie man Freunde gewinnt*
Carlos Castaneda *Reise nach Ixtlan – Die Lehren des Don Juan*
Anthony De Mello *The Way To Love*
Wayne Dyer *Change your thoughts, change your life – Living the wisdom of the Tao*
Charles Duhigg *The Power of Habit – Why we do what we do and how to change*
Yuval Noah Harari *Eine kurze Geschichte der Menschheit*
David R. Hawkins *Letting Go – The Pathway of Surrender*
Ernest Hemingway *The old man and the sea*
Hermann Hesse *Narziss und Goldmund*
Ryan Holiday *The obstacle is the way – The ancient art of turning adversity to advantage*
Susan Jeffers *Feel the fear and do it anyway*
Dan Kieran *Slow Travel – Die Kunst des Reisens*
Qing Li *Die wertvolle Medizin des Waldes – Wie die Natur Körper und Geist stärkt*
Veit Lindau *Seelengevögelt – Manifest für das Leben*
Mark Manson *The subtle art of not giving a fuck*
Blake Mycoskie *Start Something That Matters*
Osho *Mut*
Robert M. Pirsig *Zen and the art of motorcycle maintenance*
Rolf Potts *Vagabonding – An uncommon guide to the art of Long-Term World Travel*
Don Miguel Ruiz *The four agreements*
Michael A. Singer *The Untethered Soul – The journey beyond yourself*
Cheryl Strayed *Wild – From Lost to Found on the Pacific Crest Trail*

John Strelecky *Wiedersehen im Café am Rande der Welt*
Eckhart Tolle *Jetzt – Die Kraft der Gegenwart*
Eckhart Tolle *Eine neue Erde – Bewusstseinssprung anstelle von Selbstzerstörung*
Neale Donald Walsch *Gespräche mit Gott*
Josh Waitzkin *The Art Of Learning – An inner journey to optimal performance*
Alan Watts *The Way of Zen*

AUF DER SUCHE NACH INSPIRATION? DIE REISE GEHT ONLINE WEITER

Auf seiner Website *www.thousandfirststeps.com* und als *@1000first-steps* auf Instagram teilt Jakob Horvat, was ihn bewegt und weiterbringt. Er schreibt über persönliches Wachstum, über bewusste Schritte aus der Komfortzone und über Werkzeuge für ein erfülltes, entspanntes und inspiriertes Leben. Weiters stellt er 18 Menschen im Porträt vor, denen er auf seiner Weltreise begegnet ist. Reise- und Video-Blog inklusive.

Kontakt für Anfragen, Seminare, Lesungen und Vorträge:
mail@thousandfirststeps.com

www.kremayr-scheriau.at

ISBN 978-3-218-01165-5

Schutzumschlaggestaltung: Christine Fischer
Alle Fotos & Videos © Jakob Horvat, thousandfirststeps.com
Grafiken entnommen (und überarbeitet) aus: Alexander Tibelius, The Map Design Toolbox. Die Gestalten Verlag, Berlin 2014.
Gestaltung und Satz: Sheila Ehm
Lektorat/Produktion: Stefanie Jaksch, Marilies Jagsch (Mitarbeit)
Druck und Bindung: Christian Theiss GmbH, St. Stefan i. Lavanttal